历史可以更好看

唐史并不如烟

第六部

元和中兴

曲昌春／著

中国文史出版社
CHINA CULTURAL AND HISTORICAL PRESS

图书在版编目（CIP）数据

唐史并不如烟．第6部，元和中兴 / 曲昌春著．--北京 ：中国文史出版社，2015（2022.8重印）

ISBN 978-7-5034-5283-3

Ⅰ．①唐… Ⅱ．①曲… Ⅲ．①中国历史－唐代－通俗读物 Ⅳ．①K242.09

中国版本图书馆CIP数据核字(2022)第132656号

责任编辑：梁玉梅

出版发行：中国文史出版社

社　址：北京市海淀区西八里庄路69号院　邮编：100142

电　话：010-81136606　81136602　81136603（发行部）

传　真：010-81136655

印　装：北京新华印刷有限公司

经　销：全国新华书店

开　本：16开

印　张：18.5

字　数：264千字

版　次：2014年10月北京第1版

印　次：2022年8月第3次印刷

定　价：56.00元

目　录

第一章　新皇登基

改姓风波

“父皇，放心吧，孩儿一定励精图治，定要重振大唐雄风！”

说这话的不是别人，正是大唐王朝第十二任皇帝李适。登基这年，他三十七岁，正是人生中最年富力强的年纪，既然已经登上大唐王朝的龙椅，自然要将这大好江山好好打量一番。

已经走过人生三十七个年头的李适知道，自己接手的大唐王朝已经不是曾祖李隆基时的“开元盛世”，他接手的只是一个名义上统一的王朝，与“开元盛世”相去甚远。想要光复祖上的荣光，他还要走很长一段路，而这段路走完，荣光是否能够光复，还是个未知数。

悲伤的李适想到了一件事，这件事发生在一年前。

公元 778 年八月二日，成德节度使李宝臣上了一道奏疏给皇帝李豫，奏疏的主题是两个字：改姓。李宝臣在奏疏里说，请求皇帝批准，允许自己改回原来的姓氏张姓。

通俗地说，成德节度使李宝臣不想姓李了，还想姓张。原本李宝臣姓什么真没有人关心，但仔细一想，这次改姓意味着什么呢？

有的人一辈子只有一个姓，一姓就是一辈子，而李宝臣呢，他的姓很多，而且还经常变。

李宝臣不是汉人，而是范阳附近的奚族人，从军后进入范阳守将张鏁高帐下，张将军见他办事麻利便收为义子，从此奚族小伙就姓了张，叫张忠志。张忠志自幼擅长骑射，深得后来的范阳节度使安禄山喜欢，安禄山将他选为射生官，一同进京面见李隆基。不料李隆基也很欣赏张忠志，便留他在长安当射生子弟。“安史之乱”后，张忠志逃回安禄山身边，继续效忠安禄山，此时他改姓安了。

在安禄山的提拔下，安忠志成了安禄山叛军中一名得力干将，在安禄山、史思明相继兵败之后，安忠志改姓为张忠志，然后改弦易辙归顺大唐王朝，受封成德节度使，并被赐以国姓，名宝臣，李宝臣由此而来。

被赐国姓原本意味着无上荣光，李宝臣一度也是这样认为的，然而，十六年之后，李宝臣上了这样一道奏疏：臣不想姓李了！

此情此景，换历史上任何一个皇帝面对，恐怕都会有条件反射：给脸不要脸，诛之！但凡有能力的皇帝，一定会杀之而后快，因为这样的改姓奏疏对皇家而言便是莫大的侮辱，如同皇帝赐予一件黄马褂，原本李宝臣穿上了，现在他脱下来了，然后对皇帝说，我还想穿我原来那件羊皮袄。

是可忍，孰不可忍！

李豫居然忍了！

并非他不想杀之后快，实在是有些力不从心，只能暂且忍下。

李豫批复李宝臣，准！从此你叫张宝臣。

改姓风波到这里还不算完，八个月后，张宝臣的奏疏又来了，主题还是两个字：改姓！

这回张宝臣是要求由张姓改为李姓，皇上，臣还是跟你姓吧！

李豫又被刺痛了一次，由李到张，由张到李，你当国姓只是一顶破棉帽子，想戴随时都能戴吗？

李豫有心拒绝，但他还是忍住了，八个月前他无法将张李宝臣打落马下，如今面对张李宝臣送上的笑脸，李豫抬起的手，又放下了。

准！从此你还叫李宝臣。

改名风波前后八个月，李宝臣在名字上做了一次折返跑，看似一切跟从前一样，但他的名字已经在李适那里挂上号了，不是不报，时候未到，李宝臣，我记住你了。

从改名风波拉回到现实里，李适知道，这次风波并非那么简单，如果大唐王朝还如往日一般鼎盛，又有哪个臣子敢有如此这般藐视皇族之心？说到底，还是皇族权威已打折扣，为今之计，还是要重新擦亮大唐王朝的金字招牌。

父在观其志，父没观其行，三年无改于父之道，可谓孝矣。

——孔子

按照孔子的标准，父亲去世之后，做子女的在守丧的三年中不改变父亲生前的既定路线，可以称作孝。

在我看来，这不是真正的孝，而是愚孝。

试问，如果父亲的路线是错误的，难道当儿子的还要一错再错吗？

不能！

普通人如此想，新皇李适也是这么想的。

李适很快点燃了自己登基后的三把火，三把火并不大，看起来都是一些小事。

第一把火，拒绝各州进贡非急需物品，同时遣散皇家梨园子弟三百余人，剩下的全部分配到太常寺，服务于皇家祭祀；

第二把火，禁止各地呈现祥瑞（所谓祥瑞，就是各地官员奏报皇帝某地发生某某奇异现象，昭示王朝国泰民安，实际都是造假），同时释放皇家园林原本饲养的野生大象、花豹、山猴、斗鸡、猎狗等，将它们一起放生到荆山南麓。（这将是怎样一条食物链呢？）

第三把火，禁止外出公干宦官收受地方官员贿赂，违者严惩不贷！

三把火放完，李适心情大好，看来王朝的积弊并非不可铲除，只要假以时日，一切都会回到正常轨道。

只要给我时间！

珍珠传奇

处理完一天的朝政，李适漫步于禁苑之中，现在他是天下的主人，漫步于禁苑，便有了前所未有的从容。

四周打量一番，一切是那么熟悉，在那些熟悉的角落，有他儿时的许多记忆，只是这些记忆被安史之乱打破了，只剩下一些记忆的碎片。

湖边的假山，一切还是原来的模样，李适恍惚中回到了童年，他看到了自己的母亲沈氏。李适看到，母亲正牵着自己的手，在假山中穿梭，母亲是那么美，那么年轻，而自己的笑容又是那么灿烂。

突然，母亲松开自己的手，决然而去，李适想要喊，却喊不出来，他看着母亲一步一步消失在自己的视野之中。

母亲，你在哪里？

两行泪悄然从李适的脸庞滑落，对于母亲的思念在这一瞬间再次放大了。

李适的母亲沈氏出自吴兴，世代为当地望族，沈氏一族出过皇后、诗人、学问家、宰相，可谓经久不衰的诗书人家。到沈氏父亲沈易直这一代，沈氏的诗书之风依然在延续，沈易直曾长期担任秘书少监、秘书监（国家图书馆馆长）。能在诗的国度唐代担任秘书监，沈易直的学问应该说是相当不错的。

正是因为沈氏一族是名门望族，年轻时的沈氏身材修长，皮肤白皙，知书达理，因此以良家少女的身份被选进东宫充任宫女，这时的东宫之主是李适的祖父李亨。

眼看儿子广平郡王李豫渐渐成年，李亨便把沈氏赐给了李豫，此举既是为儿子找一个身边人，同时也是向沈易直示好，太子的儿女亲家，听起来便是荣耀。

从此时起，沈氏与李豫紧紧联系到了一起，也开始自己一生的传奇。

《旧唐书》《新唐书》里，沈氏并没有留下名字，跟其他皇后一样，仅仅留下一个姓氏。按照民间的俗称，我们还是叫她沈珍珠吧，关于她的这一段，叫作“珍珠传奇”。

提起“珍珠传奇”，大家是否会有眼前一亮的感觉，那么就让我们打开记忆的闸门，回到20世纪80年代。

20世纪80年代末90年代初，台湾电视剧《珍珠传奇》风靡一时，由施思、寇世勋主演的《珍珠传奇》成了街头巷尾热议的话题。那时的我正在上初中一年级，对于这部电视剧还有一些印象，其中印象最深刻的就是这部电视剧的片头曲和片尾曲。

我清楚地记得，这首片头曲是我的初中音乐老师孔老师教给我们唱的。关于孔老师，啰唆两句。孔老师原本是数学老师，因为学校里缺少音乐老师，他就被学校指定当了我们年级的音乐老师。曾经在乡村上过学的人对这样的转变并不会感到陌生，因为在师资相对紧缺的乡村学校，这种转变再正常不过。我们嘲讽一个人数学不好时，经常会这样说：“你的数学是体育老师教的吧?”其实，在乡村学校，即便体育老师，顺便教数学课也很正常，我本人小学期间的数学课就是语文老师教的，说起来像绕口令，但却是事实。

关于孔老师，我一直对自己耿耿于怀的是，自己曾公开在课堂上攻击老师是“白吃饭”，当然这一切也是有原因的。记忆中，那堂音乐课，孔老师因为临时有事让我们自习，因此我便在课堂上攻击她是“白吃饭不干活”。现在想想，真是年少轻狂，老师临时有事，大可理解，年少的我何苦那般不饶人，于是只能在这里向当年的孔老师说声“对不起”，请原谅一个莽撞少年的年少无知。

书归正传，再来说《珍珠传奇》。

还是《珍珠传奇》的片头曲和片尾曲，我把这两首歌的歌词写在下面。从这两首歌的歌词里，可以看到沈珍珠的一生。

片头曲

天姿蒙珍宠
明眸转珠辉
兰心蕙质出名门
吴兴才女沈珍珠
达理又知书
备位东宫主
多彩多姿蝶飞舞
红袖碧竹人羡慕
风云起波澜急
珍珠泪悲泣
玉洁又冰清　那堪流言袭
望断西京留传奇
风云起波澜急
珍珠泪悲泣
玉洁又冰清　那堪流言袭
望断西京留传奇

片尾曲

去年今日此门中
人面桃花相映红
人面不知何处去
桃花依旧笑春风
纱窗日落渐黄昏
金屋无人见泪痕

寂寞空庭春欲晚

梨花满地不开门

片头曲就是沈珍珠一生的缩影，曾经幸运，曾经幸福，然而一切都被安史之乱打破，幸运与幸福不再，围绕她的只是谜一般的传奇。

片尾曲是否有似曾相识的感觉，没错，这是由两首唐诗拼接而成，前四句是唐代诗人崔护的《题都城南庄》，后四句是唐代诗人刘方平的《春怨》。崔护的诗抒发的是寻梦中女子不遇的淡淡忧伤，刘方平的诗则是抒发女子寂寞金屋、哀怨春之将逝的哀伤。崔护的诗部分贴合李豫的心境，刘方平的诗则贴合沈珍珠的处境，两个原本没有联系的诗人，因为李豫和沈珍珠，就这样珠联璧合地联系到了一起。

谁说风马牛不相及？

尽管《珍珠传奇》把沈珍珠的情感纠葛作为电视剧的主线，又把沈珍珠与李豫以及安禄山手下叛将冯立之间的爱恨情仇拍得非常唯美，让观众的心始终被沈珍珠牵引，其实，历史上真实的沈珍珠没有那么幸运，她虽然被自己的儿子思念一生，但在丈夫李豫那里，她只是一个可有可无的女人。

李豫对沈珍珠没有那般情深，《珍珠传奇》里的用情至深是梦想，并非现实。

这一切要从李豫的父亲李亨的指派说起。

李亨将宫女沈珍珠赏给了儿子李豫，却没有就此给沈珍珠一个名分，从此时起，沈珍珠成了李豫的女人，但仅仅是“屋里人”而已，地位相当于《红楼梦》里的袭人，有夫妻之实，却从没有夫妻之名。在皇家眼里，沈氏虽然出身名门望族，但还是太低微了。沈氏低微的身份注定她无法成为李豫的正妻，至于能否成为李豫最宠爱的女人，还需要看她的造化。

天宝元年，沈珍珠生下了一个男孩，这个男孩就是后来的李适。

由于缺少史料支持，我们无法了解沈珍珠与李豫的感情如何，我们只知道，在安史之乱爆发之前，李适一直在茁壮成长，而李豫在这段时间迎娶了杨贵妃的外甥女崔氏，同时名下的子女也在不断增多，只是再也没有一个出自沈氏名下。

对于这十五年，我们只能揣测，或许沈珍珠母凭子贵，或许沈珍珠在崔氏的嚣张气焰下低眉顺眼地生活。这十五年对于沈珍珠而言并不轻松，虽然她的儿子是长子，但仅仅是长子而已，因为在这十五年中，即便东宫之主李亨也一直在战战兢兢中生活。

渔阳战鼓打破了大唐王朝的平静，同时也将沈珍珠的生活击打得七零八落，在天宝十五载皇室的突然出逃队伍中，有她丈夫的祖父李隆基，有她的公公李亨，有她的丈夫李豫，有她的儿子李适，残酷的是，却没有她。

在仓促拟定的出逃名单中，并没有沈珍珠的名字。

帝都无主，长安陷落，苦难的沈珍珠与其他没来得及逃走的皇族一起被掳到了东都洛阳，从此开始了被囚禁的生活。

按照《珍珠传奇》的演绎，这时的沈珍珠与安禄山座前大将冯立开始了感情纠葛。电视剧里的爱情总是丰满，而残酷的现实往往很骨感，没有人知道这几年在沈珍珠身上发生了什么，总之她在期待中度过了几年囚禁的生活，支撑她活下去的就是与丈夫和儿子的团圆。

两年过去了，沈珍珠的世界里有了一丝亮光，她的丈夫李豫带兵收复了洛阳，夫妻二人在洛阳皇宫的掖庭中相见了。

两年的时光让李豫增添了男人的气概，却让沈珍珠饱受岁月的煎熬，此时的沈珍珠已没有两年前的风采，更关键的是，她的身上或许发生了很多故事，这让李豫有些难以释怀。

沦丧敌手，两年光阴，这两年时间里什么事情都有可能发生，想到这一层，李豫便不敢再往下想下去，为什么要有安史之乱？如果没有这场战事，该有多好！

短暂重逢之后，李豫和沈珍珠再次分别，这次分别竟是永别。

在这之后，李豫带兵平叛，沈珍珠依然住在洛阳宫中，一年后，李豫被册封为皇太子，而沈珍珠依然住在洛阳宫中，依然没有名分，依然没有被接回长安。

命运再次跟沈珍珠开了个玩笑，公元 759 年，史思明杀进了洛阳，从此沈珍珠消失了。

以当时形势分析，洛阳守将在自知洛阳不保后，已经提前从城中撤出了皇族和百姓，身为太子李豫女人的沈珍珠没有理由不被重点保护。从这个角度看，沈珍珠应该不会死于乱军之中或者落于敌兵之手，她的消失，可能是有意为之。

她确实死了，心死了！

当对一个男人彻底心死，一切都不是那么重要了，荣华富贵，功名利禄，都是云烟。

回望自己与李豫的情感生活，从一开始他们就不在同一个水平线上，她只是他屋里的女人，甚至仅仅是传宗接代的工具，虽然她生下了皇族中最长的皇曾孙，但这一切并没有改变她原有的地位。

二十年来，她活在歧视之中，活在崔氏欺压之中，活在整个东宫的战战兢兢之中；安史之乱后，尽管身陷囹圄，但她一直有梦想，一直梦想着丈夫和儿子将自己解救出苦海。丈夫最终来了，但她依然在苦海之中，长安的甜蜜远在千里之外，洛阳的哀愁却始终如影随形。

洛阳的四年，梦想与现实恍惚交错的四年，直到最后现实彻底将梦想压垮，沈珍珠就此消失在洛阳的烽烟之中。

于李豫而言，沈珍珠只是身边一个女人，他身边不缺女人；

于李适而言，沈珍珠永远是自己的母亲，无论她身处何方，他一定要找到她。

从公元 759 年开始，李适一直在寻找自己的母亲，这一找就是四十多年，从肃宗朝一直找到了宪宗朝，横跨五朝。

公元 762 年四月，李适的父亲李豫登基称帝，将寻找李适生母的行动列入王朝议事日程。李豫派出使节到各地寻找，而使节带回来的都是令人失望的消息。

三年过去了，李适看到了一丝曙光，寿州崇善寺女尼广澄来到京城，自称是李适的生母。

李适的心快要跳了出来，一晃，他与母亲分别有十年了，他多么希望眼前这个广澄就是自己日夜牵挂的母亲。

经过一番仔细盘问，大家都失望了，广澄并非李适的生母，而是当年喂养过李适的乳娘。

李适心中多少有些慰藉，虽然广澄并非生母，但能跟当年的乳娘见上一面，也算是一件幸事。

失望的李适转身离去，他没有想到他的父亲居然那般无情。

李豫下令，将滥竽充数的广澄乱鞭打死！

李适得知消息时，广澄已经死于非命，他痛苦地摇了摇头，何苦呢，何必呢？

如此一来，必然要失去很多线索，谁都不想重蹈广澄的覆辙，谁还敢贸然前来认亲呢？

“倘若有一天我登基称帝，一定要把握一切机会，切不能如此决绝。”李适在心里暗下决心。

十四年过去了，李适对于母亲的寻找一直在继续，在这十四年中，他时常能在梦中见到母亲，醒来却发现还是一场梦。十几年来，李适发现，父亲对母亲的感情并不深，虽然父亲也没有放弃寻找，但似乎有些敷衍。对于母亲所属的沈氏一族，父亲也没有格外关照，如果本着爱屋及乌的原则，沈氏一族应该受到皇家更多的垂青。

李适明白，母亲一直生活在别人的阴影下，以前是杨贵妃的外甥女崔氏，后来则是独孤贵妃，有这两个庞然大物在，母亲自然很少能够见到阳光。

不急，会有机会的。

在等待中，李适等到了独孤贵妃的去世，也等来了自己的顺利登基，从他登基的那一刻起，他知道，他可以大张旗鼓地寻找母亲了。

公元 780 年七月十九日，李适遥尊失踪多年的母亲沈珍珠为皇太后，仪式严肃庄重，一切如皇太后亲临。李适面色凝重，对着皇太后之位行叩拜大礼，眼中的热泪滚滚而出，如果可以放声大哭，他真想痛哭一场，哭一哭这些年对母亲的不尽思念。在这一刻，他不是皇帝，他只是一个苦苦寻找母亲的孩子。

在场的文武百官无不动容，也随着落泪，他们希望眼泪可以感动上天，能给李适一个膝前尽孝的机会。

册封仪式结束后，李适委任睦王李述为奉迎皇太后使，工部尚书乔琳为奉迎皇太后副使，一旦有皇太后消息，升平公主准备照顾皇太后起居。

奉迎皇太后使节再次从长安出发，李适期待会有奇迹出现。

一年后，奇迹真的发生了。

洛阳宫女李真一在洛阳民间发现了一个寡居的老太，此老太见多识广，知道很多宫中秘闻。李真一对着老太太看了又看，再一联想，她被自己的想法惊住了，莫非这个老太太就是当今圣上苦苦寻找的生母？

李真一不敢怠慢，让使者到长安奏报，接到奏报，李适喜出望外，看来皇天不负有心人。

李适安排长安宫中的宦官和宫女一起到洛阳辨认，看看李真一口中的老太太是否真的是自己的母亲。这时已经是公元781年了，长安宫中的宫女和宦官已经换了一茬又一茬，与沈珍珠同时代的宫女和宦官早已凋零殆尽，没有人真正认识沈珍珠。

接到任务的宫女和宦官也是模棱两可，他们参考的标准只是皇帝的记忆，按照皇帝记忆的标准，眼前这位老太太十分贴合，或许，大概，差不多，她真的就是皇太后。

眼前人头攒动，进进出出，疑似沈珍珠的老太太紧张万分，等听到有人说，“没错，这就是皇太后”，老太太知道玩笑开大了，别逗了，我真的不是太后。

老太太越是辩解，宫女和宦官越发觉得像，最终不由分说，将老太太强行迎接到长安上阳宫中。

上阳宫内，老太太如同进了大观园，一百余名宫女恭候已久，老太太日常起居所需早已由皇帝御用辇车拉了一车又一车，这是皇太后应该有的礼遇。

奉迎皇太后的宦官和宫女也没闲着，他们还在做老太太的工作："就承认了吧，眼前的富贵只是开头，更大的富贵还在后头呢!"

老太太左看右看，那，我就承认了?

左右兴奋地点了点头，承认了吧，这是大家都愿意看到的结果。

老太太终于点头了："哀家便是当今圣上要找的人。"

左右等的就是这句话，闻听此言，早有机灵人一溜烟奏报给了李适，历史性的一刻即将到来。

李适抑制不住内心的喜悦，他要和文武百官分享内心的喜悦，虽然这天不是上朝日，他还是召集文武百官，接受文武百官的祝贺。

祝贺之余，李适下令有关部门，择日举行奉迎皇太后盛典。

长安城被皇帝即将认母的喜悦笼罩，有一个人却愁眉不展，从这场认母风波开始时，他就在担心，现在，奉迎皇太后盛典迫在眉睫，如果再不站出来，恐怕就晚了。

"圣上，草民高承悦有事奏报!"

在高承悦的奏报中，李适听明白了，即将跟自己认亲的恐怕不是自己的生母，而是玄宗朝著名宦官高力士的养女高彩云。(《珍珠传奇》中高彩云和沈珍珠两角均由施思扮演)

李适将信将疑，他多么希望高承悦说的不是事实。

慎重起见，李适命令高力士的养孙樊景超前往上阳宫一辨真伪。

上阳宫中，"沈珍珠"端坐如仪，周围侍卫林立，一切如太后之仪。樊景超冲着"沈珍珠"高声喊道："姑妈为何把自己置于剁肉板上，难道没有看到大祸临头?"

左右侍卫眼见樊景超无礼，大声呵斥："退下。"樊景超灵机一动，大喝一声："皇上有旨，皇太后是假的，左右侍卫立即退下!"

左右侍卫闻听皇上有旨，不敢迟疑，哗啦一声全部退下。

看左右已经无人，高彩云苦笑着对樊景超道：“我也是被人所逼，这并不是我的本意!”

樊景超苦笑对应：“姑妈，回家吧，这玩笑开不得!”

一场酝酿中的奉迎皇太后盛典胎死腹中，李适与母亲的重逢又被无限期延长了。对于高彩云的这次滥竽充数，有人建议严惩，李适摆摆手，算了，他们都没罪。

李适对左右说道：“我宁愿受一百次骗，只要有一次，我就能找到母亲。”

从此之后，滥竽充数的太后又出现了三四次，但没有一个是真的。终李适一生，他没能等来与母亲的团聚，此生与母亲的重逢只在梦中。

沈珍珠到底去了哪里，如果陨落乱军之中，情有可原，如果她在洛阳陷落后全身而退，她为什么不回来找丈夫和儿子团聚?

或许，她担心丈夫介怀她曾经落于叛军之手；

或许，她不想让儿子有一个曾经有污点的母亲；

或许，她一直是清白之身，只是看淡了皇家那风口浪尖的富贵；

或许，一生的起起伏伏，让她明白了人生本来四大皆空。

对于她的思念，一直在她儿子李适心中，关于她的传说，一直在民间流传。一千多年后的我们只知道曾经有个吴兴才女沈珍珠，她曾经在这个世上真实地存在过，最终又谜一般地消失在“珍珠传奇”之中。

顺着《珍珠传奇》，延伸一下，说一说当年《珍珠传奇》的主演施思，她的人生经历与沈珍珠有几分相似。

走红十年之久的施思在如日中天之时嫁给台湾巨富沈长声，那时沈长声身价千亿台币。婚后的施思不再拍片，而是协助丈夫打理生意。后来，沈长声官司缠身，被捕入狱，施思的行踪也变得神秘起来。据称有熟人曾在香港街头与她偶遇，寒暄过后施思便飘然而去，从不留下住址和联系方式。

谜一般的戏中人，谜一般的戏外人。

人生如戏，戏如人生。

第二章　同僚死敌

神童刘晏

一生都在寻找母亲的李适确实挺不幸，子欲养而亲不在，这是人生最大的不幸，然而作为皇帝，李适又是幸运的，因为在他的手上始终不缺好牌，只要他愿意，随时能组合出“俩猫加四个2”。

不过，孝子李适似乎不会打牌，即便有一手一手的好牌，他也很难打出彩，他打出的牌，多是勉强又拙劣，能把一手好牌打成烂牌，这是否也是一种天赋？

在我看来，李适的问题出在心理上，安全感缺失，是他身为皇帝最大的漏洞。

身为皇帝，君临天下，要有气吞山河的豪情，要有包容万象的气概，一个皇帝如果缺失了安全感，那么就失去了皇帝必须有的从容。很不幸，李适缺少内心的安全感，因此他不从容。

想想也能理解，当他幼年时，他的祖父如履薄冰，他的父亲在为祖父陪绑，他尽管身为长子，但母亲出身并不高贵，多种因素交织在一起，促成了李适的敏感和多疑。如果母亲在，牵着母亲的手，他能感受到母爱的力量，他的内心可以淡定从容。然而，安史之乱让他与母亲分离，从此母亲的手只在记忆之中。

离开母亲的牵引，李适在艰难成长，虽然祖父顺利登基，父亲也顺利成为太子，但他这个长子的日子没有好过起来。父亲的身边有独孤贵妃，独孤贵妃有自己的儿子韩王李迥，虽然他在父亲登基后被册立为太子，但不到最后一刻，什么情况都可能发生。

从离开母亲到登基之前，二十多年的时光，李适在紧张中度过，久而久之便养成了猜忌、多疑的性格。这个性格是他的生存之道，也是他作为皇帝的短板，这个悲剧的性格伴随了他一生。

性格决定命运，放在皇帝身上尤为合适。

原本，李适手中的好牌真的很多，神童刘晏是其中最闪亮的一张。

刘晏，《三字经》里提到过的神童，“唐刘晏，方七岁。举神童，作正字”。

《三字经》里说的“举神童，作正字”，发生在公元725年。这一年是李隆基的开元十三年，李隆基在这一年到泰山举行了规模空前的封禅大典，这次大典给了神童刘晏一个机会。

封禅大典结束后，礼官向李隆基奏报：“此地有一七岁神童名叫刘晏，欲向陛下呈现《东封书》。”

李隆基闻言大喜：“还不快宣刘晏进殿!”

七岁神童刘晏出现在李隆基面前，开始朗诵他自己写的《东封书》：“吾皇英主，封祀东岳，告成功于昊天上帝，为万民把福，开元之礼，仁及天下，人情所望，人心所归……”

小小年纪，便写出如此文章，李隆基不由得大喜，当场下旨，授七岁刘晏为秘书省正字。

唐时，秘书省管理史馆，负责撰修国史，藏有大量图书，“秘书省正字”的任务就是校对藏书中的一些错误。从此，刘晏步入仕途，他的起步比同时代的任何人都要早。

两年后，刘晏又一次技惊四座。

这一天，李隆基于勤政楼前赐宴，招待文武百官，身为秘书省正字的刘晏也在被宴请之列。

兴头上的李隆基突然想起了两年前那个神童刘晏，吩咐左右让刘晏登楼，后宫嫔妃早就听说过刘晏的事迹，都期待着见一见神童的庐山真面目。

小刘晏信步登上楼来，长相有些对不起观众的他一下吸引了杨妃的目光，此杨妃并非后来的杨贵妃。

杨妃一下把刘晏抱在膝上，恶作剧般地给他施以粉黛，戴上头巾，经她一捯饬，刘晏摇身一变，变成了个小女孩。

李隆基不由得笑了，笑问刘晏："你身为秘书省正字，正了几个字啊？"

刘晏一本正经地回应道："天下的字我都正了，唯有朋字正不得！"

唐时"朋"字，为两个歪月相邻，无论怎么正都是正不过来的，刘晏妙用一个"朋"字，巧对李隆基的发问，其机灵可见一斑。

这时，一位年轻女杂技艺人出场，此人唤作王大娘。此大娘并非我们现代语境中的大娘，娘是唐代对少女的称呼，王大娘则是王家的大女儿。诗圣杜甫曾有一首《观公孙大娘弟子舞剑器行·并序》，也是这个意思。

只见王大娘肩扛一根长长的竹竿，竹竿头上顶着一个瀛洲仙岛的微缩模型，一个小孩竟然在上面边歌边舞，从容自在。这一幕让在场人掌声雷动，叹为观止。

看到这里，杨妃有心试探一下刘晏的文采，命刘晏即兴作诗，刘晏张嘴便来，一首《咏王大娘戴竿》就此诞生：

楼前百戏竞争新，唯有长竿妙入神。
谁谓绮罗翻有力，犹自嫌轻更著人！

掌声再次响起，神童，果然名不虚传。

顶着神童的美誉，刘晏在大唐官场宦游，他的再次出头，居然是三十三年之后，此时刘晏已经不是神童了，而是四十二岁的中年人了。

这一年是公元760年，皇帝已经由李隆基换成了李亨，大唐王朝正处于安史之乱的战火之中，刘晏进位为户部侍郎，兼御史中丞、度支铸钱盐铁使，同时兼任京兆尹。

从这时起，刘晏将用他超一流的理财和调度能力名垂青史。

一开始，刘晏并不顺利，在任职仅仅一年半后，他又因为遭遇谗言，被贬为通州刺史，这次贬黜持续了八个月。

八个月中，长安发生了很多事情，李隆基和李亨相继作古，皇帝换成了李豫。李豫的登基给了刘晏复出的机会，刘晏再次被委任为京兆尹、户部侍郎，兼御史大夫、度支盐铁转运使。

面对这次委任，刘晏出人意料地上了一道奏疏，他要让出自己的官职：

因为看不惯铮铮铁骨的颜真卿被无情倾轧，刘晏愿意把户部侍郎让给颜真卿；

因为想给平叛有功的严武一个用武之地，刘晏愿意让出京兆尹；

而他自己，甘愿出任职微言轻的国子祭酒（国立大学校长）。

这次辞让，令皇帝李豫非常感动，从辞让中他看到了刘晏的品格。他知道，该给刘晏一个更加合适的位置。

七个月后，刘晏官拜吏部尚书、同中书门下平章事，当年的神童，今日官拜大唐宰相。

不过这次拜相前后不到一年，板凳还没捂热的刘晏又被贬了，宰相当不成了，改任闲职太子宾客。

两个月后，皇帝李豫坐不住了，再不起用刘晏，京城就要断粮了，为今之计，只有刘晏能解决京城断粮的危局。

这时是公元764年三月，不世出的经济学家刘晏终于有了大展拳脚的机会，此时他已经四十六岁了。

刘晏在给时任宰相元载的信中写道："为今之计，当整顿漕运，从南方调粮。见一水不通，愿荷锸（锹）而先往；见一粒不运，愿负米而先趋。”

忙于抓权的元载乐于刘晏扛起漕运的苦差，立即回信指示刘晏，放开手脚，大干一场。

大展拳脚

实干家刘晏等来了千载难逢的机会。

第一步亮相，刘晏赢得了满堂彩。

鉴于关中缺粮，刘晏从湖南、湖北、广西紧急调拨粮食，由江船运至扬州，再由扬州运至淮河，入汴水，过三门峡，当年就从江淮漕运四十万斛粮食入关。这一年虽然关中遭遇旱灾，然而粮食价格却稳定得出奇。

刘晏清楚记得，当他押送第一批粮食抵达长安时，皇帝李豫下令举行了隆重的欢迎仪式，宰相元载和京城文武百官在码头迎接，同时宣读皇帝圣旨：卿，朕之萧何！

刘晏感觉自己全身的血在沸腾。

第一步出彩，刘晏并不满足，他要做的还有很多。

刘晏的第二步，从彻底整顿漕运开始。

以往漕运，从民间抽丁，百姓自带干粮，这种由抽丁组织起来的漕运自然没有效率，而且民间怨声载道。刘晏接手漕运，一改往日抽丁做法，改为彻底官办，民夫由官府从民间招募，以往需要自带干粮，从今以后官府发薪，而且薪资不低。

两相对比，高下立判，参与漕运的民夫由以往的出工不出力迅速转变为出工又出力，漕运码头上下气象一新。

与此同时，刘晏利用自己的转运使身份，动用军队疏浚河道，加固大堤，漕运的运输环境较之以往大为改善。

漕运条件大为改观，刘晏接下来做出的决定便顺理成章了，他果断地叫停了陆路运输。时至今日，水运的性价比还是高于陆路，更别说刘晏所处的唐代。以往唐朝将陆运和漕运并举，勉强才能应对全国的运输局面，现在刘晏叫停了陆运，他要用漕运全面应对。

新的问题出来了，三门峡那段险滩如何闯过？

我们都学过成语“中流砥柱”，成语中的砥柱山就位于三门峡。三门峡名称的由来便是因为砥柱山位于黄河激流之中，久而久之将黄河水分成了三股急流，北边一股为“人门”，中为“神门”，南为“鬼门”，而以“鬼门”尤险，三门峡名称由此产生。如果说黄河自古是中华民族的母亲河，那么在三门峡这一段就是名副其实的“后妈河”。这一段水流湍急，水况复杂，船毁人亡的事情时有发生。在刘晏以前，负责漕运的官员采取了“惹不起就躲”的策略，粮食运至三门峡上岸，从岸边过山道转运过三门峡，然后再装船继续前行。在没有好办法之前，这个笨办法实行了多年，有效归有效，但如此一来运输成本大大提高。

刘晏在三门峡对着中流砥柱思考良久，他也不是神，也无法带着粮食直接飞过去，他所能做的，也只是想办法相对从容地通过三门峡。

刘晏最终想出了一个组合法：造大船，用编队，加拉纤。

造大船，粮船规模较之以往加大，每船用船夫三百人；

用编队，十艘大船为一纲，统一行动，统一指挥；

拉纤，岸上民夫用结实的麻绳牵引粮船，增加粮船前进的动力。

经过试验，刘晏的组合法一举成功，从此粮船过三门峡不需要再上下搬运粮食，而是一路畅通。

刘晏的一个个策略都成功了，众人由开始的不服气变成了越来越佩服。

刘晏带给众人的惊喜还在后面。

他又做出了两个决定：一、用麻袋装粮食进行运输；二、漕运航线严格分段。

在刘晏之前，漕运粮食都是散装的，损耗巨大；刘晏接手，下令将所有粮食分装到一个个标准的麻袋之中，既方便运输，又降低损耗。

漕运航线分段则是实干家刘晏经过长时间实地勘察做出的决定，他的依据是，长江、扬子江、黄河、汴水、渭水，每条河都有自己独特的水文情况，如果让一艘船从长江一直进到渭河，对于船的要求很高，对于水手的要求更高，与其让水手们常年提心吊胆，不如让他们在各自熟悉的水域从容航行。如此一来，因地制宜，漕运效率提高，安全系数也大大增强。在刘晏主政漕运阶段，竟然没有一升米掉入江中，堪称运输史上的一大奇迹。

刘晏接下来的手笔是造船，他的长远眼光在造船这件事上体现得淋漓尽致。

以往造船，由官府在民间抽丁，造船工匠说是工匠，其实就是官奴，他们不仅没有工资，而且还要自带干粮，自己生火做饭。造船本来是个技术活，让这些没有任何经验又没有积极性的民夫造船，造出的船能符合要求才怪。

刘晏一改以往的不合理体制，设立十个造船厂，造船所需材料由政府统一采购，造船需要用的民夫不再征调，而是由官府出资从民间招募。

刘晏给每条船开出的造价为一千贯！

属下官员连连咂舌，太高了，太高了，五百贯足够了。

刘晏解释道："大国不可以只讲小道理，但凡做一件事，就要谋划长远。造船厂既然兴办，在里面造船的民夫就不是一个两个，我们应该留出盈余给他们，让他们生活相对从容、不窘迫，这样官船才能坚固。如果一开始就考虑盘剥他们，船厂怎么可能长久！"

刘晏接着说道："我料定，数十年后必然会有人认为我给出的造价太高了，会采用减半的方法。到那时，造出的船不会合格，船厂会倒闭，国家也危险了！"

众人将信将疑，不过还是点了点头，他们认为刘晏一向是对的，这一次也不会例外。

刘晏的高价造船于今天也有借鉴意义，提前留出合理利润空间，而不是做生产成本的手脚，这样制造出来的产品才能合格。当然刘晏的高价造船也有一个道德前提，那就是大家都有道德底线，不会为了一味追求利润而贪得无厌，真要那样，定多高的价，最终出来的都是假冒伪劣。

道德底线，合理利润空间，合格产品，刘晏做到了，后世的国人呢？

漕运经刘晏的整顿焕然一新，唐朝漕运能力在刘晏主政时达到顶峰，在刘晏之后，唐朝漕运再也没有达到刘晏时的高度，而且日渐衰落，到漕运基本断绝后，大唐王朝的丧钟已经在长安上空敲响了，这些都是后话。

刘晏不是神，他无法看到日后的事情，他能做的只是把握当下。

刘晏的眼前，帝国危机四伏，百废待兴，虽然还维持着表面的统一，但危机已经在悄然酝酿，眼前最大的问题已不是缺粮，而是缺钱，哪里都缺钱。

历代王朝有个怪圈，朝廷缺钱就向老百姓征收，越缺钱越收，最后就陷入一个死循环。这个怪圈在明朝末年最为明显，为了收复辽东，明朝政府不断向老百姓征集军饷，军饷征集得没完没了，辽东危机也没完没了，征集到最后，李自成一呼百应，崇祯皇帝吊死煤山。与其说明朝亡于李自成之手，不如说亡于向民间征缴的怪圈之中。

刘晏不想让王朝陷入这个怪圈，他要独辟蹊径。

刘晏盯上的是大唐的食盐，他要在食盐专卖上做点文章。

食盐专卖，西汉时已有，而唐朝的食盐专卖，则是由颜真卿发端。安史之乱中，为了筹集军饷，颜真卿发明了食盐官府专卖，这个办法由此就一直延续了下来，到刘晏接手时，食盐专卖已经在全国形成，不过收益并不好，朝廷一年能从食盐专卖中拿到的收益也不过六十万贯。

管得过多，管得过死！

刘晏一眼看出了问题的所在。

首先，负责盐政的官太多，官多则扰民，官多则生奸。

以往食盐官产、官运、官销，环节多，成本高，收益低，得不偿失。

刘晏给出自己的办法：盐场民办，食盐官收，商人贩卖。

盐场由民间经营，产出的盐由官府统一收购，然后再批发给商人分销全国，官府只负责征收和批发。征收和批发之间，政府已经将食盐的利润控制在自己手中，而且不费时，不费力。

此项改革，效果立显，当年食盐专卖收益由之前的六十万贯跃升到六百万贯，是之前的十倍。

看到这里，不少人会问，莫非刘晏是在与民争利，放任商人高价卖盐？

并非如此！

刘晏给盐商制定了销售指导价，一旦某地盐价走高，他立刻组织货源投放当地市场，平抑盐价。准确地说，刘晏将原来食盐专卖的所有损耗环节都堵住了，统一收归国库。

粮价平稳了，盐价控制了，刘晏将王朝的两大命脉牢牢地控制住，这还不是他的最终目的。

为了提高全国运输效率，他精挑细选出一个班子，这批人都是刘晏亲自挑选，全部是具备一定经济才能的官员。这批官员分散在全国各地，以饱满热情为帝国服务，在刘晏身后，他们依然发挥着作用，这不能不说刘晏有自己独到的眼光。

为了第一时间管控全国物价，刘晏在各地设立巡院，每隔数日便上报一次所在地区物价，信息传递由高薪招募的健走快递人员负责，一站接着一站，不出数日便到长安。

为了第一时间救灾，刘晏命令地方官员定期呈报当地雨量和天气情况，将雨量与往年同期比对，刘晏做到心中有数。等到一些地区发生水灾和旱灾，灾情还没有通报，刘晏下拨的救济粮已经运到了，他不是神，但他有科学的统计。

这就是刘晏，一个布局全国、心细如发的大唐财务总监，他扮演的角色有交通运输，有民政救济，有粮食统购统收，有食盐国家专卖，有货物全国供销，在他的布局下，一切有条不紊，各就各位。

这就是刘晏，他不仅有卓越的管理经济才能，还有高超的处世哲学。

他妙用“士”和“吏”。“士”一般都是十年寒窗苦读，科举出身，惜名胜过惜利，他用这些人做督察，他知道这些人爱惜羽毛，不会为小利贪赃枉法；他用吏负责具体事务，给予他们高薪，吏没有上升空间，出来混主要为了养家糊口，那么就给予他们较高薪水，让他们安心工作。

在“士”和“吏”之外，还有第三种人，各种各样的人情请托。对于达官贵人推荐来的所谓“人才”，刘晏不拒绝，而且高薪养起来，但不让他们过问具体事务。他不要求这些人干事，只求不坏自己的事就可以了。

除此之外，还有第四种人，那就是对刘晏工作指手画脚的人。对于这种人，刘晏宁愿动用私财，堵住他们的嘴。

闪转腾挪，缝缝补补，刘晏赢得了自己大展拳脚的空间，整个代宗在位期间，正是他为帝国鞠躬尽瘁的时期，他的工作无比出色。

显然，这是一张好得不能再好的牌，就看皇帝李适怎么打了。打好了，将是帝国之福，打不好，就变成炸弹，狠狠炸李适一下。

选择权交到了李适手中，他能打好刘晏这张牌吗？

冤家登场

世上的事就是那么奇怪，即便你与世无争、谦谦君子，还是会有人看不惯你，还是会有人忌妒你，甚至还会有人仇恨你。

刘晏便是如此，他不与别人争，他不动既有体制为国谋利，但还是有人忌妒他，忌妒他的人眼红他把持漕运、盐政多年，总觉得他手中的油水太多、位置太重，于是对他的排挤或明或暗，从未停止。

仇恨刘晏的人不多，但很致命，因为这个人在不久的将来将进入帝国权力中心。

这个人的话如同龙卷风，从帝国中心刮起，将刘晏卷入无比险恶的旋涡。

公元779年七月的一天，道州的天空格外晴朗。

一户民居窗户外的树上，鸟儿正在欢快地叫着，天气晴好，鸟儿的心情也不错。

“杨炎接旨！”

传诏宦官尖声高喊，屋里匆忙走出几个人，稀稀拉拉跪了一地。

圣旨宣读完毕，杨炎起身接旨，传诏宦官说了声“恭喜”，转身回驿馆歇息去了。

杨炎依然面无表情，看不出是悲是喜，跟随多年的家人则是喜不自胜：“大人，吉星高照，皇上要重用您了！”

杨炎依旧处之淡然，不悲不喜。

此时的杨炎官居道州司马，两年前他被定为“元载余党首要分子”，从吏部侍郎一下被贬为道州司马。

日子过得真快，转眼两年过去了。

杨炎正在出神，家人过来请示：“大人，您这身司马绿袍和木简就不要了吧，回长安您就要拜相了，用不着这身行头了！”

杨炎阻止道：“我由一个被贬之人一下登堂拜相，这是超人之福。祸福相依，有超人之福就会有超人之祸，留着吧，或许有一天我还得穿回这身行头。”

家人不再多言，将绿袍和木简放进了打包的行李之中。

返回长安的路上，杨炎看着沿途的风景，心情与两年前来时完全不同，风景没有变，只是看风景的心情变了。

捋一捋自己的长须，杨炎感慨日子过得太快，不知不觉间自己已经虚度五十三载光阴，谁偷走了我的时光？

马车缓缓往长安驶去，杨炎的思绪越飘越远，飘到自己仕途的起点。

年轻时的杨炎“美须眉，风骨峻峙，文藻雄丽，汧陇之间，号为小杨山人”，可谓眉清目秀、美髯飘飘、文采飞扬，不用打扮，就是标准的江湖豪侠。

二十岁那年，杨炎受河西节度使征召，出任掌书记，充当节度使的幕僚。他的幕僚生涯乏善可陈，苍白到只留下一个殴打他人的记录。与杨炎发生冲突的是当地一个七品县令，县令酒后对杨炎出言不逊，杨炎拍案而起，令左右架住县令，自己操起木棍狂殴县令二百余下，打得县令奄奄一息，几乎送命。事后河西节度使爱才，睁一只眼闭一只眼就放过了杨炎。

这就是真实的杨炎，有风度，无气度，有恩一定报，有仇也一定报。

此去长安，杨炎一要报恩，二要报仇。

报恩，报落马宰相元载知遇之恩；

报仇，报同僚刘晏落井下石之仇。

两年了，我等的就是这次机会。

想起九泉之下的元载，杨炎充满感激之情，别人对元载充满不敬，他对元载，一直无比尊重。不为别的，只因他是自己的伯乐。

没有遇到元载之前，杨炎在官场混得灰头土脸，仕途上看不到曙光。机缘巧合，杨炎结识了元载，接触之下，元载对杨炎颇为赏识，在元载的提携下，杨炎从司勋员外郎，改兵部，转礼部郎中、知制诰，迁中书舍人，再迁吏部侍郎。与元载共事的时光，是杨炎进步最快的时期，也是他一生中最恋恋不舍的日子。

杨炎与元载并非简单的朋党，倒有一种惺惺相惜。两人都有能力，颇具文采，在元载的推荐下，杨炎出任知制诰，负责为皇帝撰写诏书，他的大笔如椽，能巧妙将皇帝的意思传递出来，又能保证文辞优美，满朝文武对他都非常佩服。元载看杨炎更是不一般，在他眼中，这位后进同僚有能力，懂文学，将来必然是接替自己的合适人选。

元载高看杨炎还有一个原因，两人的老家都在凤翔郡，在外为官，老乡见老乡，自然没有不相互提携的道理。

幸福的日子没有任何征兆地结束了，公元777年三月，元载一党被一网打尽，元载被处决，等待元载余党的将是不可避免的严惩。

按照代宗李豫的意思，对元载一党要一网打尽，一个不留，主审此案的吏部尚书刘晏却有自己的看法，他不想赶尽杀绝。

刘晏对一同审案的同僚说："依照惯例，判处重刑案件都要再次奏报皇上，况且王缙是朝廷宰相，而且法律规定，有主犯从犯之分，我们还是需要再听听皇上的意思。"

刘晏的再次奏报，为王缙、杨炎这些元党分子赢得了生机。皇帝李豫终于网开一面，抬手放了他们一条生路，只是贬出长安，以观后效。

刘晏不会想到，尽管自己已经好人做到底，杨炎还是对他恨之入骨，恨不得杀之后快。

刘晏不想与杨炎为敌，但杨炎已经将刘晏列为头号死敌。

两人原本并没有刻骨仇恨，只是当年刘晏是吏部尚书，杨炎是吏部侍郎，工作上难免有磕磕碰碰，但也没有深仇大恨。

这次主审元载一党，让杨炎彻底恨上了刘晏，在杨炎看来，如果不是刘晏，或许恩公元载不会死，顶多跟自己一起流放，而且杨炎听说自己被判流放后，刘晏居然在朝中幸灾乐祸。

死结就此形成了，杨炎解不开了，也不想解开：此生，有刘晏没杨炎，有杨炎没刘晏，此仇，不共戴天。

"大人，长安到了！"

家人召唤打断了杨炎的思绪，杨炎一看，马车已经到了长安的城门下。

长安，我回来了；

刘晏，我回来了！

锋芒毕露

公元779年八月七日，杨炎出任门下侍郎、同中书门下平章事，两年前的流放之人，摇身一变成了大唐宰相。

对于这次超常规任用，李适对外的解释是以前做太子时就听说过杨炎的声名，此次破格提拔是为国家物色有用之才。

其实，对于杨炎的破格提拔，还有回报元载一党的成分。

前面说过，李适从安史之乱后便与母亲分离，一直没有母亲的庇护，即使身为长子，他的太子之位也并非牢不可动。受父亲宠爱的独孤贵妃一直有将自己儿子扶正的念头，而且还有一批官员密谋，父亲李豫一度也犹豫过，秘密征询宰相元载的意见。元载知道不便参与皇家储位之争，但还是说出了自己的想法："太子身为长子，又立有大功，怎么能强行废掉呢？"同为元党的宰相王缙也表示了相同看法，这样在两位元党领袖的保驾护航下，李适有惊无险地保住了太子之位。

如此大恩，焉能不谢？此时元载已经含笑九泉，王缙已经意兴阑珊，倒是杨炎还是可用之人。回报元载，就从杨炎开始吧。

站在元载肩膀上的杨炎从一开始就得到了李适的信任，这为杨炎展露自己的才华作好了铺垫。

拜相三个月后，杨炎一语惊天下。

他说了别人一直想说却不敢说的事。

依照惯例，朝廷征收来的赋税和绸缎都存放于左藏库，太府寺一年四季分四次上报数额，比部（国家统计司）负责实地查对。等到理财专家第五琦出任度支、盐铁使时，京城长安权势显赫的将军已经很多，这些将军动不动就伸手向第五琦要求供应。第五琦一个也得罪不起，索性奏请皇帝将左藏库库存全部转存到皇宫内的大盈库，由宦官掌控，这样皇上用起来也方便。

经过这番闪转腾挪，第五琦将烫手的山芋扔进了皇宫，自己得到了清闲，但问题也随之而来。

天下的税赋尽入皇帝私人仓库，有司不能对这些库存进行核对，无法真正掌握国家家底，混沌不清的状态持续了二十年。这二十年中，主事的宦官换了好几茬，但都是乌鸦换岗，负责管理大盈库的宦官多达三百余人，他们靠山吃山，靠着大盈库吃大盈库，而且结成利益集团，盘根错节，牢不可动。

一直以来，有识之士都想进言，但进言危险性极高，容易触怒皇帝，更容易触怒既得利益集团，一般人不敢说。

杨炎敢说，他要言别人不能言之事。

杨炎跪在李适面前说道："天下税赋是国家的立国基础、百姓命脉，国家安危都与之有关。以往国家重臣掌管，还会有无谓损耗以及账目不清的情况。如今让一群宦官掌管大盈库，大臣都不知道底细，政治上的弊害，以此为甚。如今请将大盈库库存交由有司管理，每年根据宫中需要，由有关部门如数拨付，不敢有缺。如此这般，才能推行政令。"

杨炎的进言出奇顺利，李适即日下诏："从今以后，天下财赋尽入左藏库，延续以往惯例，每年选取精致绸缎三五千匹专供皇宫用度即可。"

二十年积弊，杨炎一语解决，满朝上下震动。

震动大可不必，这只不过是君臣合演的一场秀，杨炎和李适同时选择了正确时机，然后各取所需，杨炎投石问路大获成功，李适从善如流展示开明形象。

进言，时机很重要，时机对则双赢，错则双败。

杨炎真的赢了吗？

一鸣惊人的杨炎没有多想，他要马不停蹄继续进言，只有不断进言才能赢得皇上的信任，只有赢得皇上的信任才能从容对付刘晏。

一环扣着一环，危险已经向刘晏袭去，刘晏却浑然不觉。

你不害人，并不意味着别人不会害你，职场中人，切记，切记。

杨炎将目光瞄准了陈旧的"租庸调制"，他要一改多年的积弊，彻底改革王朝的税赋体系。

大唐初建时，承接隋末大动荡的底子，人口锐减，无主荒地居多，为了恢复生产发展经济，曾经实行过均田制。每一男丁授田一百亩，其中永业田 20 亩，口分田 80 亩。永业田永远归家庭所有，即使男丁身故，也不需归还国家；口分田种植谷物，男丁身故之后需要交还给国家。

在此基础上，唐朝实行“租庸调制”，每丁每年向国家输粟二石，为租；输绢二丈、绵三两（或布二丈四尺、麻三斤），为调；服役 20 日，称正役，不役者每日纳绢三尺（或布三尺六寸），为庸。

租庸调制起初还能适应社会现状，但随着时代的发展，已经远远落后于时代，人口迁移越来越多，土地兼并越来越严重。在这种背景下还实行这种以人丁为本的赋税制度就是刻舟求剑了，杨炎要废除的就是这落后于时代的租庸调制。

杨炎笔走龙蛇，写下了自己拟定的新税制框架：

一、量出制入，即先估计支出的实际需要，然后制定征收总额，再将总额分摊到各地。如此一来，就有了点现代社会预算先行的味道，虽然没有现代社会精细，但相比于以往的“量入为出”，量出制入要先进很多。

二、以现有居住地核定纳税对象。不论户籍，无论你是长安人，还是在长安暂住的人，一律在居住地缴税。没有固定住所的商人也不能逃避缴税，跟当地居民一样，都有缴税义务。

三、以家庭占有资产定税，不再以男丁数目定税。资产多的多征，少的少征，负资产是否补贴，史书未载。

四、简化税制，只保留户税和地税两种。户税以资产为基准，地税以土地为基准，两种税一样征收两次，夏税不超过六月，秋税不超过十一月，新税法每年分两次征税，是为“两税法”。

杨炎将“两税法”奏报给李适，龙颜大悦，公元 780 年正月一日，李适下令在全国开始推行“两税法”。

杨炎的执政获得空前的成功。

一鸣惊人，“两税法”功成，重返长安的杨炎两步走得出乎寻常地顺利，他自信已经赢得了皇帝的认可，该到了处理点私事的时候了！

刘晏，接招吧！

第三章　相煎何急

无中生有

公元780年的杨炎五十三岁，皇帝李适三十八岁，两人的合作进入蜜月期。

在很多不明就里的大臣眼中，新皇李适上进、开明、从善如流，但杨炎知道，这只是李适的表面文章，久在官场宦游，杨炎练就了一双火眼金睛，对于李适他早看透了。

别人看李适是高高在上的皇帝，他看李适是一个没长大的孩子，一个心理十分脆弱的孩子。

多年之后，宰相李泌曾经和李适谈起过杨炎，李适依然愤愤不平："他对我的态度十分强硬，甚至把我当成三岁的孩子，他的提议我同意还好，一旦不同意，他就嚷嚷着辞官。"

李适说的或许有些夸张，但杨炎在李适面前没有表现出十足的崇拜也是实情。

杨炎看透了李适，把准了李适的脉，他要借李适的手，除掉刘晏。

杨炎知道，李适对当年独孤贵妃的意图夺嫡一直耿耿于怀，登基刚刚一个月，李适就处死了京兆尹黎干和宦官刘忠翼，据说他们曾经参与独孤贵妃的夺嫡密谋。

这种密谋一般属于“出我口，入你耳”，很难有真凭实据，有的只能是口口相传，但就是这口口相传要了黎干和刘忠翼的命。

或许冤枉，或许不冤，反正死无对证了。

死无对证在一定程度上就是铁证，因为死人又不会起来反驳，“除刘计划”悄然在杨炎心中形成，差的只是一个时机。

公元780年正月的一天，杨炎进宫面圣，正撞上李适在与官员商谈寻找皇太后事宜，杨炎知道这是一个难得的时机。

杨炎顺着李适的话头一直说了下去，说到动情处，把自己也感动了。杨炎痛哭流涕地说道：“昔日，刘晏曾经与黎干、刘忠翼密谋对圣上不利，如今臣身为宰相却不能处置刘晏，臣实在罪该万死。”

杨炎一下捅到了李适的腰眼，杨炎知道李适一直对当年的夺嫡难以释怀，即便刘晏密谋夺嫡难辨真伪，李适还是会大为不快。

一旁的官员并不同意杨炎的说法，说道：“这种事暧昧不清，陛下既然已经荣登大宝，况且也大赦过天下，对于这种流言不应该再追究。”

看看李适的表情，杨炎知道这次还不能一下将刘晏置于死地，转而下了一步缓棋：“尚书省是国家政治的根本所在，以往设立了盐铁、转运等专使，分散了尚书省的权力，不如按照旧制，把这些权力都收归尚书省，以便更好管理。”

蜜月期的男女智商一般偏低，蜜月期的君臣智商同样偏低，此时的李适倚重杨炎，便听之任之，既然杨炎建议撤销各种专使，那就准奏吧。

公元780年正月二十八日，李适下诏，天下税赋以后均由尚书省的金部和仓部管理，解除刘晏转运、租庸、青苗、盐铁等专使职务。

在杨炎拜相之前，刘晏已经因为同僚的排挤被挤出了宰相行列，只担任虚职尚书左仆射，如今解除刘晏的一系列职务，刘晏彻底成了一个闲人。

逼死刘晏

重用杨炎，打击刘晏，看起来杨炎一直处于强势地位，不过细细分析，可以发现这是李适有意为之。

刘晏并非元载一党，又是代宗一朝的红人，已年过六旬，李适用起来总不是那么顺手，相比之下，杨炎更年轻，用起来更顺手。

杨炎是元载一党，当年元载拥立有功，此时正是酬庸元载一党的时机。

君臣二人，各打各的算盘，就看谁打得更精。

杨炎要置刘晏于死地，李适因为亲政时间太短，没有意识到刘晏的真正价值，双方在整刘晏的问题上一拍即合。

各取所需吧，你报你的仇，我树我的威，我要让那些曾经首鼠两端的人看看，脚踏两只船的后果有多惨。

半个月后，杨炎又参了刘晏一本：刘晏奏疏与事实不符，有欺君之嫌。李适准奏，这样刘晏在京城待不下去了，被贬为忠州刺史。忠州位于今天重庆市忠县，现在属于直辖市下属县市，那时则是标准的欠发达地区。

又一个月后，李适又下了一道奏疏：鉴于尚书省长期没有管理过全国赋税业务，再次设立盐铁、转运专使等特设职务。

仅仅两个月，刘晏主政时的行政框架又恢复了，而刘晏却没有回来主持工作，人们在这耐人寻味的安排中嗅出了不寻常的味道。

刘晏危矣！

杨炎的“杀刘计划”还在升级，他又下出一手棋，这手棋下出，大唐财相刘晏将跌入万劫不复的深渊。

棋子名叫庾准，一个为了升官而没有做人底线的人。

庾准的父亲在天宝年间曾经做过文部侍郎，借着父亲的门荫，庾准步入仕途，很快找到了自己的靠山——宰相王缙。在王缙的提携下，素来没有多少文学修养的庾准竟然升迁到尚书左丞，与众多饱读诗书、满腹经天纬地学问的官员一起出入朝廷，他的出现令多数官员很不齿，刘晏对这种“空降官”也不感冒。

久而久之，刘晏与庾准产生了矛盾，庾准也恨上了刘晏。

借着新皇登基的光，曾经与杨炎一同被贬的庾准重返长安出任司农卿，同是元党成员，庾准与杨炎关系不错。

杨炎与庾准达成了一笔交易：你帮我杀掉刘晏，我保荐你为尚书左丞。

一拍即合。

在杨炎的安排下，庾准出任荆南节度使，正好是刘晏的顶头上司。

不久，庾准的奏疏到了，这封奏疏将刘晏逼到了绝境。

庾准奏疏写道：刘晏曾经写信给凤翔节度使求援，信中有对皇上的抱怨，而且他还上书要求增加忠州民兵数额，这分明是图谋不轨。

欲加之罪，欲加之罪！

奏疏到了李适那里，如果李适是明君，如果李适能真正认识到刘晏的价值，刘晏还有生路。

可惜李适不是！

李适下令，缢死刘晏！

一代财相刘晏，就这样在同僚的报复下，在皇帝的纵容下，走完了自己的人生路。他为这个王朝曾经殚精竭虑，曾经鞠躬尽瘁，最终却死于流言之下，终年六十六岁。

刘晏，流言，是巧合，还是命运捉弄。

公元780年七月二十七日，李适正式下诏，赐死刘晏。

急于复仇的杨炎和浑浑噩噩的李适都忘了一件事，程序！

他们先缢死刘晏，数天后再下诏赐死，程序反了！

他们以为杀死刘晏只不过是杀死一个风烛残年的老头，却不知道天下民心在刘晏那里，他们杀得死刘晏，却杀不死天下民心。

天下人都为刘晏喊冤，就连一直与朝廷二心的淄青节度使李正己也为刘晏喊冤："诛晏太暴，不加验实，先诛后诏，天下骇惋！"

复仇的快感一闪而过，杨炎感觉自己陷入一团乱麻之中，位高权重的他本以为整死刘晏只是小事一桩，没想到闹得民怨沸腾。

杨炎前所未有地惊慌，他意识到事情有些不妙，必须赶紧补救。

前去抄家的官员背负着杨炎的重托，他们必须在刘晏家里查出点干货。

确实是干货，杂书两车，米麦数斛，破旧家什和一幅用了十七年的门帘，这就是为大唐理财二十四年的财相刘晏的全部家当。

一个胸怀天下的人，尽管家徒四壁，但他拥有天下民心；

一个顾影自怜的人，尽管家财万贯，但他穷得只剩下钱。

同朝为官，相煎何急，只为私怨，你死我活。

刘晏死了，杨炎赢了吗？

唐朝之后的宋朝，大臣们相互间有一个提醒：千万不要怂恿皇帝杀大臣，因为一旦皇帝杀顺了手，手就停不下来了。宋朝时大臣们也斗，但有个底线——不往死里斗，这个底线最终保证了所有大臣的安全。

杨炎不是，他突破了底线，整死了刘晏。

中国历史总是这样，既生瑜何生亮，两个同样不世出的人物很难在同一时间和同一空间共存，倘若杨炎和刘晏能够和平相处，大唐王朝将会是另一幅景象。

可惜，他们是同僚，更是死敌。

得手后的杨炎尽管也有苦恼，但成功的喜悦还是压过了烦恼，不过，他似乎忘了一句话，上的山多，终遇虎！

苦主卢杞

说到虎，虎来了，虎的名字叫卢杞，这只虎是杨炎的苦主。

卢杞，字子良，名门之后，祖父是开元初年与名相姚崇搭班子的卢怀慎。卢怀慎一生清正廉明、道德高尚，当年李隆基让他和姚崇搭班子正是看中他这一点。到卢怀慎儿子卢奕这一代，优良传统依然在延续，安史之乱时，卢奕时任坐镇东都洛阳的御史中丞，洛阳城破，卢奕与其余几位同僚一起死于任上，成为闻名全国的死于国难的忠臣。

一个家族血脉传承不息，优良传统是否传承，其实是个未知数。

到了卢杞这一代，卢杞“不耻恶衣粝食”，生活上跟祖父一样不讲究，恍惚间人们看到了名相卢怀慎的身影，这个身影在卢杞身上影影绰绰。

顶着名门光环，卢杞压力山大，不为别的，只为他长得有些惨不忍睹。

史书上对卢杞的描述为“貌陋而色如蓝”，从字面来看，卢杞应该长得相当对不起观众，而且脸色发蓝。我查了一下医学知识，脸色发蓝应该是身体患有某种慢性疾病，可见长相对不起观众的卢杞身体也不算太好。

长得丑不是卢杞的错，长这么丑还出来吓人，也不是卢杞的错。走在大街上的卢杞回头率百分之百，见过他的人都会下意识地多看两眼，明白人知道这是一个活生生的人，不明白的还以为阎王殿里的小鬼大白天出来吓人了。

从小到大，卢杞在别人歧视的目光中长大，他的心越来越硬，他的心越来越敏感，他内心中不想过多在意自己的长相，但别人的目光告诉他，他不在意只是自欺欺人。

貌丑面色发蓝，歧视如影随形，当这些阴影将卢杞牢牢笼罩时，你还能指望他有一个健全的人格吗？

似乎很难。

在别人特别关照的目光下，卢杞凭借祖辈的门荫进入仕途，以他的学识，科举这条路是走不通的，幸好他的祖父当过宰相，他的父亲是死于国难的忠臣，因此学识浅薄的卢杞顺利跻身大唐官场，开始了自己的宦游之旅。

李适登基之前，卢杞官运一般，只是帝国官员体系中一名普通的中层官员，卢杞的转运，与一群猪有关。

在虢州刺史任上，卢杞遇到了一个棘手难题，猪多为患。这群猪有三千头，而且不是一般的猪，这是专门对口供应皇族的猪。三千头“皇猪”饲养起来很不容易，而且这些“皇猪”仗着自己身份高贵经常拱到当地农民的庄稼地里胡吃海喝，久而久之，当地农民怨声载道。

如何处理这批猪，卢杞有些犯难，不过眼珠一转，计上心来，只要如此这般，就可以一箭双雕。

卢杞瞅准机会向李适进言道：“三千头猪很难看管，经常会糟蹋百姓庄稼，请陛下早做决断。”

李适回应道：“既然虢州管理起来困难，那就迁移到同州沙苑吧！”

卢杞知道机会来了，他一板一眼地建议道：“同州百姓也是陛下的子民，臣以为，这三千头猪还是就地吃了比较方便。”

李适一愣，他没有想到卢杞会提出这样一个建议，仔细一想，不无道理，既然在虢州扰民，那么迁徙到同州不是同样扰民？

李适考虑再三，接受了卢杞的建议，刚刚登基的他渴望树立一个明君形象，三千头猪就成了牺牲品。

一声令下，三千头猪就地屠宰，猪肉被分给虢州贫民，卢杞的巧妙进言化解了多年来难以解决的猪患，也赢得了李适的青睐。

李适觉得自己是伯乐，他相中了卢杞这匹蓝脸的千里马，“身在虢州却为其他州着想，真是一个宰相之才”。

李适把卢杞的名字记到了心里，这个人迟早会成为他的宰相。

不久，李适将卢杞提拔为御史中丞，在御史中丞任上，卢杞的每次进言都能递到李适的心坎里，李适对卢杞的喜爱越来越不可收拾。一年后，李适擢升卢杞为御史大夫。

就在人们对卢杞的火速攀升不可思议时，十天后，新的任命又来了，卢杞出任门下侍郎、同中书门下平章事。

不是我不明白，是这世界变化太快。一年以前，卢杞还在虢州与三千头猪打交道，一年后，他已然登堂拜相了。

李适无法掩饰对卢杞的欣赏，他庆幸自己发现了这匹蓝脸的千里马，假以时日，卢杞必然会回报给自己以奇迹。

此消彼长

凝重，还是凝重。

十天来的人事任命让杨炎嗅到了非比寻常的味道，他隐约觉得什么地方出了问题，但又不知道问题到底出在哪个地方。

为什么皇上要任命卢杞当御史大夫？为什么时隔十天后又委以宰相重任？难道卢杞真的有什么特别之处？

杨炎不断摇头，他有些看不懂，难道皇上对自己有新的想法？

到底为什么呢？

也难怪杨炎多想，因为从他拜相以来，他一直大权独揽，如今多出一个卢杞，摆明了要跟自己分权。

杨炎拜相时，郭子仪、朱泚以武将身份挂名宰相，实际不过问具体事务。与杨炎先后搭班子的两位宰相，一位年老耳聋，能力不济，不久就被解除了职务，另外一位体弱多病，没多久死于任上，这样杨炎便独揽宰相大权，成为王朝炙手可热的权臣。

卢杞的扶摇直上打破了杨炎独相的局面，这让杨炎有些失落。如果派来的是一位仪表堂堂的同僚，或许杨炎还能与之和平共处、勠力同心，偏偏卢杞长得跟阎王殿的小鬼似的，杨炎打心眼里看不起这个小鬼。再者，倘若卢小鬼确有经天纬地之才，杨炎也忍了，可惜的是，卢杞实在提不起来，这让满腹经天纬地之才的杨炎更加憋屈。

跟这样一人分权，貌丑，脸蓝，无才，话多，要了亲命了！

杨炎想不明白李适为什么要如此安排，因为他想破了脑袋也没想到，皇帝李适杀机已起！

李适对杨炎动了杀机，从刘晏被害开始。

刘晏被杀，李适并无太多感觉，事后不久，李适意识到情况不妙，各地为刘晏喊冤的奏章纷至沓来，一些节度使纷纷指责处置刘晏手段过于残暴。李适遭遇登基以来最大的信任危机，他一向以清正廉明的明君面目示人，而在各地的奏章中，他分明读到了奏章里的失望甚至是愤怒，难道杀刘晏杀错了？

批阅着奏章，李适的心情跌到了低谷，这时各地又有小道消息传来。

小道消息说，杨炎往各地派出了特使，名义上是赴各地抚慰，实际上是向各地解释处死刘晏的原因。特使向各地解释说，刘晏以前首鼠两端，依附奸邪，曾经密谋拥立独孤贵妃的儿子，圣上因此处死了他，这一切与宰相杨炎无关。

李适顿时觉得头大了，天底下竟然有这样的臣子，居然让皇帝替他背黑锅。

仔细想来，杨炎说的大部分也是实情，如果不是李适下定了主意，仅凭杨炎，焉能处死刘晏？总而言之，在处死刘晏的问题上，杨炎负责煽风点火，李适负责痛下杀手。

杨炎把实话说了出来，不经意中触碰到了高压线。古往今来，皇帝始终是正确的，背黑锅的，送死的，只能由臣子来，从没听说哪个皇帝替臣子背黑锅。

杨炎太想摆脱自己的干系，一只脚却已经陷入了沼泽地，李适远远地看着，卢杞虎视眈眈地等着，杨炎用力想把自己的脚拔出，却发现，并不容易。

时间一天天过去，杨炎与卢杞的矛盾正在慢慢累积，累积到两人不愿意共处同一个屋檐下。以往，按照惯例，宰相们会在政事堂一起吃午餐，卢杞上任后，杨炎经常称病不来，把卢杞一个人孤零零扔在那里。卢杞不动声色，自己安静地吃自己那份，越吃越平静，越平静越吃，他知道，有朝一日，这些账迟早要算。

杨炎依然故我，他依旧相信卢杞不能把自己怎么样，这一点他与老江湖郭子仪相差太远。

卢杞还是御史中丞时，有一次曾经到郭子仪府中拜会郭子仪，郭子仪闻言，顿时打起十二分精神，将无关人等一律清理出去，然后非常正式地接见了卢杞。接见完后，家人不解，以往来多大的官，郭子仪都是由家人陪同，谈笑风生，今天为何一反常态？

郭子仪语重心长地说道："卢杞生来长得丑陋而且脸色发蓝，我怕家里的妇人见了会忍不住笑出声来，卢杞此人面丑心狠，一旦让他忌恨上了，我家离破家就不远了！"

老江湖就是老江湖，一眼看出卢杞的心狠手辣。郭子仪看透了卢杞，杨炎看扁了卢杞，一字之差，天壤之别。

矛盾还在累积，卢杞在等待机会，他要亲手把这个看不起自己的人拉下马，否则难消心头之恨。

机会很快来了。

在上一部书中曾经说到，大唐王朝虽然表面维持统一，但已经有一些节度使在自己的地盘上令行禁止，俨然就是独立王国，山南东道节度使梁崇义就是其中一个。

近来，梁崇义越来越嚣张，不断突破李适的容忍底线，李适不准备再忍了。

就在李适考虑派哪支部队剿灭梁崇义时，淮宁节度使李希烈主动送上门来，他奏报李适说，愿意为帝国分忧，率部剿灭梁崇义。

高手下棋，走一步看十步，每一步都有讲究，每一步都会为下一步棋做好铺垫；臭棋篓子下棋则完全相反，走一步算一步，只管眼前，不问以后。相比而言，杨炎算是一个高段位的棋手，而李适则是彻头彻尾的臭棋篓子。

杨炎对李适说："李希烈是前任淮宁节度使董秦的族侄，董秦对他信任无比，而他却率领士兵驱逐了董秦，自己当节度使。如此狼子野心的人，无功尚且邀功，一旦让他建立大功，日后恐怕难以控制。"

日后的事实证明，杨炎说的是对的，让一个有着狼子野心的李希烈去剿灭梁崇义，就如同让一只老虎去驱赶狐狸，狐狸赶走了，老虎也养壮了，祸患不仅没有解除，反而更甚。

可惜，李适对杨炎已经戴上了有色眼镜，无论杨炎如何建议，李适还是听不进去，这时他发现，杨炎的话怎么那么不入耳，看来当年自己真是看走眼了。

蜜月来得迅猛，走得迅速，连七年之痒都没有，直接进入势同水火的阶段了。

日子继续往前，杨炎在李适心中的地位还在下降，天平另一端的卢杞却不断上升，他说的每一句话，李适都受用无比，信任自然与日俱增。

古往今来，皇帝究竟喜欢怎样的大臣?

在我看来，皇帝看大臣无非看三点：第一，忠诚；第二，舒坦；第三，能力。

忠诚自然是第一位的，失去忠诚，一切都没有意义；

舒坦是第二位的，与之相处轻松舒坦当是皇帝的必然选择，没有皇帝喜欢那些逆龙鳞的臣子；

第三，能力，为人臣子，能力还是要有的，不然靠谁治理国家?

写到这里，或许有人会说，也有皇帝喜欢那些铁骨铮铮能够当面直谏的臣子，比如唐太宗李世民。对于李世民与魏征这对君臣，我只能说，这只是广告，他们是彼此的托而已。李世民与魏征没有那么君臣知心，他们之间是相互利用、相互依托的关系，如果李世民真的欣赏和喜欢魏征，就不会派人推倒魏征的墓碑了。

政治就是一场秀，无论皇帝还是大臣，他们都是秀里的一个角色而已。

天罗地网

时间走到公元 781 年七月，卢杞出手了。

在此之前，淮宁节度使李希烈要求对山南东道用兵，但却一直按兵不动，给李适奏报的理由是，江南多雨，不利于行军。李适有些纳闷，他不知道李希烈葫芦里卖的是什么药，该给的封赏已经给他了，他还想要什么呢？

卢杞出现了，他为李适解开了疑惑。

卢杞说道："李希烈拖延进军，就是因为杨炎的缘故。之前杨炎主张不用他，两人结下了梁子。为今之计，陛下怎能因为爱惜一个杨炎而耽搁国家大事呢？不如暂且将杨炎罢相，让李希烈高兴。等李希烈平定山南东道后，再恢复杨炎的相位，这样对杨炎也没有什么损失。"

君臣二人迅速达成一致意见，杨炎罢相，出任闲职尚书左仆射，对杨炎而言，意气风发的时代彻底结束了，接下来是人生的下坡路。

整肃杨炎正式拉开序幕，不久将达到高潮。

一个月后，李希烈平定山南东道，按照卢杞之前的"建议"，此时应该让杨炎官复原职。

杨炎没有等来官复原职，等待他的却是天罗地网，卢杞已经准备好了织网的线，只要把这张网织成，杨炎的一生就到头了。

织网的线有两个线头，一个线头叫祠堂，一个线头叫家宅。

祠堂位于长安曲江边，原来是开元年间宰相萧嵩家的祠堂，李隆基考虑到曲江边以娱乐为主，萧嵩家的祠堂矗在那里不伦不类，便责令萧嵩将祠堂迁走。如今，时过境迁，杨炎将这块地买下来，准备建杨氏祠堂。

家宅位于东都洛阳，户主是杨炎，杨炎委托河南尹赵惠伯将家宅出手，赵惠伯便做主将杨炎的家宅买下，用作办公机构。

卢杞将两个线头接了起来，开始发难。

卢杞先从杨炎的家宅入手，将矛头指向了经手买房的赵惠伯。卢杞认定，赵惠伯一定从这笔买卖中拿到了好处。

经过第一轮审查，主审法官认定，赵惠伯身为主管官员经手买卖，从中获利，属于勒索受贿行为，当予以免除官职处分。

判决已经够严厉了，卢杞依然不满意！

再审！

二审结果很快出来了，二审认定，赵惠伯身为官员盗卖国家财物，按律当处以绞刑！

赵惠伯绞刑，杨炎还跑得了吗？

卢杞将网编织完毕，他将这张大网向杨炎兜头扣去。

卢杞向李适进言道："当年正是因为那块地有帝王之气，因此玄宗命令萧嵩将萧氏祠堂迁走。如今杨炎明知故犯，非要在那块地上建杨氏祠堂，分明是怀有不臣之心。"

一切都那么熟悉，一切都那么似曾相识。

当初，杨炎诬陷刘晏有不臣之心，于是刘晏死于非命；

如今，卢杞照葫芦画瓢，图谋不轨的帽子给杨炎扣上了，等待杨炎的会是什么呢？

公元781年十月十日，李适下诏，将尚书左仆射杨炎贬为崖州司马，当年没扔掉的绿袍木简，现在可以拿出来用了。

两年前，杨炎从道州司马迁出任宰相，两年后，他又被打回原形，所不同的是，崖州比道州更远，道州在今天湖南的永州，崖州则位于今天海南的三亚。以今天眼光看，三亚风光宜人，以当时眼光看，典型蛮荒之地。

从长安出发，杨炎踏上去崖州的路，山还是那些山，水还是那些水，但山已经不是那些山，水也不是那些水了，两年前的好心情荡然无存，放眼望去，愁雾惨淡。

杨炎一路走到了鬼门关，此关位于今天广西北流县城西，古代前往钦州、廉州、雷州、琼州、交趾必过此关。过得此关，便入瘴疠之地，去者凶多吉少，当地谚语称，鬼门关，十人去，九人还。

杨炎悲从中来，果然是有超人之福便有超人之祸，自己上对得起国家，下对得起百姓，为何会落到这步田地？

写首诗吧。

杨炎提笔写道：

流崖州至鬼门关作

一去一万里，千知千不还。
崖州何处在，生度鬼门关。

杨炎知道该来的一定会来，卢杞不会放过自己的，对自己失去信任的皇帝也不会放过自己，一切只是时间问题。

继续前行，距离崖州只有一百里。

圣旨到！

杨炎脸上露出了一丝苦笑，该来的还是来了，任你走到天涯海角，一样会来。

不出所料，圣旨的主题是赐死！

崖州不用去了，鬼门关活着也回不去了。

曾经加在刘晏身上的，现在都加到了杨炎身上。

命运轮回便是如此之快。

杨炎自杀身死，终年五十四岁。

在人生最后时刻，不知道杨炎如何定义自己的一生，曾经有超人之福，如今有超人之祸，曾经位极人臣，如今奉诏身死，人生跌宕起伏如此，究竟是福是祸？

如果杨炎不被复仇蒙住了双眼，或许与刘晏不会结下解不开的死结；

如果杨炎不鼓动皇帝残杀刘晏，或许即便失去信任也不会身首异处。

或许从一开始，杨炎就错了。

己所不欲，勿施于人。

第四章　奸臣当国

战事又起

在欧阳修主修的《新唐书》中，卢奕和卢杞父子是比较特别的一对，身为父亲的卢奕名列《忠义传》中，身为儿子的卢杞名列《奸臣传》中，与许敬宗、李林甫、杨国忠是邻居，看看这些邻居，就可以猜出卢杞是何等货色。

令人费解的是，卢杞的祖父和父亲都是忠臣，卢杞的儿子官声也不错，唯独卢杞声名狼藉，人神共愤，莫非卢氏一脉的基因在卢杞这里发生了突变？

仔细想来，或许可以找到原因，那就是卢杞的丑陋相貌。台湾著名歌手赵传有一首歌叫《我很丑，可是我很温柔》，这首歌唱出丑人的心声，也唱出了丑人心底的阳光，但远在唐代的卢杞显然并非如此，他很丑，他很记仇，记仇记到有些变态。

一个大人无法真正读懂孩子的世界，一个健全人无法真正理解残疾人的处境，当一个人遭遇生活不幸的时候，看待世界的态度和角度也会发生很大的变化。

卢杞从小丑陋，在别人的白眼和歧视中长大，他的心越长越硬，他的心越长越敏感，他比一般人更渴望成功，他比一般人更心狠手辣，当他好不容易登上权力巅峰时，他要做的便是死死抓住，然后将所有威胁到他的人打落马下。

人都是被逼出来的，卢杞也是，而且变本加厉。

时间走到公元782年，大唐帝国更加不平静。

之前的781年，成德节度使李宝臣（张忠志）去世，李宝臣的儿子李惟岳上书李适，要求接替父亲的成德节度使职务。在李适的父亲李豫时代，对于这些尾大不掉的节度使都采用了鸵鸟政策，一旦老节度使去世，便由老节度使的子侄或者部将接替，朝廷很难插手这些藩镇的人事安排，久而久之便成了惯例。

李适新皇登基，想打破惯例，绝不能再听之任之。再这样下去，河北的藩镇会越来越不听指挥，帝国想重回大一统局面必定是难上加难。

该解决的问题，早晚要解决，像鸵鸟一样装看不见是不行的。李适他不想当鸵鸟，他要当猫头鹰，他要把帝国的一切问题都看得清清楚楚，而不是视而不见。

在李适的心中，河北的藩镇是一定要收复的，尤其是成德，当年，成德李宝臣两次改姓让皇族受尽了侮辱，即便李宝臣死了，但这笔账还是要算的。李适决绝地驳回了李惟岳的请求，李惟岳自然不会轻言放弃，战事由此而起。

这一次还是依照以往惯例，对于不服从管教的藩镇，李适沿用了“藩镇打藩镇”的老办法，调动周边忠于朝廷的藩镇对反叛的藩镇进攻，力争将反叛藩镇剿灭或者打服。

战事缠绵了一年多，其间发生了很多事情，总体而言还是向着有利于朝廷的方向发展：李惟岳在内讧中死去，成德战区被李适分割。大家都以为战事即将平息，只要李适象征性地再浇点水，大家便各回各家，各找各妈。

一生没找到母亲的李适可能是个孝子，可能也是一个有进取心的皇帝，但一系列事实证明，他并不是一个合格的好皇帝，就在大家等待他浇水灭火时，他浇上了油。

火非但没灭，而且熊熊燃烧。

一切的恶果都是缘于李适，他在战后论功行赏上赏罚不公。

在攻打成德李惟岳的过程中，卢龙节度使朱滔功劳最大，而在李适的论功行赏中，朱滔一点好处没有捞到。李适只给朱滔画了一张饼，把还在别的藩镇控制区的两座城池划给了朱滔，去打吧，打下来就是你的。更让朱滔愤慨的是，即便自己一鼓作气打下了那两座城池，自己也注定守不住，因为那里离自己的防区太远，根本不能实现有效管理。

朱滔见过坑人的，但没见过这么坑人的，自己浴血奋战下来，半点好处没有，还得接受李适画饼充饥的戏弄。

这样的昏君，还忠于他就是对自己智商的侮辱！

愤怒的朱滔联合起同样对李适不满的节度使，一起向李适发难，以前他们对李唐王朝还保持着面子上的尊重，到此时，彻底撕破脸了。

天作孽，犹可违；自作孽，不可活！

如果李适顺应形势，合理论功行赏，以朱滔为首的节度使们并不想与朝廷撕破脸，李适却急于求成，错误地估计了形势。他一厢情愿地想打压朱滔，削弱朱滔的势力，不成想，朱滔就是弹簧，被压得越狠，反弹越强。

历史上的很多事情便是这样，欲速则不达，谁都想一步达到目的地，但急于求成的结果往往就是弄巧成拙。李适想一举改变藩镇尾大不掉的局面，因而拒绝李惟岳接任节度使；好不容易，李惟岳死于内讧，李适又急于削弱朱滔的实力，一切的一切都因为太急了。

人生需要忍耐和等待，李适，与你共勉！

朱滔举起反叛大旗，令李适头疼不已，而朱滔远在凤翔的哥哥朱泚也开始坐立不安，弟弟的突然反叛，彻底打乱了朱泚酝酿已久的如意算盘。

原本朱泚、朱滔都是安禄山手下大将李怀仙的部将，李怀仙投降唐朝之后被委任为幽州、卢龙节度使，朱泚哥俩继续给李怀仙打工。后来节度使两度废立，在将士们的拥戴下朱泚自任幽州、卢龙节度使，弟弟朱滔给他当助手。目光长远的朱泚并不乐于在幽州不思进取，他想了一个万全之策：自己带领一部分士兵组成特遣部队供朝廷差遣，这样他可以在长安为官，弟弟朱滔接任节度使，坐镇大本营，与自己遥相呼应。

如意算盘不可谓不精，哥哥在长安为官，弟弟在幽州镇守，朝廷想动哪一个都会投鼠忌器，这样哥俩都安全了，富贵自然可以持久。

哥俩的富贵持续了一段时间，哥哥朱泚出任凤翔节度使，担任拱卫长安的重任，弟弟朱滔出任幽州、卢龙节度使，一门两个重镇节度使，朱泚的如意算盘打得山响。

恼怒之中，朱滔举起反叛大旗，一下子将朱泚推到了危险境地。朱泚有些慌神，他必须做出抉择，要么和弟弟遥相呼应举起反叛大旗，要么向皇帝表忠心站到皇帝一边。

朱泚选择了后者，相比于成功率极低的反叛，保住现有的富贵是最现实的选择。

在朱泚痛苦抉择的同时，弟弟朱滔给哥哥发出了一封密信，密信藏于蜡丸之中，由信使藏在发髻之中，从幽州带往长安。

很不幸，藏在蜡丸里的密信还是被截获了，密信送到了皇帝李适的案前。

李适有些震怒，但很快镇静了下来，他知道此时还不是大发雷霆的时候。李适一纸诏书将朱泚从凤翔召到了长安，无心反叛的朱泚连连叩头谢罪，李适表现出前所未有的大度，并且将密信交到朱泚的手中。

李适安抚道：“凤翔与幽州相隔千里，你们兄弟从一开始就不是同谋，朱滔反叛跟你没有关系！”

李适一席话说得朱泚眼泪汪汪，君之视臣如手足，则臣视君如腹心，大受感动的朱泚更加坚定了自己的选择，一心一意跟皇帝走，不动摇了。

接下来，朱泚含糊了，他开始怀疑自己的选择。

他遭到了李适的软禁，待遇依旧，官爵依旧，但凤翔回不去了，兵权没有了，他只能在长安当一个无所事事、退居二线的老臣。

不是说朱滔谋反与我无关吗？不是说对我依然信任有加吗？

可如今？

哎，人君心，似海深！

上下其手

忠心耿耿的朱泚被困长安，凤翔节度使的位子便空了出来，宰相卢杞眨巴眨巴眼睛，计上心来。

卢杞知道，凤翔节度使位高权重，必须由一个朝廷信得过的重臣镇守，李适才能放心。卢杞明白自己的斤两，他并不觊觎凤翔节度使的位子，他只是要用这个位子唱一出戏。

杨炎罢相之后，李适擢升开元年间朔方节度使张齐丘之子张镒跟卢杞搭班子，李适原本指望卢杞与张镒亲密合作，不承想，卢杞身边容不下能人，像张镒这样的忠直之臣在身边，卢杞一整天都不自在。

卢杞一直想把张镒踢走，机会来了。

早朝上，卢杞奏报道："之前朱泚的名望和权势很高，凤翔的将军们品级也很高，此番凤翔节度使位置空缺，非宰相级别重臣无法安定局面，臣恳请陛下准予我出镇凤翔。"

还没等李适回应，卢杞自我解嘲地说道："陛下肯定觉得臣长得太丑了，恐怕无法让凤翔三军信服，那就恳请陛下另行指派合适人选吧！"

捧哏，逗哏，自己全包了，卢杞可以一个人说对口相声了。

总共两个宰相（此时郭子仪已过世），一个是卢杞，一个是张镒，卢杞自说自话将自己择了出去，剩下的唯一选择便是张镒了。

李适对张镒勉励道："文武兼备，德高望重，卿便是最佳人选。"

整个过程，张镒就是被卢杞卖了帮着数钱的角色，张镒是羊，卢杞是狐狸，李适是老虎，狐狸将老虎和羊耍得团团转，老虎继续保持自己的虎威，羊只能低头自认倒霉，谁让爹妈没给自己生得巧舌如簧。

一番小小运作，绊脚石张镒被从长安搬到了凤翔，长安的天空依旧是卢杞唱主角。

宦游官场多年的卢杞知道，皇帝不希望看到自己专权，尽管皇帝对自己信任有加，但还是会有所防范，为今之计还得找一个人与自己搭班子，免得给皇帝留下专权的印象。

君子有君子的阳关大道，小人有小人的独木桥，在作秀这件事上，卢杞远在杨炎之上。试想，在杨炎担任宰相期间，有长达一年多的时间，杨炎独自一人担任宰相，时间一长便给李适留下了专权的印象，而杨炎自始至终也没有主动找一人与自己搭班子，最后所有风险自己扛，直到扛无可扛。

卢杞要专权，但又不要自己面对所有风险，他要找一个人与自己一起搭班子，这个人话要少，风险要多扛。

逡巡再三，卢杞将目光锁定在吏部侍郎关播身上，在他眼中，关播是个合适人选。

在卢杞的推荐下，“儒学大家、品质敦厚”的关播出任中书侍郎、同中书门下平章事，与卢杞一起搭班子。关播的任务很简单，卢杞举手他举手，卢杞画圈他画圈，一切由卢杞做主。当然，偶尔关播也有小失控。一次，李适与卢杞、关播坐论天下事，卢杞表态后，关播感觉不妥，刚想起身奏报，便看到卢杞严厉的眼神，关播顿时打消了奏报的念头。回到中书省，卢杞严厉地对关播说道：“因为足下端庄少言，所以把足下引荐到宰相之位，刚才怎么还想多说话呢？”

关播心中长叹一口气，也罢，人家是皇帝身边的红人，我这是给人搭班子的，多说无益，多说无益。

名义上两个宰相，实际上只有一个宰相，1+1还等于1。其实，在很多时候，1+N还等于1，为何？

你懂的！

调整完宰相班子，卢杞将矛头对准了一位大名鼎鼎的老臣，老臣名叫颜真卿。

颜真卿在后世留名是因为他的书法，而在颜真卿所处时代，书法只是他的业余爱好，当官才是他的主业。在安史之乱中率先举起反抗大旗的颜真卿一直是大唐王朝的道德楷模，在肃宗朝、代宗朝他都是直言进谏的忠臣代表，现在他成了卢杞的绊脚石。

卢杞忌惮颜真卿并非出于私人恩怨，只是觉得这个老家伙碍眼，总在皇帝李适面前说些不该说的话，如果将老家伙踢出长安，那就再完美不过了。

浸淫官场多年的颜真卿很快嗅出了味道，他知道这位大权在握的宰相已经开始针对自己了，颜真卿心中涌出一丝悲凉，我以诚心待你卢家，你何必咄咄逼人。

刚烈如火的颜真卿忍不住了，悲愤地对卢杞说道："安史之乱时，御史中丞卢大人的首级被送到平原郡，我看卢大人脸上有血迹，便想帮他擦干净，又怕擦破卢大人的脸，我就用舌头把卢大人脸上的血迹舔干。如今，相公怎么忍心苦苦相逼，难道就容不下我吗？"

颜真卿一席话说得卢杞神情黯然，卢杞起身向颜真卿施了一个礼，作为颜真卿当年礼敬父亲的回报。

一般人到此时会选择收手，卢杞不是一般人，他反而更加痛恨颜真卿："老家伙，让我难堪，让别人以为我忘恩负义，你等着，这事没完！"

农夫和蛇，暖得了身躯，暖不了心。

昏招迭出

继位之初，李适手中有两张好牌，一张是刘晏，一张是杨炎。刘晏凭借出色的管理能力和调度能力能够"税赋不加之百姓而国用足"，杨炎可以推行“两税法”以及“量出为入”原则让王朝经济状况大为好转，两张牌随便打好一张，李适就不会为税赋问题焦头烂额。

可惜，两张牌都被他打丢了，几年的光景，刘晏死了，杨炎死了，两大理财高手都入土了，面对经济难题，李适只能病急乱投医了。

李适的难题来了，缺钱！

如果国家稳定，一切有条不紊，以刘晏和杨炎打下的基础，李适可以从容应对，可如今国家多事，战事又起，打仗就是打经济，没钱连仗都打不起。眼前，李适快到打不起仗的地步了。

按照惯例，藩镇节度使率兵出征，一出本战区，所有费用由国家负担，到李适这里，奖励更加丰厚。凡是出征的士兵，原有饷银照发，由家属在原战区代领，出征士兵每人再加一份饷银，另加一份酒肉钱，总体算下来，给皇帝出征，一天顶原来三天，一个月领原来三个月的饷银。这回报，不谓不丰厚。

李适指望重赏之下勇夫倍出，事与愿违，在他的重赏下，磨洋工的勇夫越来越多。越来越多的节度使率兵出了本战区便就地驻扎，反正一天发三倍工资，多拿一天算一天。

出征士兵荷包越来越鼓，国库越来越空，每个月光是格外增加的军饷就需要一百三十万贯，不想点办法，真的连仗都打不起了。

刘晏和杨炎之后，关于国家理财的正主意没多少，馊主意倒很多。

有官员给李适出了个主意，向富商借钱！

出主意的官员为李适描绘道：“天下的财富，都聚集在富商手里。请陛下统计富商的财富，资产超过一万贯的，其中一万贯由其本人留用，其余部分都借给朝廷充当军费，这样全天下借一两千个富商，就足够朝廷几年用兵了。”

还有比这更馊的主意吗？

李适居然同意了！

向富商强行借贷拉开了序幕。

执行借贷的官员们雷厉风行，将长安富商全部动员了起来，盘点库存，清查资产，一旦账目不清，必定严加审问。

这还不算，官员们还盯上了民间运营的当铺行业，趁其不备，查封所有库存，库房中资产一律按四分之一的比例充公！

究竟是借还是抢呢？

一番折腾下来，商人罢市，百姓怨声载道，执行借贷官员一统计，总共“借来”两百万贯，就这些钱仅仅够打一个月仗，哪够好几年？

李适看完奏报，无可奈何，只能暂停“借贷”，还是想点正主意吧，怎样才能合理合法从民间征收到财富呢？

正主意还是没有，馊主意又来了，卢杞的亲信、全国财政总监赵赞提出建议：开征间架税和除陌钱。

所谓间架税，就是房屋保有税，每栋房屋以两根房梁间的宽度为一间，按间征税。税率分三等，上等屋每间征收两千文，中等屋每间征收一千文，下等屋每间征收五百文。间架税的统计工作由有关官员入室实地调查，一间一间统计，这样一来，那些穷得只剩房的百姓就惨了，明明已经家徒四壁，只因名下房多，还得交高达数百贯的间架税。

除了间架税，同时开征的还有除陌钱。除陌钱便是交易税，无论公私买卖还是私人之间相互买卖，每交易一贯，政府征收五十文的除陌钱。如果此次交易是物物交换，也需要折算价值，征收除陌钱。如有人胆敢隐瞒，数额超过一百文者，痛打六十大板，罚款两千文。为了鼓励百姓互相监督，欢迎百姓积极举报，一旦查实，告发者将获得十贯赏钱，这笔赏钱由被举报人承担。

两大馊主意推行到民间，百姓反响强烈，纷纷在口中和心中问候宰相卢杞以及其亲信的家人。身为宰相，一门心思将手伸进老百姓的口袋，这就不是宰相了，而是穿着制服的小偷。

税加了，钱收了，民心伤了。

第五章　泾原兵变

多事之冬

公元 783 年十月，多事的冬天。

之前被宰相杨炎认定有狼子野心的李希烈在一年前已经高举起反叛的大旗，皇帝李适调集各路兵马没能将李希烈制服。李希烈的气焰越来越嚣张，李适无奈，只能调集更多的兵马对付脱缰野马李希烈，泾原节度使姚令言也在征调之列。

十月二日，姚令言率五千兵马抵达长安，按原定计划，他们将在长安短暂休整，然后开赴前线。依照惯例，为国出征会得到一定赏赐，姚令言帐下士兵大多带着年幼的弟弟或者儿子一起出征，指望着多拿点赏赐养家糊口。一路上，冻雨霏霏，怀着领取赏赐的信念，众人抵达长安。

出人意料的是，一分钱的赏赐也没有。

望梅止渴好几天，到头来发现，这里不仅没有梅林，连梅核都没有。

失望溢于言表，失望的情绪迅速蔓延。

一天后，姚令言的队伍进驻浐水，在这里负责接待他们的是京兆尹王翃。一路艰难跋涉的五千兵马心中的要求已经降低，他们只求能好好吃上一顿饭。

一看餐桌上的饭食，大家傻眼了，主食是带壳的糙米，菜里没有一块肉！

还有比这更差的结果吗？

连日来的失望情绪一下子爆发，有人开始叫骂，有人掀翻了桌子，有人开始煽动："我们出征，就要死于敌人之手，现在连饭都不让我们吃饱，却让我们用血肉之躯抵挡敌人的白刃。听说琼林、大盈两座国库，金银珠宝多到放不下，不如我们一起结伴去抢了！"

混乱之时，最怕有人煽动，此时的煽动遇上失望情绪的发酵，后果一发便不可收拾，灭火要灭在萌芽之时，一旦火势蔓延，再想控制，为时已晚。

五千兵马穿好铠甲，擂动战鼓，回身向他们曾经用生命捍卫的京城杀去，不为别的，只为拿到他们原本该得到的赏赐。

主帅姚令言此时还在宫中与皇帝辞行，闻听兵变消息，大惊失色，出宫快马加鞭，想把自己的手下拦下。行至长乐阪，正遇到杀往长安的五千兵马。没等姚令言开口，已有冷箭射向他，姚令言一猫腰，抱住战马鬃毛，突进了乱兵之中。

坐在不断打转的战马上，姚令言大声说道："诸位犯了大错了，我们即将东征，只要立功，何愁没有富贵，何苦要做这等遗祸家族的蠢事！"

冷静的话语无法平息狂热的内心，乱兵已经不再听从姚令言指挥，反而拉住他的马头，裹胁着他一起向长安冲去。

兵变升级的消息传入皇宫，李适有些慌神了，连忙派出太监充当抚慰使，试图安抚住五千颗躁动的心。

倒霉的抚慰使刚出通化门，还没等他宣讲皇恩浩荡，乱兵已经让他品尝了"乱刀浩荡"，抚慰使瞬间为国捐躯。

消息传回皇宫，李适知道今天不出点血是不行了，连忙派人装满二十车金银和绸缎，算是给乱兵们的见面礼。

来不及了，已经来不及了，二十车金银还没运到地方，乱兵已经突进了长安城，叛乱的火苗开始在城内蔓延，二十车金银于事无补。

恐慌在长安城中迅速传递，长安百姓奔走相告，争相逃命，这时乱兵高喊：“大家不用害怕，从今往后再没人跟你们借贷了，再也没有人向你们征收间架税和除陌钱了！”

等等！等等！什么情况，我们怎么越来越糊涂了呢！

长安百姓有些疑惑了，这些乱兵到底要干什么？如果真的取消间架税和除陌钱，这事还真有点靠谱！

百姓停下了逃亡的脚步，聚集起来看热闹，五千乱兵聚集到丹凤门外，而站在乱兵身边看热闹的百姓已有数万。

叫喊的，起哄的，坐立不安的，满地乱打转的，皇帝李适属于后者。此前他派出普王李谊和翰林学士姜公辅出宫与乱兵沟通解释，然而沟通的效果并不乐观，乱兵随时有可能破门而入。

李适眼见不好，大喊一声，护驾！

李适本以为自己大呼一声，禁军士兵便会应者云集，令他没有想到的是，前来护驾的士兵居然用眼睛就能数出来，这就是全部禁军？花名册上那些兵都哪去了？

做买卖去了！

这一切只因为负责招募禁军的官员吃了回扣！

起初禁军士兵都是满员的，随着出征减员，空缺越来越多，负责招募禁军的官员并不以为意，转手将这些空缺的名额卖给富家子弟，富家子弟虽然名列禁军，但照样在宫外做生意。这样，花名册上的兵一个不少，实际的禁军士兵却越来越少，有经验的将军早已看出端倪，提醒皇帝李适注意，偏偏李适听不进去。

如今，恶果显现，需要禁军护驾时，居然找不到几个人。

情急之下，李适顾不上追究责任，连忙招呼身边的皇子、公主、贵妃出宫逃命，一行人从皇宫北门逃出。在他们身后，还有百分之八十的王爷、王子、王孙、公主尚留在宫中，来不及一一通知。

逃亡的队伍寒酸无比，禁军士兵寥寥，宦官倒是有一百多人。自从大宦官鱼朝恩伏诛之后，宦官不再有兵权，此次再次武装宦官，实在是无奈之举。一百名宦官领头的是窦文场和霍仙鸣，两人在李适没登基前便在东宫伺候，鞍前马后深得李适心意。如今，危难之际，两位宦官站了出来，担负起护驾重任。

逃亡队伍不断有人加入，郭子仪的儿子、司农卿郭曙正率领几十名手下在皇家禁苑中打猎，突然看到皇帝风尘仆仆逃难，连忙跪在道边迎驾。急匆匆的李适一挥手，郭曙便加入了逃亡的队伍。一路上以如此方式加入队伍的人还有很多。

正在李适一心逃难恨不得插上翅膀便飞之际，翰林学士姜公辅回来了，猛然拦住了李适的马头。此前他奉命出宫与乱兵解释沟通，眼看效果不理想，便退了回来，追上了皇帝的逃亡队伍。

姜公辅急切地说道："朱泚曾经担任过泾原兵的主帅，因为弟弟朱滔谋反的缘故，被圈禁在长安，心中正失意呢。臣曾经劝过陛下，如果不能诚心待他，那么就尽早杀了他，以绝后患。泾原乱兵如果拥立朱泚为主，局面恐怕就无法收拾了，请陛下带上朱泚一块走吧！"

选择题摆到了李适面前，要么早点将朱泚杀掉，要么带上朱泚一起走以免其被乱兵拥立，到底如何选择，需要早作决断！

李适面色慌张，无心恋战，只回应了一句："来不及了！"

一道选择题暴露了李适的全部能力！

事关王朝安危，他居然没有去做这道选择题，而是选择了装鸵鸟，不答题！

一只鹰的世界是无边无际的天空，它的目标是鸟瞰无垠天下；

一只鸡的世界只是一个小小的圈，它的目标只是眼前的几条虫和几粒米，即便用尽全身力气，飞行的高度，也不会超过堆放柴草的草垛。

李适，你是鹰，还是鸡？

李适不去作答，一味地埋头赶路，他的身后是从中书省翻墙而出的宰相卢杞和关播，其他陆续得知消息的大臣结伴追赶皇帝一行，一直追到了咸阳才追上了李适逃亡的脚步。

在他们的身后，长安又一次沦陷，不是沦陷于外族强敌之手，而是落入本该保卫京师的乱兵之手。

这一切又能怪谁呢？

物以类聚

乱哄哄中，乱兵打破了宫城门，冲进了含元殿，他们曾经在梦中到过这个地方，如今梦想成真。

“皇帝已经跑了，我们自己的富贵自己拿！”众人大声欢叫着冲进了存放金银珠宝的国库，见到了梦想中的东西。

搬，能搬多少搬多少，到这时只恨自己不是哪吒，要不一个人至少能拿四个人的份。搬了一趟不过瘾，再来一趟，多少辈子才能赶上一次进国库随便拿的机会啊。

搬也搬了，抢也抢了，再这么乱下去不是办法，被裹胁着参与兵变的姚令言定了定神，与乱兵们商量道：“如今我们众神无主，势必不能长久。朱太尉此前被皇帝圈禁在家中，不如我们前去迎接，请他做我们的统帅。”

乱兵们纷纷点头，没错，搬完国库了，得找个主事的了。

数百名骑兵齐聚朱泚的家门外，家门里的朱泚还在犹豫之中。

答应吧，这是乱臣贼子才干的事；不答应吧，门外那些乱兵恐怕也不会轻易放过自己。

内心中掂量再三，博弈再博弈，朱泚跺了一下脚，乱世出英雄，干！

之前的赋闲让朱泚淤积了太多怨气，如今怨气变成了与李适分庭抗礼的勇气，既然你姓李的先对我不仁，就别怪我不义了！

出门，上马，骑兵手中的火炬照亮了朱泚前行的路，这条路他曾经无比熟悉，这条路曾经他是当忠臣孝子的路，今晚，这条路是一条崭新的路。

在士兵们的高喊声中，朱泚进入皇宫，入住含元殿，对外自称暂代六军统帅。他自己知道，这是与李适分庭抗礼的第一步，如果一切顺利，他将是长安之主，李适不过是无家可归的丧家狗。

十月四日清晨，朱泚对外发布公告：

> 泾原将士久处边陲，不闲朝礼，辄入宫阙，致惊乘舆，西出巡幸。太尉已权临六军，应神策等军士及文武百官凡有禄食者，悉诣行在。不能往者，即诣本司。若出三日，检勘彼此无名者，皆斩！

朱泚的这则公告告诉文武百官，泾原士兵已经将皇帝赶出长安，大家赶紧站队，要么去追随逃亡的皇帝，要么追随我朱泚，两边都不追随的，有你好看！

公告一出，尽显人间百态，留在长安的很多官员选择了站在朱泚一边，反正皇帝已经跑远了，跟着朱泚享受近在眼前的富贵也不错。

看着原来的朝廷高官不断向自己靠拢，朱泚心情大好，照此态势发展下去，大事可成！

翻看投诚官员名单，朱泚始终没有看到那个他想看到的名字，他怎么没来？没道理啊，按理说，他和我一样都是被逼赋闲的人，心中一定也有很多怨气啊！

朱泚说的人是段秀实，一个资格很老的老臣。

段秀实在上部书中曾经出现过，他曾经追随过名将李嗣业、白孝德，出任泾州刺史时，收拾过郭子仪之子郭晞手下不可一世的骄兵，别人想做而不能做的，段秀实轻描淡写地做成了。

难能可贵的是，在身边同僚私生活放纵无边、左拥右抱时，段秀实自始至终与发妻相濡以沫，没有纳一个妾，仅此一点，便值得尊敬。

如此品格高尚的官员值得重用，可惜由于不赞成宰相杨炎的相关提议，段秀实被免去泾原节度使职务，改任人微言轻的司农卿。

在朱泚看来，从威震一方的节度使被发落到人微言轻的司农卿位置上，段秀实一定有很多怨气，一定愿意和自己一起做一番大事。

朱泚不是段秀实，他不懂段秀实的心。

段秀实家的门外，人喊马嘶。

朱泚派出的数十名骑兵奉命请段秀实进宫，他们遭遇了闭门羹，任凭怎么敲门，段秀实家依然大门紧闭。

骑兵们翻身上了围墙，跳进院子里，进了段秀实房中。

客套过后，段秀实严词拒绝，骑兵们不跟他废话，直接将刀架到了段秀实的脖子上，去，还是不去，给句痛快话！

看来，今天不去是不行了！

段秀实一摆手："诸位，先退下吧，容我跟家人嘱咐几句。"

骑兵退下，段秀实对家中子弟嘱咐道："国家有难，我岂能视而不见，我将以死报社稷，你们各自逃命去吧！"

说完，段秀实起身跟随骑兵进宫，此去皇宫，他已抱定必死之心。

见段秀实前来，朱泚大喜过望："段公来了，大事可成，大事可成！"

段秀实笑了一笑："朱公原本忠义，天下闻名，如今泾原士兵因为犒赏不丰，犯上作乱，以致圣上出走。犒赏不丰是有司的过失，圣上哪里知道？朱公应该向将士们讲清这个道理，然后迎接圣驾回宫，岂不是大功一件！"

朱泚闻言，这个段秀实，揣着明白装糊涂，还提什么圣驾回宫！

心中不悦，老江湖的朱泚并没有表露，他有心拉拢段秀实与自己共举大旗，即便眼下意见不合，还是团结一致向前看吧！

朱泚不会想到，段秀实心中藏着一把刀，在段秀实的身边，左骁卫将军刘海滨、泾原都虞候何明礼、孔目官岐灵岳也和段秀实一样，他们都将刀锋指向了朱泚。

姓朱的，你等着！

段秀实和他的伙伴们看透了朱泚用心，出逃奉天的李适还没有把长安的棋局看透，他看到的还是当年那个忠心耿耿的朱泚。

大臣中有人上奏道："朱泚已经受到乱兵拥戴，即将攻打奉天，奉天城当早作防备！"

李适还没有反应，宰相卢杞跳了出来："朱泚的忠贞，群臣莫及，为何有人要平白无故造谣，中伤他呢？臣愿意以一家百口性命担保朱泚不会造反！"

也不知道卢杞哪来的信心，如果这次担保作数的话，卢家一家百口应该人头落地。

卢杞没来由地信任朱泚，李适也没来由地信任卢杞，他们都以为，再过不久，朱泚就会派出迎驾的队伍来奉天迎驾，届时他们又可以风风光光地重返长安。

迎驾的队伍真的出发了，奉朱泚之命，泾原兵马使韩旻率精兵三千从长安出发，目的地奉天，对外的口号是迎驾。

所谓迎驾，实则是奇袭，如果这三千精兵突袭奉天，以奉天单薄的守卫，李适将凶多吉少。

千钧一发之际，段秀实灵机一动，叫过孔目官岐灵岳，一番嘱咐，如此这般。

率兵奇袭奉天的韩旻正行军中，后面追来一名传令兵，声称传达姚令言军令：全体收兵，班师长安。

韩旻接过军令，有些疑惑，不是才下达军令让奇袭奉天吗？怎么这就改了呢？

再看军令，韩旻有些拿不准了，这是姚将军的军令吗？怎么看着跟以往有点不太一样呢？

别扭，真有点别扭！

奉天就在眼前，韩旻有心抗命，心里又没有底，万一军令是真的呢？违抗军令可是死罪！

算了，回去问问清楚再说！

韩旻拨转马头，率军回师长安，得知消息的段秀实长出一口气，随即面色凝重，他知道局势越来越危急了，一旦韩旻与姚令言会面，谜底就会被戳破。

谜底很简单，段秀实伪造了姚令言的军令，他把司农卿的大印倒过来盖在军令上，让韩旻一时间难辨真伪，而一旦韩旻拿着军令与姚令言会面，一切便真相大白。

段秀实对同谋的几位官员说道："韩旻回来，我们的计谋就会被识破。我将抓住机会当面格杀朱泚，不成功便成仁，我绝不当他的臣属！"

韩旻回来了，段秀实的计谋被戳穿了，不过孔目官岐灵岳将所有的责任一个人扛了，段秀实暂时安全。

段秀实本想继续等待机会，但朱泚当天的议题将他彻底激怒。

当天的议题是朱泚如何登基称帝。

段秀实"腾"地站了起来，他不准备再忍了，眼前这个人已经让他怒发冲冠，他不想再和这个人共处同一片蓝天下。

段秀实伸手夺过一名官员手中的象牙笏板，先向朱泚狠狠吐了一口："狂贼！吾恨不斩汝万段，岂从汝反耶！"

说完，段秀实举起象牙笏板向朱泚狠命砸去，朱泚伸手一挡，笏板砸中额头，血顿时流了出来，溅了一地。

旁边的官员和侍卫眼见这一幕，目瞪口呆，这两位大人闹的是哪出啊？

眼见杀朱泚不成，段秀实只求速死，冲着朱泚的侍卫喊道："我不从你们谋反，何不杀我！"

一语惊醒梦中人！

侍卫们蜂拥而上，段秀实没于乱刀之中。

这时朱泚一只手按住伤口，一只手阻止道："别杀他，别杀他，他是义士！"

晚了，一切都晚了，义士段秀实已经去了，完成了他以死报社稷的愿望。

忠臣，义士，忠诚到连对手都佩服你，这是何等的境界。

消息传到奉天，李适久久没能回过神来。

最近发生的事情太多了，曾经他认为忠诚的，背叛了他，曾经他认为可有可无的，誓死捍卫了他，这个世界如此诡异，如此复杂。

谁能借我一双慧眼？

奉天告急

历史有时就是一个没头脑，没头脑到你怎么琢磨都琢磨不透其中的微妙。

以朱泚的人生阅历，他不是经人煽动便头脑发热的人物，何以在乱兵的要挟下便欣然从命，一举成为乱兵的领袖？更让人匪夷所思的是，在地盘还仅仅局限在一个长安城时，他居然登基称帝了！

公元783年十月九日，朱泚登基称帝，自称大秦皇帝，改年号为应天。

新登基的朱泚大封群臣，拥立有功的姚令言被封为侍中、关内元帅，其他一干在李适手下郁郁不得志的官员在朱泚手下重新焕发青春，纷纷出任大秦政府的要职。虽然大秦政府还是草台班子，但麻雀虽小，已经五脏俱全。

在这次大封群臣的过程中，还有一个位置引人注目，朱泚将这个位置留给了自己的弟弟朱滔。

皇太弟！

朱泚在给朱滔的信中写道：三秦之地，指日克平；大河之北，委卿除殄，当与卿会于洛阳。

在朱泚新的如意算盘中，天下成了兄弟二人的，三秦之地归哥哥，大河之北归弟弟，等到旗开得胜时，哥俩洛阳城内痛饮庆功酒。

算盘打得真精。

朱泚将弟弟朱滔册立为皇太弟，意思是自己百年之后，将由弟弟接替自己的皇位。

中国历史上有过皇太子，有过皇太孙，有过皇太弟，一度还要诞生皇太女。唐中宗李显时，女儿安乐公主异想天开，一度想央求父亲册立自己为皇太女，这样自己就有机会当一回武则天。

乱，怎一个乱字了得！

乱象还在继续，在班子成员的建议下，朱泚向落入自己手中的李氏皇族大开杀戒，郡王、王子、王孙等一干七十七人被集体处死。朱泚要用这次杀戮以绝天下人之望。

可怜七十七位王子王孙，如果可以选择，下辈子是否还会选择当王子王孙？

形势继续向有利于朱泚的方向发展，朱泚的兵锋越来越盛，他将刀锋指向了奉天。只要拿下奉天这座孤城，皇帝李适就将落入自己手中，到时大秦兴起，大唐没落，不世出的功业就会在奉天城建立。

朱泚挥军指向奉天，皇帝李适只能疲于应付。

邠宁候补节度使韩游瑰、青州刺史论惟明、监军宦官翟文秀奉命前往便桥抵抗朱泚，行军到醴泉，与朱泚大军正面遭遇。

韩游瑰心里没底，惦记着赶紧折回奉天自保。监军宦官翟文秀却有不同见解：我们退回奉天，贼兵势必尾随而至，这是把贼引向天子。不如我们就在这里构筑阵地，那么贼兵必然不敢甩开我们直扑奉天。如果他们那么做，我们就跟奉天城的守军一起前后夹击他们。

翟文秀的建议没有被韩游瑰采纳，韩游瑰摇摇头说："贼强我弱，如果贼分出一部分士兵牵制我们，另外一部分直扑奉天，那么奉天的守卫也薄弱，如何与我们形成夹攻之势！我们如今急速退回奉天，就是为了保护天子，况且我们士兵饥寒交迫，贼兵财大气粗，如果他们拿财物利诱我军士兵，我必然控制不住！"

两人说的都有一定道理，只能具体问题具体分析，一番争论之后，韩游瑰的建议占了上风，唐军退往奉天城，朱泚的叛军尾随而至，唐军接战不力，想要退回城内，叛军蜂拥而上，想要夺取城门，形势危急。

此时镇守奉天城的主将是左金吾卫大将军浑瑊，此人原本是郭子仪部将，郭子仪去职后，他一度接管了郭子仪原有的部分实力范围，好景不长，还是遭到皇帝李适猜忌，被调到长安当了左金吾卫大将军。虽然左金吾卫大将军是京官，但相比于封疆大吏而言，还是有不小差距。

浑瑊眼见形势不妙，左右打量一番，几辆草车映入眼帘，浑瑊心中一动，有了!

浑瑊派出全身披戴重甲的铁甲战士，手持长刀以一敌百，在铁甲战士的掩护下，草车被推到城门下，顺势放火，火光冲天。

叛军再想夺门而入，除非配上几支高压水枪。

没了夺门之忧，浑瑊挥军向叛军进攻，激战良久，总算打退了叛军的进攻。

危险暂时解除，但是并没走远，朱泚叛军在奉天城东三里扎营，叛军梆子巡夜声声声入耳，叛军火把漫山遍野把把惊心，这一切都在提醒奉天城，城破只是时间问题。

奉天城外，投奔朱泚的士兵越来越多，不到一个月，他的帐下已有数万士兵，这些资本，让他可以与李适掰一掰手腕。

奉天城内，李适寝食难安，往各地派出传诏勤王的宦官已经出去有些时日了，怎么还不见各地勤王的兵马呢?

李适心中暗自祷告，上天，请一定帮我渡过这次难关!

或许上天听到了李适的祷告，帮李适渡难关的第一批兵马来了。

灵武候补节度使杜希全一行率兵一万余人即将抵达奉天，现在面临从哪条路进入奉天城的抉择。

宰相关播与左金吾卫大将军浑瑊分析道："漠谷道路险峻而狭窄，恐怕叛军会有埋伏，不如从乾陵（唐高宗李治陵寝）北面通过，紧靠柏城而行，扎营于奉天城东北的鸡子堆，这样可以与奉天城成犄角之势，相互呼应。"

对于这个分析，宰相卢杞并不同意，他有他的理由，而且理由很充分！

卢杞说道："漠谷的路离奉天城很近，就算中了叛军的埋伏，城内部队出兵救援就可以了。倘若从乾陵行军，恐怕会惊动先帝的陵寝！"

看着眼前这个一脸忠贞的奸臣，浑瑊强按心中的怒火，大敌当前，置帝国安危于不顾，却拿出先帝的陵寝说事，真有你的。

浑瑊驳斥道："自从朱泚围城以来，大肆砍伐乾陵松柏，夜以继日，早就惊动先帝的陵寝了！如今城中危急，天下各州勤王的救兵还没有赶到，只有杜希全这一支部队及时赶到，这支部队关系重大，如果能够在险要处扎营，朱泚可以逐步击破！"

卢杞没有被浑瑊驳倒，他反驳道："陛下的王者之师怎么能和叛军等同论之，如果让杜希全率军从乾陵通过，那就是我们自己惊动先帝陵寝了！"

正反双方意见都摆上了台面，只等辩论会主席李适一锤定音。

李主席，你的意思是？

还是从漠谷进军吧，以免惊动先帝陵寝。

猪一样的队友，猪一样的皇帝，纵使浑瑊有鹰一样的眼睛，最终拍板的还是这些猪一样的皇帝和队友。

杜希全率军进入漠谷，如期遭遇叛军的伏击，居高临下的叛军以大弩、巨石热烈欢迎，杜希全部队死伤惨重。城中军队出城接应，也被叛军击败，当夜，杜希全部队崩溃，只能退保邠州。好不容易盼来的生力军，还没发挥作用，就已经退出战斗，这一切都是拜卢杞所赐。

朱泚更加得意，缴获来的辎重摆了一地，他要让奉天城内的将士好好看看他的战利品。

攻势一天急过一天，奉天城的压力越来越大，在朱泚的命令下，奉天城外挖出了一圈壕沟，这圈壕沟将奉天城内外隔绝，即便城不被攻破，一叶孤城的奉天城也会在消耗战中慢慢陷落。

李适越来越心焦，城外的朱泚却淡定了起来，他将自己的大帐移到乾陵之上，在那里，放眼望去，奉天城尽收眼底。朱泚心中暗笑，李适，我看你还能挺多久！

或许，用不了多久，这天下就姓朱了！

数百年后，天下确实姓了朱，只是此朱非彼朱！

天下勤王

城一围就是一个多月，各种物资纷纷告罄，本来众人都以为奉天城只是暂时落脚的地方，没想到朱泚把大家逼成了常住客。

围城，外面的人想进来，里面的人想出去，隔着一道城墙，隔着不同的天地。

形势日益严峻，李适的眉头越来越紧，本想登基以后大展拳脚，谁知诸事不顺，竟然被困在了小小的奉天城。

难道朕不能做一个有为之君？难道朕注定没有祖辈的雄才大略？

李适人生第一次开始怀疑自己，这是他以前从来没有过的。

看着行宫窗外的月光，李适想起了一件小事。

前天下午，李适命令一位善走的壮士出城侦察敌情，壮士临行前提出一个请求，希望皇帝能赏赐一件厚一点的棉衣。

李适一挥手，命令宦官进行赏赐，令他没想到的是，整个行宫中居然找不出一件厚一点的棉衣，实在要找，只能拆了被子现场加工。

困难就是这么现实、这么残酷地摆在李适面前，前所未有的窘迫令李适非常伤感。他压抑住伤感，摆摆手，让善走的壮士出城了，他实在拿不出赏赐了。

“陛下，用膳吧！”送餐的宫女打断了李适的思绪。

一看宫女送来的饭食，李适心中暗自又叹息了一声，奉天城确实到了最危险的时候，专门供应自己的御膳房只剩下两斛粗米，蔬菜竟然是大头菜的菜根。即便是菜根也来之不易，还是趁叛军不注意的时候，御膳房的宦官从城头顺着绳子爬下去，偷偷在城外的菜地里采集的。

哎，怎一个难字了得！

喝着大头菜菜根熬的菜粥，李适眼泪流了下来，四十余年锦衣玉食，今天才知道大头菜菜根的味道。这味道那么陌生，那么坚硬。

粥喝完了，眼泪也擦干了，李适觉得自己该跟群臣有个交代了，如果这个时候还不表态，人心早晚得散了。

群臣被召集到行宫之中，愁云笼罩着整个行宫，行宫中格外的寂静，静到连喘气声都能听得真真切切。

李适缓缓开口："朕因为无德，自陷于危亡之地，或许这就是天意。诸位爱卿并没有罪，不需要陪朕一起陷于这危险之地，要投降就早点出城投降吧，这样也能保全家室。"

李适说完，行宫中哭声一片，皇帝既然推心置腹如此，群臣没有选择，只能肝脑涂地，以死效忠。

李适看看群臣，心中一热，人心没散，人心没散，危局还有回旋余地。

只是这天下勤王的大军还能指望谁呢？

如果郭子仪在，自然还能指望郭子仪，可惜郭子仪已经在几年前入土为安了，剩下的将军们谁能挽狂澜于既倒呢？

历史的聚光灯集中到了三个人身上，李怀光、李晟、浑瑊。

这三个人是上天给李适的赏赐，如果没有这三个人，李适的命运或许将被改写。

在李适号令天下勤王后，浑瑊本来就在奉天城内坚守，而李怀光、李晟则开始星夜兼程千里驰援。

李怀光，渤海靺鞨人，原姓茹，其父因战功卓著，赐姓李。李怀光年少从军，武功艺冠三军，后来成为郭子仪部将，深得郭子仪赏识。李适将郭子仪的势力范围分割，李怀光分到了其中的一块，出任朔方节度使，由此成为郭子仪之后一颗耀眼的将星。如果历史呈规则线性发展，李怀光可以与郭子仪并肩，名垂青史，只可惜，历史进程不是直线，而是一条诡异的螺旋线。

接到勤王命令时，李怀光正在魏县作战，魏县四战区特遣兵团粮秣供应总监崔纵正好也在李怀光的大营。两人一碰头，当即定下主意：撤军，增援奉天城。

崔纵说干就干，毫不含糊，搜刮出所有能搜刮的财物，与李怀光一起星夜兼程。行军至河中（今山西永济），当地官员大力犒军，全军原地休整三天。三天过去了，士兵们还想多待几天，有酒有肉的生活不是天天有，多待一天也是幸福。

崔纵心中暗急，又不能表现出来，只能为大家画出一张大饼：“所有财物已经运过了黄河，等到了河西，我全分给大家！”

望财止渴，效果立显！

在崔纵的调度下，李怀光大军挺进蒲城（今陕西省蒲城县），大军总人数达到五万人。

与此同时，神策军特遣行营节度使李晟也率军渡过黄河，大军总人数在短短十几天内从四千扩充到一万余人。

在李怀光和李晟的带动下，天下勤王的将领越来越多，各路大军在奉天城与长安一线驻扎，敌我形势对比正在发生着微妙的变化！

原本在乾陵上安营扎寨的朱泚还气定神闲，如今却焦躁了起来。奉天城一围一个多月，朱泚本以为会轻松攻下，没想到战事陷入胶着，奉天城久攻不下，而天下勤王大军已经越来越多。

“报，长安城再次告急！”

朱泚又一次接到长安告急的奏报，这已经不是第一次了，接连几天，留守长安的部将都会发出告急的奏报，长安形势也岌岌可危，如果奉天城再拿不下，长安城危在旦夕，到那时自己就成了无家可归的流浪狗了。

是时候决战了！

决战奉天

朱泚一面向长安增兵，一面调集大军云集奉天城下，他知道，这是自己最后一次机会，必须赶在天下勤王大军到来之前攻陷奉天，不然，一切都将功亏一篑。

形势虽然不利，但朱泚的心中却很有谱，他相信，只要拿出雪藏已久的秘密武器，攻破奉天城，不在话下。

奉天城外，一个庞然大物赫然耸立。这是和尚法坚制造的攻城云梯，有数丈之高，同时有数丈之宽，云梯之外包裹着结实的犀牛皮，云梯下面装有几个巨轮，而云梯上面的平台可以同时容纳五百名士兵。

就是这样一个庞然大物，大家可以想象成一个可以移动的武装塔吊。

庞然大物一出现，便引起了奉天守军的注意，大家不由得倒吸一口凉气，这是什么玩意啊？莫非是传说中刀枪不入的怪物？

李适得到奏报，忧心忡忡，如此庞然大物，该如之奈何？

左金吾卫大将军浑瑊分析道："臣看那云梯运行起来非常沉重，但凡重物，就容易陷到土中，臣认为应该在它可能通过的路下面挖好地道，堆好容易燃烧的材料对付它！"

神武军基地司令韩澄接话："云梯这雕虫小技，皇上不必过于担心，臣有办法对付它！"

韩澄马不停蹄，登上奉天城墙，逡巡一周后，他大胆猜测，朱泚叛军用云梯攻城的方向应该是奉天城东北角，东北角城墙较矮，攻城难度相对较小，而且云梯能最大限度发挥作用。

距离城东北角三十步，韩澄命人挖好了地道，地道里储存好大量的油膏、松脂、木柴，只等朱泚的云梯往坑道里陷。

十一月十四日，朱泚大军开始攻城，出人意料的是，主攻方向不是城东北角，而是城南。

邠宁战区候补节度使韩游瑰一看兵势，脑海中浮现出一个词：声东击西。朱泚这一招是佯攻，目的是吸引奉天守军注意力，他的最终主攻方向还是奉天城东北角！

韩游瑰一声令下，城南坚守，城东北角继续增兵，一定要严防死守，把朱泚挡在奉天城外。

一天后，北风大作，朱泚的庞然大物隆重登场了。

与前几天不同的是，这一次云梯上还悬挂了水囊，这是用来对付唐军射出的火箭，即使有火箭射到云梯上，水囊里的水也能及时将火扑灭。

该想到的，云梯制造者法坚都想到了，只是他没想到，火除了可以从天上来，有时可以从地下窜。

借着云梯壮胆，朱泚大军云集东北角，弓箭兵万箭齐发，奉天城上如同下了箭雨，守城士兵死伤无数。奉天城下，朱泚的士兵抱着湿柴和湿土将壕沟迅速填平，全军如蚂蚁搬家般向奉天城墙逼近，有些身手利索的士兵已经登上了城墙，与守城士兵展开了肉搏战。

行宫外人声嘈杂，行宫内李适与浑瑊相对流泪，束手无策的文臣则仰首向天祷告，希望上天可以帮助大唐挺过这一关。

这次决战，李适已经赏无可赏，只能拿出最后的法宝——空白委任状。

委任状总共一千余张，李适全部交给了守城主将浑瑊。这批委任状最高可以委任御史大夫、实封五百户，如果在平时，这是一个可望不可即的官位和行政待遇，而在此时，只要守城有功，就可以得到。李适同时交给浑瑊一支御笔，委任何人何等官职，由浑瑊全权做主，如果委任状还不够，可以将拟任官职写在有功将士的身上，等到战事平定再补授委任状。

交接完毕，李适怆然说道："现在朕就与卿告别!"

说是告别，实则永别的气氛，浑瑊也被感染，流泪倒地跪拜，既然皇帝推心置腹如此，自当肝脑涂地，死而后已!

辞别李适，浑瑊起身登上城墙，眼前的惨烈让他不敢相信自己的双眼，戎马半生，战事惨烈到如此程度，还是第一次。

浑瑊打起精神，走到一个个城墙垛口，他要用自己的精神感染每一个士卒，他要让每一个士卒都能感觉到他的存在。

突然，一支冷箭正中浑瑊胳膊，一阵剧痛随之向他袭来。

浑瑊摇晃了一下，定了定神，向左右亲信吩咐道：“继续巡城！”

浑瑊就是一面旗帜，他到哪里，信心就到哪里，虽然形势岌岌可危，但士气始终不散，奉天城成了一只铁桶，始终难以打破。

浑瑊放眼城外，庞然大物云梯正在一步步接近它的归宿之地，再有几步，就是它寿终正寝之地。

还有三步，还有两步，还有一步！

“轰隆”一声，云梯的一个轮子陷入了坑道，这时坑道里火焰喷出，等待已久的油膏和松脂开始熊熊燃烧。

与此同时，守城士兵从城上扔下火把，云梯顿时陷入火海之中。

云梯上的五百名士兵没能成为攻城奇兵，此刻，他们的名字叫火球。

不一会的工夫，庞然大物变成了一堆灰，城东北角顿时弥漫着一股难闻的味道，死亡的味道。

奉天城三座城门同时打开，城内守军全面出击，刚刚遭受重大打击的朱泚无心恋战，仓皇退出战场。

不过，这一败于朱泚而言并非一败涂地，卷土重来的时间，可以以小时计算。

这天半夜，朱泚果然又来了，再次攻城，弓箭齐发，奉天城的行宫中也落入了不少冷箭，离李适最近的，只有三步之遥。

没有经历过战争的人无法想象战争的残酷，没有经历冷箭意外惊吓的人无法体会那致命的恐惧。历史有时就是那样相似，当年雁门之围，突厥人的冷箭射破了隋炀帝杨广的雄心壮志，当时一支冷箭落在杨广脚边，杨广心胆俱碎，从此收拾起比肩秦皇汉武的心，直下扬州当起了享乐皇帝。如今奉天之围，冷箭距离李适三步，同样射碎了李适的雄心。

别人看这只是一支冷箭，而李适知道，这一箭将他从梦想射回了现实里。

李适感觉浑身发冷，他第一次感到了恐惧。

谁能救我于危难之中？

李适正愁闷中，一名宦官喜形于色地跑了进来：“皇上，大喜，大喜啊！”

李适不禁疑惑，愁云惨淡，喜从何来？

宦官上气不接下气地说道：“李怀光将军的信使已经到了，大军用不了几天就到奉天！”

“当啷”一声，李适感觉到心中的石头落了地。

等宦官喘息过后，李适才弄明白事情的原委：

李怀光从蒲城出发，直奔泾阳，沿着北方山岭向西进军，为了早日将消息传递到奉天，兵马使张韶受命化装成平民到奉天报信，为了保密起见，李怀光的奏表被封存到一个蜡丸之中。

张韶风餐露宿，一路狂奔，到奉天城外时，正赶上朱泚在率军攻城，平民打扮的张韶一下子被抓了壮丁，充当填充壕沟的民夫。

趁着叛军士兵看管不严，张韶几个箭步跑到奉天城下，大喊道：“快放绳索，我是朔方军的信使！”

城中守军盼星星盼月亮总算盼来信使，一放绳子，就把张韶拉了上来。张韶马上一步就登城了，背后数箭齐发，瞬间，张韶身中几十支箭。

张韶已经说不出话来，只能指指自己的胸前，守城士兵顺着张韶手指方向找到了蜡丸，看到了李怀光的那张奏表。

明白了来龙去脉，李适顿时有了精神，好啊，李怀光千里驰援，有指望了！

“传令下去，用担架抬着张韶在城墙上走一圈！”

李适此举是在告诉奉天守军，援军到了，真的到了！

不一会工夫，李适听到外面欢声雷动，无疑，张韶的出现让守城将士吃下了定心丸！

无论什么时候，信心比黄金都重要！

十一月二十日，李怀光发起攻击，在醴泉大败朱泚的部队，这一仗打灭了朱泚的雄心。

原本，朱泚想攻破奉天，无论李适是死是活，他都将取而代之，一个多月以来，他一直都打着这个如意算盘。现在，天下勤王军蜂拥而至，劲敌李怀光又重挫自己，朱泚的心情一落千丈，雄霸天下的梦醒了，还是回长安城再作打算吧。

朱泚引兵退入长安，奉天之围就此解了，守城将士集体松了一口气，他们明白，如果没有李怀光及时增援，朱泚不会引兵退去，如果李怀光再晚到三天，奉天城恐怕已经告破了！

假如李怀光真的晚到三天，历史会改写成什么样呢？

可惜历史不容假设！

事与愿违

人生路，路漫长，很多人不能心想事成，很多事往往事与愿违。

泾原兵变之初，朱泚眼前出现的是一条阳光大道，在他眼中，泾原兵变给了他一次千载难逢的机会，以他盘踞的长安，加上弟弟朱滔在幽州的呼应，成就一番改天换地的事业也并非没有可能。更关键的是，皇帝李适西行，守卫单薄，孤守奉天一叶小城，城破只是时间问题。到那时，天下无主，自己振臂一呼，不正是一个新王朝的开创基业之主吗？

很多事，朱泚想到了，很多事，朱泚又没想到。

他想到了，因为不得人心，很多官员会背叛李适；但是他没有想到，即使李适昏庸，即使他的境遇惨淡，还是有一大批像段秀实这样的官员忠于朝廷。

他想到了，泾原乱兵既然拥立自己，那么就会听命于自己，但是他没有想到，泾原兵虽然拥立了他，但并非真正听命于他，在那些乱兵眼中，保住抢来的财宝是天大的事，至于谁当皇帝，爱谁当谁当。

官员打了折扣，士兵打了折扣，朱泚手下能调动的还是自己当年从卢龙、幽州带出的兵以及神策军招募的民兵，这些兵是他真正的筹码，用于自卫勉强可以，用以征战天下，难度太大。

退入长安的朱泚反思这一个多月发生的事，真真切切体会到了什么叫“事与愿违”，很多事计划很好，看上去很美，但到头来，都会打一些折扣，有些甚至是大相径庭。

还去想奉天吗？还去想雄霸天下吗？暂且放下吧，走一步算一步吧！

无心进取的朱泚不再出兵攻打奉天，而是玩起了小花样：

在朱泚的指挥下，经常会有士兵冲进长安城门，骑着马到处高喊着，奉天城破了，奉天城破了！

这就是一个心理游戏，为的是让长安百姓对李适彻底死心，进而死心塌地追随自己。只是这样的把戏，玩玩可以，并不能起到真正的作用。

没有人知道孤守长安的朱泚心里想的是什么，因为此时的他，很矛盾，很纠结。

虽然他已经登基称帝，但是却不肯破坏李唐王朝的祭庙，在一些人看来，摧毁李唐的祭庙至少可以从气势上打击李适，朱泚却不同意，他的理由是，曾经侍奉过李唐王朝，不忍心做这种事。

一个反叛者，居然说不忍心，朱泚的内心究竟在想什么呢？

矛盾不止一处。

朱泚的自相矛盾还有很多，他居然给追随李适的人照常发俸禄。朱泚让人统计了追随李适的人员名单，无论是文武百官，还是神策军将士，朱泚让人每月如期将俸禄送到这些人留在长安的家人手中，一分不少，一文不差。身为叛军皇帝给对方官员发俸禄，是不是有点无厘头？

或许有一种解释，朱泚此举是收买人心，想用这个办法挖李适的墙脚，初衷可能是好的，但效果寥寥。

对此，朱泚并不以为意，反正他花的是国库里的钱，公款！

看来，古往今来一脉相承，什么时候花公款都不心疼。

矛盾的朱泚，纠结的朱泚，他回不去自己来时的路，也看不到未来的路。他不愿意摧毁李唐祭庙，他自愿为李适手下发俸禄，他不愿意强迫别人为官，他一直活在纠结与矛盾之中。

日子就是问题叠着问题，问题是，朱泚遇到的问题太多了，他该怎么办呢？他该如何走出长安的迷局呢？

问天？问地？问百度？

没有答案，只能低着头往前走。

世界是联系相通的，在朱泚感慨事与愿违的同时，千里驰援的李怀光也在感慨。

李怀光千里勤王，在醴泉大破朱泚部队，迫使朱泚从奉天撤围。李怀光本以为自己会受到李适的亲切接见和隆重嘉奖，令他没想到的是，居然什么都没有。

性情大大咧咧的李怀光不会想到，他的大嘴让他与即将到手的荣耀失之交臂，这次只是谬以毫厘，却让他的人生结局失之千里。

这一切都要归结于他的大嘴。

自从千里驰援以来，李怀光曾经几次发出感慨："卢杞、赵赞、白志贞这些人就是一帮奸臣，天下乱成这个样子，都是他们搞坏的，等我见了圣上，一定请皇上诛杀他们。"

行伍出身的李怀光说的是大实话，他说出了很多人的心声，但是说这些实话得分场合，说给志同道合的人听可以让大家同仇敌忾，而说给首鼠两端的人听就会让实话不胫而走。

很快，李怀光的实话便传到了京兆尹王翃和全国财政总监赵赞的耳中。

传话的人绘声绘色地说："李怀光在增援的路上经常叹息愤慨，宰相卢杞处事不当，财政总监赵赞制定的税赋繁重，京兆尹王翃犒军吝啬刻薄，这三个人导致了皇帝从长安出走。如今李怀光立下大功，皇上必然亲切接见，与之推心置腹，一旦李怀光把这些话说给皇上听，你们这些人还有活路吗？"

听罢，王翃、赵赞不敢怠慢，火速找到了一条绳上的蚂蚱老大卢杞。

卢杞政事不行，军事不行，但搞人事还是有一套的。一个多月来他没有出场，不是他不愿意唱主角，实在是能力有限无法应对奉天危局，于是只能站在一边看浑瑊这些武将唱主角。

如今，奉天解围，李怀光的大实话扑面而来，卢杞唱主角的机会又来了。

抬眼看王翃、赵赞紧张兮兮的样子，卢杞不禁笑了，这俩家伙，真上不了台面，一个李怀光就让你们怕成这样，看我的！

卢杞表面轻松，内心实则也非常紧张，此时的李怀光不同往日。往日李怀光只是镇守一方的节度使，而此时的李怀光立下千里勤王救驾成功的大功，而且反攻长安还要指望李怀光。卢杞不敢再多想，一旦李怀光彻底得到李适信任，那自己将何去何从？

为今之计，先要阻止李怀光与李适见面，把李怀光的大实话挡在门外。

卢杞找个机会向李适进言道："李怀光立下大功，江山社稷都指望着他，如今盘踞长安的叛贼个个胆破，无心守城，如果让李怀光乘胜攻打长安，一定会一举灭贼，这就是势如破竹。如果让他到行宫，必定要赐宴，一耽搁便是几日，这样退入长安的叛贼就能从容加强守城工事，到那时，再想攻城，就难了！"

什么是奸臣，奸臣就是打着一心为公的旗号夹带私货，明明奸佞无比，却装出一脸忠贞。

每个奸臣，都是奥斯卡影帝！

当然，奸臣是要有搭档的，这个搭档就是昏君，两者就是秤杆与秤砣的关系，杆不离砣，砣不离杆。

卢秤砣将馊主意出给了李秤杆，就等着李秤杆给出一个抉择。

一切都在卢杞的掌握之中，李秤杆痛快地给了回复：我看行！

李适随即下诏给李怀光，即日率军与神策军行营节度使李晟等会合，择日一起攻取长安！

奸臣颠倒黑白，昏君不明就里，最终伤害的是忠臣的碧血丹心。

千里勤王的李怀光怎么也不会想到，自己立下如此大功，几乎挽狂澜于既倒，与奉天城近在咫尺，却不能得见天颜，很明显，在自己和皇帝之间有奸臣在离间！

兴致很高的李怀光顿时意兴阑珊，颇为不快地对身边亲信说道："我受到了奸臣的排挤，结果可想而知了！"

性格直来直去的李怀光接下来的举动让人目瞪口呆，他没有率军奔赴李适指定的会师地点，而是掉头直接退到了鲁店（陕西乾县东南），休整两日，然后继续率军东行！

这是抗议，无声的抗议！

谁让李适给了李怀光一个事与愿违的结果！

第六章　长安迷局

卢杞倒台

出来浪的，迟早要还的。

这句话用在卢杞身上，最合适不过。

自从卢杞上台以来，他的整人名单很长很长，比较著名的有杨炎，有张镒，有崔宁，有颜真卿。杨炎、崔宁、颜真卿经过卢杞的上下其手都死于非命，张镒则从宰相被排挤为凤翔节度使，在一场乱兵的兵变中，险些丢掉了性命，在接下来又一场兵变中，最终丢了性命。

杨炎和崔宁，都是被卢杞挑拨由李适点头诛杀，而颜真卿，则是被卢杞生生推进了死亡陷阱。

在李希烈高举反叛大旗后，卢杞沿用了惯用手法——借刀杀人，借的刀就是李希烈的刀。

卢杞鼓动着三寸不烂之舌向李适进谏道："李希烈反叛，不过是年轻气盛，如果朝廷派出一位老资格的重臣前去抚慰，李希烈应当还会归顺，而老资格重臣，非颜真卿莫属！"

狼已经露出了青牙，这时再派一只老羊去安抚，你觉得这事靠谱吗？

李适居然觉得靠谱！

因此，对于李适的智商，有时真的要打一个问号，杀刘晏，杀杨炎，杀崔宁，难道都是受卢杞蒙蔽吗？

当卢杞建议派颜真卿去抚慰李希烈时，他也是受卢杞蒙蔽吗？

或许他的智商确实低于一般人，或许他脆弱的心理一直缺乏安全感，当他一味信任卢杞时，不经意中，他就是听着卢杞锣声不断转圈的猴。

如今卢杞将矛头指向李怀光，李适也听话地没有接见近在咫尺的李怀光，而是让李怀光直接集合队伍，准备择日攻取长安。

卢杞把李怀光想简单了，李适也把李怀光想简单了，他们都以为李怀光会乖乖听话，一门心思替他们攻取长安，然而李怀光突然掉头东下，将李适的命令扔到了脑后，攻打长安？等猴年吧！

决绝的李怀光让李适一下子意识到情况不妙，此时此刻，他必须重视李怀光，李怀光手中的五万大军将是反攻长安的关键所在，一旦他不听命，长安从此只能在梦中了。

李适明白，李怀光在跟自己讨价还价。

说吧，什么条件？

李怀光很快给出了自己的反馈：卢杞奸佞，请陛下处置！

如果仅仅是一个李怀光上奏，李适还能替卢杞遮掩，令李适没想到的是，弹劾卢杞、赵赞等人的奏章如雪片般飞来，奏章多到要把自己淹没了！

为什么大臣们都说卢杞奸佞，而朕看不出来呢？

李适心中充满了疑问，他找不出答案。

数年后，李适将自己的疑问抛出。

一位大臣解答了他的疑问：“众人都说卢杞奸佞，而陛下看不出，这正是卢杞奸佞所在。”

丢不丢卢杞这个车呢？

李适左右为难，不知所措。

在李适为难之际，一封奏疏让李适豁然开朗，李适一看笔迹，再看落款，翰林学士陆贽。

陆贽，字敬舆，嘉兴人，江南望族陆氏家族之后，不过到陆贽出生时，家门已经衰落了，父亲陆侃曾经出任过溧阳县令，很早便过世。早孤的陆贽在母亲的教育下长大，十八岁时登进士第六名，以博学鸿词登科，授华州郑县县尉，后改任渭南县主簿。

陆贽最早声名鹊起，是在一次拜谒中。这次拜谒，陆贽拜谒的是同乡张镒（就是被卢杞排斥的那位）。

张镒时任寿州刺史，声名已经很大，陆贽在回家省亲途中路过寿州，便前往拜谒。这次拜谒，持续三天，陆贽的谈吐令张镒刮目相看，当即与陆贽结拜为兄弟，临行前拿出一千贯，名义是送给陆贽老母的生活费。

此时的陆贽只有二十出头，经济非常拮据，为官的俸禄很低，家中还有老母需要奉养，就势把一千贯收下或者拿几贯改善生活都合情合理，然而陆贽却拒绝了。一千贯，陆贽分文不取，从张镒府中带走的，只有一包当年的新茶。

弱水三千，我只取一瓢饮。

从此陆贽的声名广为传播，张镒把这个年轻人记到了心里，后来在他的推荐下，陆贽出任监察御史，再后来便被李适看中，钦点为翰林学士。

陆贽的奏章看起来并非针对卢杞，他只是说了一个道理：臣以为当前最紧迫的，莫过于审视民情，如果大家所喜爱的，陛下应该立即实施，如果大家所厌恶的，陛下应该立刻革除。喜欢与厌恶和天下百姓相同，天下没有不归心的。国家是治是乱，只在人心。

看完陆贽的奏章，李适心中有答案了，是时候舍掉卢杞这个车了！

十二月十九日，纵横一时的宰相卢杞倒台，被贬为新州（广东新兴县）司马，白志贞被贬为恩州（广东恩平市）司马，赵赞被贬为播州（贵州省遵义市）司马，全部贬往老少边穷地区。

与卢杞等人一起倒霉的还有宦官翟文秀，他曾经做过李怀光的监军宦官，两人矛盾很深，在李怀光的不断上疏下，李适将翟文秀斩首，算是满足了李怀光的全部愿望。

事情发展到这个地步，李怀光赢了吗？

古往今来，与皇帝斗气，有赢的吗？

或许偶尔也有赢的，那只在狗血电视剧中！

李怀光在后面还有重头剧情，在这里先把卢杞的剧情剧透完。

公元785年正月一日，李适大赦天下，这既是李适给天下不良分子发的新年红包，同时也包含着李适的私心，他想借机起用卢杞。

李适采取步步为营的战略，第一步，将卢杞由新州司马擢升为吉州长史，新州在今天的广东，吉州在今天的江西，从地理位置看，卢杞的境遇已经改观了。得到升迁的卢杞有些得意，跟自己亲近的人说道："看着吧，我肯定会回到长安！"

昏君和奸臣，就是同气连枝，在卢杞扬扬自得时，李适果然走出了第二步，擢升卢杞为饶州刺史。

如果按照这个态势发展下去，卢杞再入长安，只需要一两步。

卢杞在激动地等待，他甚至做了几个再入长安的梦，令他没想到的是，他的梦，被一个小人物给击碎了。

小人物名叫袁高，时任给事中，袁高的另一个身份是袁恕己的孙子，当年逼迫武则天退位的功臣中就有袁恕己，看来一个家族的基因真的可以传承。

任命卢杞为刺史的诏书本应由袁高起草，袁高一看要起草的内容，当即拍案而起，对时任宰相的官员说道："卢杞当宰相时，导致皇上从长安出走，海内满目疮痍，为何还要授予其大州刺史？请相公们向皇上据理力争！"

两位宰相知道卢杞在皇帝心中的分量，不敢造次，索性不用袁高起草诏书。

几天后，诏书起草完毕，袁高又做了一个出人意料的举动，他居然把诏书扣下了！

袁高连夜上疏李适：卢杞穷凶极恶，文武百官像恨仇人一样仇恨他，六军将士恨不得吃他的肉，这样的人怎么能再次起用！

李适将奏疏扔到了一边，小人物还想改变这一切？

有时候，改写历史的就是小人物。

小人物袁高带动了更多的小人物，左补阙陈京、赵需一起上疏，强烈反对再次起用卢杞。

正月二十一日，袁高当庭上奏，再次表达自己的强烈反对。

李适不耐烦地说道："卢杞已然经过两次大赦，怎么就不能重用？"

袁高据理力争道："大赦只是赦免他的罪，并不意味着他可以再当刺史！"

袁高一句话将李适逼到了墙角，李适沉默了。

这时，陈京、赵需上奏道："卢杞执政时，百官如同刀架在脖子上一样难受，如今再用他，那么他们那些奸党一定拍手相庆！"

李适抓狂了，他再也不能控制自己，自己只是想重用一下卢杞，这点主自己都做不了吗？

李适狠狠拍了一下龙椅，大声咆哮着，身边的侍卫不由自主地退后几步，他们从未见过皇帝如此狂躁。

一同进谏的言官有些人悄悄地往后退了，陈京却回头平静招呼同伴："赵需，你们不用往后退，这是国家大事，值得我们以死抗争！"

这天的早朝不欢而散，李适似乎看到了眼前那道南墙。

一天后，李适向宰相李勉询问道："朕想委任卢杞做一个小州刺史，可以吗？"

李勉回应道："陛下想委任，就是让他当大州刺史也可以，问题是，天下百姓失望怎么办？"

李适闻言，彻底明白了，卢杞取悦了自己，却伤害了天下民心，如果自己强行起用卢杞，那就是与天下民心作对。

卢杞啊，卢杞，不是朕不帮你，实在是民心难违！

正月二十六日，卢杞没能等到大州刺史的任命，他被委任为澧州别驾，从此，他这个车就被牢牢地定在澧州，最终老死澧州。

出身清官世家，身为忠臣之后，卢杞把自己混得姥姥不亲、舅舅不爱，即便皇帝爱不释手，却最终抵不过天下民心。

为官者，到底是上司的青眼有加重要，还是天下民心重要，或许从卢杞身上可以得到一点启示。

民心不是笔，它无法将一个人的政绩写得天花乱坠；

民心是杆秤，它能称出一个时代的良心！

改元兴元

卢杞被贬，从此退出大唐的政治舞台。在卢杞之后，舞台中心换成了另外一个人，良相陆贽。

翻看唐朝历史，我一直认为李适是一个相对低能的皇帝，手里有一把好牌，最终都被他打丢了。擅长理财的有刘晏、杨炎，擅长打仗的有李晟、李怀光、马燧、浑瑊，擅长执政的有陆贽、李泌，这些人都是不可多得的好牌，只可惜在李适手中，他们的威力统统打了折扣。

陆贽被现代人评为“古代十大良相”之一，苏东坡对他的评价更高，“才本王佐，学为帝师。论深切于事情，言不离于道德。智如子房，而文则过；辩如贾谊，而术不疏。上以格君心之非，下以通天下之志。三代已还，一人而已”。

苏东坡夸人，夸死人不偿命！

擅长夸人的苏东坡有些过誉，但实事求是讲，陆贽确实有帝师之才，若他生逢其时，遇到一个可造之材，他的成就不可限量，可惜他遭遇的是一头牛，于是陆贽那篇篇含金量极高的奏章基本都是对牛弹琴。《新唐书》里写道，陆贽的奏章被皇帝采用的仅仅是十分之一，可见陆贽是怎样地对牛弹琴。倘若陆贽的奏章能被采用三分之一，或许大唐王朝的历史会被改写。

陆贽没有选择，他无法超越所处的时代，只能与眼前这个皇帝相始终，至于皇帝能听进去多少，只能由皇帝自己把握了，牛不喝水不能强按头，何况对方是皇帝。

细想历次进言，陆贽心中五味杂陈，自己倾尽心力写就的奏章，有的被皇帝采纳，有的则被扔到了一边。

回想公元 783 年八月的那封奏疏，陆贽如鲠在喉，如果那封奏疏被采纳，泾原兵变原本可以避免。

在奏疏中，陆贽写道，大唐开国之初，全国兵力分布呈“强干弱枝”状，中央是大脑，指挥手臂，手臂指挥手指，层级传递，中央始终处于最强势。到玄宗时，弱干强枝，于是有了“安史之乱”。如今为了应付各地战事，长安兵马几乎被抽空，一旦出现叛乱，局面将不可收拾，因此应该将派往各地的兵马抽回，以应对不时之需。

满含心血的奏章呈给了李适，李适却不能接受。

两个月后，便是泾原兵变。

别人看待泾原兵变是震惊，陆贽看则是意料之中，对于过去他无法追回，只能把握住现在，不断向皇帝进言。

跟随李适前往奉天后，陆贽发现李适的情绪越来越低落，言谈中竟然多次流露出“天命如此”，这让陆贽非常吃惊。自从与李适接触以来，陆贽发现李适是个有激情的皇帝，一直相信事在人为，如今却相信起天命，这可不是一个好兆头。

李适情绪低落地对陆贽说道：“如今发生这么多事，都是朕的问题，是朕的天命不好。”

陆贽并不赞同，接言道：“依臣之见，并非陛下天命不好，而是文武百官的责任。”

李适摇摇头："别说了，这些都是天命，不关人事!"

李适偏执如此，陆贽心中暗急，泾原兵变明明是人祸，为什么要拿天命说事?

结束谈话后，陆贽便给李适上了一道奏疏，在奏疏中陆贽分析道，泾原兵变并非偶然，而是战事连年、士兵和百姓太苦导致，只要认清形势，措施得当，大事依然可为，"今生乱失守之事，则既往不可复追矣；其资理兴邦之业，在陛下克励而谨修之。何忧乎乱人，何畏乎厄运！勤励不息，足致升平，岂止荡涤祆氛，旋复宫阙而已!"

有陆贽这样的臣子，是李适的福分，但愿他懂得珍惜。

时间走到公元783年年底，有巫师给李适建议：近来国家厄运不断，应该变更点什么以利国家转运。

李适对此深信不疑，便与群臣商议，变更点什么能让国家转运呢?

见多识广的大臣想到了玄宗年间的往事，那个年代群臣会给玄宗的尊号上不断加字，何不照方抓药，给当今皇帝的尊号再加上几个字。

陆贽闻言，摇了摇头："给皇帝加尊号并非自古就有，只是从玄宗时代起源，而且加尊号发生在太平无事时还好，如果发生在丧乱年代，便有失大体了！况且人主分量轻重、地位高低，不在名称。陛下真要想改变什么，不妨改一下年号吧!"

群臣一听陆贽提议改年号，细想也有道理，丧乱年代，改个年号图个吉利，把不好的事情都留在身后，倒不失为一个好办法。

群臣看到的只是表面，陆贽要下的是连环棋，改年号是第一步，下罪己诏则是关键的第二步。

罪己诏?

没有搞错吧，陆贽居然要求皇帝下罪己诏?

陆贽确实建议李适下罪己诏，他的理由很充分："如今盗贼遍布天下，圣驾流落在外，陛下应该深刻检讨自己以收天下人心。昔日成汤下罪己诏王朝勃兴，楚昭王因善于言语得以复国。陛下如能真心改过，就应该用最谦卑的言语恳请天下百姓原谅。臣虽愚钝，一定体会陛下的心意，把陛下的心意充分表达出来，让那些心怀不轨之徒也能真心归化。”

陆贽这封奏疏很犀利，字字直刺李适内心。以李适的涵养，若在太平年间，这样的奏疏他会愤怒地扔在一边，可如今不同，正值丧乱年代，下罪己诏不失为一个自救的好办法，尽管面子上会有些挂不住，但至少可以收拾天下民心。

李适艰难地同意了，陆贽笔走龙蛇，洋洋洒洒地写就了历史上有名的《唐德宗罪己诏》。

在这封《罪己诏》中，李适的认错态度极为诚恳：小子惧德不嗣，罔敢怠荒，然以长于深宫之中，暗于经国之务，积习易溺，居安忘危，不知稼穑之艰难，不恤征戍之劳苦，致泽靡下究，情未上通，事既壅隔，人怀疑阻。犹昧省已，遂用兴戎，征师四方，转饷千里，赋车籍马，远近骚然，行赍居送，众庶劳止，或一日屡交锋刃，或连年不解甲胄。

一个皇帝能自我反省到这个程度，史上罕见，当然，这一切操刀者是陆贽，而皇帝李适忍痛批准，昭告天下。

在《罪己诏》中，还有几个极具杀伤力的手笔：

1. 李希烈、田悦、王武俊、李纳等叛乱节度使，如能投诚，一律既往不咎，朕待之如此。

2. 朱滔虽是朱泚之弟，但路远必不同谋，如能效顺，既往不咎。

3. 朱泚不在赦免之列，其手下在官军未到之前，如离开朱泚，一律不予追究。

4. 诸军、诸道勤王将士，一律赐名“奉天定难功臣”。

5. 除陌钱，间架税，竹、木、茶、漆、榷铁税一律停征。

谁说百无一用是书生？

陆贽这支笔可以抵过千军万马！

《罪己诏》一出，天下归心，田悦、王武俊、李纳立刻表示归附，继续作乱的只剩下李希烈、朱泚、朱滔，对于朝廷而言，这是一个大大的利好，因为剩下的三个叛乱者属于分散作战，只要假以时日，就可以各个击破。

以前是大面积叛乱，民心思动，如今是点式叛乱，民心思定，同样是叛乱，平定难度却大大降低，这一切都要归功于陆贽撰写的《罪己诏》。

之后几天，陆贽心情大好，从《罪己诏》颁布天下，他看到了李适非同一般皇帝的气度，这让他很欣慰，只要皇帝有这样的气度，天下大事何惧不成？

陆贽的好心情没有维持几天，他的好心情被五个字破坏了。

在行宫走廊上，陆贽看到了一个牌子，上书五个大字："琼林大盈库。"

这五个字代表着一个含义：皇帝的小金库。

陆贽看了看牌子下方，堆放的是各地进贡的贡品。奉天解围之后，各地贡品被送到了皇帝行宫，按理这些贡品都应该收入国库，然后按照需要拨付皇宫使用，如今皇帝居然全部收入自己的小金库，于情于理，说不过去。

陆贽又上了一道奏疏："天子与天同德，以四海为家，何必挠废公方，崇聚私货……凡在二库货贿，尽令出赐有功，每获珍华，先给军赏，如此，则乱必靖，贼必平，徐驾六龙，旋复都邑，天子之贵，岂当忧贫！是乃散其小储而成其大储，损其小宝而固其大宝也。"

陆贽的意思很简单，希望皇帝不要有自己的小金库，而是将小金库里的库存全部赏赐给有功之臣，以定军心。

话说得句句在理，李适也听了进去。很快，李适做出了反应，将"琼林大盈库"牌子摘掉！

这就完了？

完了！

这就是李适的纳谏，打着折扣的纳谏，陆贽让他取缔小金库，他只是命人将小金库的牌子取下。

如同劝一个人戒酒，这个人点点头，伸手将酒瓶子上的商标揭去，然后继续喝酒。

李适就是那个继续喝酒的人。

陆贽有些哭笑不得，遇上这样一个皇帝，你能如何？

陆贽叹了口气，低头继续写自己的奏疏。

写不写是我的事，听不听是你的事！

判若云泥

《罪己诏》下过之后，天下战火熄灭大半，对于大唐王朝而言，当务之急还是对付盘踞在长安城里的朱泚，此贼不除，国无宁日，从没听说哪个国家国都被人占着，国家还能国泰民安的。

对付朱泚的重任落到了神策军节度使李晟的肩上，这让一直扮演奇兵角色的李晟有了全面展示自己才华的机会。

值得一提的是，此时的朱泚不再是大秦皇帝，而是摇身一变成了大汉皇帝，几乎与李适改年号同步，朱泚将国名从秦改成了汉，自称汉元天皇，定年号为天皇。

想当天皇想疯了！

李晟这个名字或许让人有些陌生，知道这个名字的人，恐怕第一时间想到的是第三版《还珠格格》中的小燕子，就像有些人一听到于谦，会想到德云社的那个，却不知道明朝还有个清廉如水的官员叫于谦。李晟的儿子李愬的名气比他大，正是李愬创造了“雪夜袭蔡州”的奇迹，总之，李晟、李愬是唐朝有名的一对父子名将。

早年的李晟以善射著称，十八岁从军，效力于河西节度使王忠嗣帐下。一次，与吐蕃血战，吐蕃大将连伤唐军数名大将，王忠嗣大怒，急招军中善射士兵。李晟应征，一箭将吐蕃大将射落马下，王忠嗣大喜，连拍李晟后背，称之为“万人敌”。

时光如梭，转眼李晟已戎马半生，到泾原兵变时，李晟正担任神策军行营节度使，是李适最为倚重的将领之一，收复长安的重任便落在了以李晟为首的几位将领身上。

原本有数位将领与李晟并肩，如果他们能与李晟共进退，或许在功成之后，可以与李晟一起绘像凌烟阁，可惜他们一一掉队了。他们最终的命运与李晟相比，判若云泥，原本他们都应该是高高在上的云，结果最后，一个在天，一个在地。

首先掉队的是汝郑应援使刘德信，当时他与李晟一起驻扎在东渭桥（陕西高崚县南）。

刘德信是个忠臣良将，泾原兵变发生后，刘德信不等勤王命令便直接率领自己的子弟兵前往奉天勤王，忠心天地可鉴。可惜的是，刘德信遇上的是李晟，刘德信手里的兵马和不听指挥成了他必死的理由。

一心想收复长安的李晟选择了不择手段，他想吞并刘德信的兵马，壮大自己的声势，如此一来，刘德信这个钉子户就非死不可了。

趁着刘德信来大营的时机，李晟一个眼色令左右将刘德信拿下，然后翻起了旧账。去年九月，刘德信在讨伐李希烈的过程中打了一场败仗，如今，李晟就拿这场败仗说事。

严格说起来，李晟翻旧账找错人了，因为那场败仗的实际负责人应该是皇帝李适。

当时，永平节度使李勉派部将唐汉臣率军一万人、神策军将领刘德信率子弟兵三千人突袭李希烈根据地许州。按照李勉的计划，李希烈根据地许州空虚，一旦奇袭必定能得手，而听说许州被袭后，李希烈一定会从襄城撤围，兵法上这叫“围魏救赵”。

就是这教科书版的“围魏救赵”被李适搅黄了。李适接到李勉奏报，认为并不可行，竟然派出宦官前去阻止，生生让已经走到半道的唐汉臣和刘德信撤军，这一撤军给了李希烈叛军机会。

撤军路上，唐汉臣和刘德信情绪沮丧，郁郁寡欢，好端端的奇袭就这么被搅黄了，两人只顾郁闷了，居然忘了派出侦察兵到前方探路。

等发现进入埋伏圈后，已经晚了，唐汉臣和刘德信只能各自为战，分散突围。

事后，皇帝李适并没有追究责任，而如今，李晟追究其责任来了。

李晟高声翻起了刘德信的旧账，又历数刘德信的士兵剽掠百姓的劣迹，最后总结陈词：斩！

可怜刘德信，也算忠心耿耿，也算戎马一生，就这样不明不白地做了李晟一将功成万骨枯的枯骨。

冤！

斩掉刘德信后，李晟策马闯进刘德信的大营，身后只跟着几名骑兵。

身为名将，自身一定有别人难以企及的气场，霸气外露、气场逼人的李晟没有受到阻拦，刘德信大营没有一个人敢反抗，全部束手听命。不一会的工夫，李晟全面接管刘德信大营，李晟的声势更盛。

在李晟为反攻长安积极筹备时，朔方节度使李怀光陷入了踌躇之中。

这几个月发生的事太多了，让李怀光的脑子有些乱。先是泾原兵变发生，接着他千里勤王，接着他受卢杞排挤，接着他上疏指斥卢杞、翟文秀，接着卢杞被贬，翟文秀被杀。

事情似乎都在向着有利李怀光的方向发展，但久在官场，李怀光明白，自己已经犯了大忌了。为了跟卢杞抗衡，自己不辞而别率军东下，这是抗旨不遵；为了让卢杞、翟文秀倒台，自己步步紧逼，虽然最终成功，但是会给皇帝留下以下犯上的印象。

怎么就到了这一步呢？明明是跟奸臣斗，怎么最后成了跟皇帝斗呢？

李怀光没想明白，实际上，他是没看透奸臣与昏君的关系。

古往今来，忠臣是斗不过奸臣的，即便偶尔斗过了，要么是惨胜，要么是靠时间这个公正的法官。忠臣的背后没有人，而奸臣的背后是皇帝，如同两个人打官司，一个人没有任何背景，一个人的背后是当值法官，这样的官司还需要打吗？

李怀光与卢杞斗来斗去，斗倒了卢杞，也斗惨了自己，此时的他不再居功自傲，而是坐立不安。以李适的度量，李怀光能够想象自己的未来，刘晏、杨炎、崔宁就是他的前车之鉴。

李怀光越想越怕，不禁浑身发冷，他努力地想自保，那最好的办法就是不断壮大自己，然后才能更好地保护自己。

找来找去，李怀光找到了反攻长安这个护身符，把这个护身符挂在身上，一时半会就没有危险。

李怀光随即上疏，要求与李晟合兵一处，择日反攻长安。李适大喜，下诏命李怀光与李晟会师于咸阳西面的陈涛斜。

两军刚刚会师，营垒还没构筑完毕，朱泚大军蜂拥而至，李晟眼前一亮，筹划反击："叛军如果孤守城池，一定会旷日持久，不易攻取。如今他们离开巢穴，上门求战，这是上天赐给明公的机会，机不可失。"

此时李晟对李怀光十分尊重，称呼都是"明公"；李怀光呢，看看上门求战的叛军，再看看李晟，他的心里打起了小算盘。

古语云，鸟尽弓藏，兔死狗烹，一旦朱泚这些叛军被剿灭了，那我李怀光对皇帝而言还有价值吗？

李怀光心里刻下了四个字：养贼自重！

这一招不是李怀光的专利，历朝历代很多将领都这么干。明朝所谓的左良玉更是此中高手，如果不是他养贼自重、只求自保，明朝历史或许会改写。

李晟自然无法读懂李怀光的内心，他看到的只是李怀光的消极怠工，李怀光对李晟反驳道："大军刚刚抵达这里，战马尚没吃草，士兵还没吃饭，岂能立即迎战！"

李晟的热脸贴了李怀光的冷脸，无奈，只能在营中坚守不出，眼睁睁看着大好战机从眼前流逝。

时间一晃过去了一个多月，李怀光还是按兵不动，李适派出催战的宦官一拨又一拨，属下部将也是三番两次请战，但李怀光还是不为所动。

一个月来，李晟已经看出了端倪，李怀光恐怕已经不与朝廷一条心了，如此按兵不动，恐怕还有不可告人的目的。

一个假设从李晟心底腾起，李晟被自己这个假设吓了一个激灵，不会吧？李怀光想带着朔方军谋反？

不怕一万，就怕万一，万一李怀光真的有二心，趁机吞并自己的队伍，那么反攻长安真的无望了。

李晟连忙上疏，要求与李怀光分开扎营，自己领兵再回东渭桥。

一生没有长远眼光的李适看不透陈涛斜的局势，他还在指望李怀光这朵云彩下雨，在他眼中，李怀光兵多将广，比李晟更能指望。

李适按下了李晟的奏章，不准移军，以免李怀光不满。

李怀光的奏疏也来了，又给李适出了一个难题："诸军粮赐薄，神策独厚，厚薄不均，难以进战。"

李怀光是在拿军队的待遇做文章，他抱怨神策军待遇好，而相比之下，其他军队待遇太差。

这确实给李适出了一个难题，如果全部按照神策军的标准发放，国库必然不够用，况且他还得保有自己的小金库，粥就这么多，怎么分，和尚都会饿的。

李适派出陆贽前往李怀光军中抚慰，陆贽便叫来李晟，三人当面锣对面鼓地把事情说清楚。

李怀光先声夺人："将士们一同并肩作战，得到的钱粮却不一样，如此怎能齐心协力？"

由此可见，同工不同酬，古来有之！

李怀光率先发难，是想把皮球踢给李晟，让李晟自己说出降低神策军待遇的话，这样李晟在神策军中的地位自然会下降，没有人会喜欢一个没事降低属下待遇的领导，这是亘古不破的真理。

抚慰使陆贽一个劲看李晟，想听听李晟的意见。李晟宦海浮沉，老于兵事，自然明白其中的利害，他接过皮球，一脚又踢给了李怀光："明公是大军统帅，自当发号施令，李晟只是一支部队的将领，受明公指挥。至于是否增减神策军钱粮，明公自己决断就可以了！"

皮球踢回来了，要下令裁减你下令，要当恶人你当！

这里要说一下李怀光其人了。李怀光这个渤海靺鞨人，虽然被赐姓李，但对于汉文化的博大精深还是没有吸收太多，这个人行军打仗是个高手，但说到官场倾轧、人事斗争就是个低能儿了。他始终不具备官场争斗的最高智慧，选择的手段只是直来直去，最后即便获胜，也是歼敌一千，自损一千五！

与李晟的这次争斗由他开了头，却无法圆满收尾，被李晟一顿抢白，他居然默然了，不知道如何反驳。

识字不多的胡人跟满腹经纶的汉人斗，除了安禄山，赢家没几个。

李怀光自然不能归到赢家行列。

一场“同工不同酬”的争论无疾而终，陆贽离开咸阳，回去向李适复命。

临出李怀光大营，陆贽回头意味深长地看了一眼，好好的一支朔方大军，恐怕要误入歧途了。

见到李适，陆贽说出了自己的担心：盘踞长安的叛军已经日薄西山，李怀光却迁延不进，恐怕心中另有打算。当务之急，应当批准李晟移军回东渭桥，以防发生不测。

陆贽把话说到这个份上，李适才勉强同意了李晟移军。李晟接到诏书，不做停留，马不停蹄移军东渭桥，彻底远离危险之地。

对李晟而言，本军远离李怀光，事情已经结束了；对于陆贽而言，事情远没有结束，因为比邻李怀光大营扎营的还有两支军队，分别是鄜坊节度使李建徽、神策行营节度使杨惠元的军队。

加上李晟、李怀光，这四支部队都是反攻长安的主力，李适一厢情愿地指望他们同心协力，却没想到，人多并非力量大，三个和尚没水吃，四个和尚连矿泉水都买不到。

李晟目光独到，纵身跳了出去，不再蹚四兵团联合作战的浑水，另外两支部队统帅依然蒙在鼓里，他们依然在等待李怀光发出一同进军的号令。

李适看不透这一切，陆贽经过咸阳之行已经把棋局看透了，如今这一切，不外乎是官场相互倾轧，让四支互相不隶属的部队联合作战，本身就是问题多多。以实力论，李怀光的朔方军实力最强，但李怀光虽然号称元帅，但不能从容调动其他三支部队，因为另外三支部队不在朔方军序列。一方面李怀光看不起李晟等人官卑兵少，另一方面李晟等人又怀疑李怀光养敌自重又对本方随意欺凌，时间一长，龃龉自起，清官难断。

陆贽开出了自己的药方：暗地通知鄜坊节度使李建徽、神策行营节度使杨惠元做好移军准备，以李晟要求增援为由，下诏两军移师，诏书下达，立刻行军，不给李怀光反应机会。

高手过招，一招制敌，良医用药，预防先行。如果按照陆贽的药方，两支军队可以早早脱离是非之地，为反攻长安积蓄更多有生力量，便不会有后来那么多是非。

可惜的是，弹琴高手陆贽，遭遇的是名叫李适那头牛，李适诚恳地对陆贽说："你分析的很周全，不过再调离两军恐怕李怀光会抱怨，会有口舌之争，不妨再等十天看看！"

很多事，坏就坏在，再等等看，再研究研究。

子在川上曰，逝者如斯夫！

时间不等人啊！

几天过去了，李晟的奏疏又到了："李怀光谋反迹象已经十分明显，陛下需要早作准备，通往巴蜀道路需要提前戒备，以备不时之需。"

奏疏放在李适案头，李适陷入左右为难之中，到现在为止，李适还不想放弃李怀光，但李晟的上疏又让他不能不戒备，该如何对待李怀光呢？

李适想来想去，想到了御驾亲征，他想亲自到咸阳陈涛斜，敦促李怀光反攻长安。

御驾亲征并非不可以，但要选择时机，还要考虑李怀光脆弱的小心灵。李适本想利用御驾亲征的机会将李怀光好好抚慰一番，彻底拉入本方阵营，不料，此举却让李怀光如坐针毡。

以前李怀光吃亏在没有文化，这次则吃亏在太有文化。

针对李适御驾亲征，原本李怀光没有多想，然而有亲信在李怀光耳边耳语道：此乃刘邦诈游云梦之计。

汉高祖刘邦时，为了拿下韩信，刘邦对外宣称到云梦巡游，结果一到地方，便夺了毫无防备的韩信兵权，这就是陈平为刘邦出的“诈游云梦”。

有文化的亲信一番解释，李怀光如梦初醒，原来，皇帝想唱一出“诈游云梦”啊。

有文化亲信的猜测，让李怀光坐立不安，原本他只是为了自保，原本他只是想保住眼前的富贵，为何皇帝要夺自己的兵权。

李怀光寝食难安，消息传到了李适耳中，李适一看李怀光想多了，得，表示一下自己的诚意吧！

公元 784 年二月二十三日，李适加封李怀光为太尉，赐“免死铁券”！

传诏官员到了李怀光大营，拿出了代表皇帝诚意的免死铁券，本以为李怀光会毕恭毕敬地接过去，没想到李怀光却顺势扔到了地上，大声说道：“人要叛，赐铁券，圣上已经怀疑我了，可我李怀光不反啊！”

这就是李怀光，一个性情粗犷、直来直去的胡人，他说的都是实话，但表达出来的意思却是满拧。扔掉铁券在李怀光看来是自证清白，而在传诏官员看来，这是藐视皇帝。

同样一件事，视角不同，定论截然不同。

恼怒之余，李怀光连杀左兵马使和右武锋兵马使，两人都指责李怀光迁延不进，有通敌之嫌，后者更指李怀光与朱泚联络，图谋不轨。

本想自保、无心反叛的李怀光至此已经不能不反了，他扔了铁券，这是藐视皇帝；他联络朱泚，他自认为是自保，但别人认为是通敌。

行事直来直去，皇帝误解，官场倾轧，文化差异，一系列因素交集到一起，李怀光决心和李适撕破脸了。

二月二十四日，得知奏报的李适下诏擢升李晟为河中、同绛节度使，一天后追加李晟同中书门下平章事，李晟也位列宰相了。

河中原本归李怀光管辖，李适转授李晟，这意味着已经对李怀光失去信任，两人关系由君臣同心转变为形同陌路。

已经与朝廷撕破脸的李怀光趁夜偷袭鄜坊节度使李建徽、神策行营节度使杨惠元的大营，二人猝不及防，只能突围逃命。李建徽运气不错，顺利逃出，杨惠元运气有点背，已经从大营逃出，还是被李怀光派出的士兵格杀。

陆贽的预言又一次应验，不知道得到消息那一刻，李适有没有狠狠抽自己的脸。

到这时，李怀光索性把事情挑明了："我如今要与朱泚联合，皇上的车驾还是远远地躲避吧！"

直来直去的李怀光，被各种因素逼到了墙角，就此举起了反叛的大旗。他的反叛更多的是为了自保，他没有目标，没有建立王朝的野心，只是为了自保而反叛，这样的反叛，会有什么样的结果呢？

回过头再看当时在陈涛斜驻扎的四位节度使，李晟目光长远早早离开是非之地，李建徽丢盔卸甲仅仅逃出一命，杨惠元在李怀光夜袭中没能看到第二天的日出，而李怀光在不知未来的歧途上越走越远。

判若云泥，上天入地，人生境遇，令人唏嘘。

无的放矢

举起大旗的李怀光将目标投向奉天，他想在奉天找几个同盟军。

逡巡之下，李怀光瞄准了邠宁兵马使韩游瓌。韩游瓌原是朔方军老将，又在奉天城担任守城之责，如果能把这个人拉入本方阵营，基本等于成功一半。

李怀光暗中派人送密信给韩游瓌，劝说韩游瓌在奉天城内发动兵变，韩游瑰接信，连连冷笑，转手就将李怀光的密信呈送给了李适。

一天后，李怀光的信又来了，韩游瑰又一次呈送李适。

李怀光的头脑还是简单了，他没有站在韩游瑰的角度思考问题，他李怀光因为各种因素需要拥兵自保，而韩游瑰并不需要，让一个没有反叛动力的人反叛，这就是一个不好笑的冷笑话。

李适接连看过李怀光的两封密信，心中对韩游瑰竖起了大拇指，果然忠义。

召来韩游瑰，李适问道："如今李怀光反叛，该如何应对？"

韩游瑰分析道："李怀光统领诸道特遣部队，因此敢拥兵作乱，其实陛下只需把李怀光手下的各道特遣部队分割，把他们分别交给各道节度使掌管，再给李怀光一个虚职，罢了他的兵权。那样一来，李怀光自己独立，又怎能作乱！"

李适还在惦记着用李怀光消灭朱泚，因此问道："罢了李怀光的兵权，那么谁来对付朱泚？"

韩游瑰接着分析道："陛下只要给将士们悬赏，将士们奉天子之命讨伐逆贼求取富贵，谁会不愿意？邠宁有一万多兵马，假使让臣直接统率，就可以剿灭朱泚。何况诸道还有不少忠义之臣，朱泚不足为虑！"

韩游瑰一席话令李适宽心不少，但愿一切如韩游瑰所说。

韩游瑰的话只是为了宽慰李适，现实的危险却扑面而来。

二月二十六日，李怀光派部将进入奉天城，约定城外以乾陵起火为号，城内趁机发动兵变。

令李怀光没想到的是，这位部将权衡利弊之后，直接向奉天守将浑瑊自首，将李怀光的阴谋和盘托出，兵变还没发芽，就被扼杀。

得到浑瑊奏报的李适顿时觉得手脚发麻，一个朱泚已经让他惊吓不已，现在李怀光的威胁又来了，奉天城已经不安全了，起驾！

李适一行急匆匆出城向西逃避，目标是梁州（今陕西汉中），他们的身后是李怀光派出的追捕骑兵。

如果李怀光派出的骑兵将领都与李怀光一条心，李适恐怕在劫难逃。然而，被卷入李怀光叛乱的三位将领有自己的想法，他们虽然是李怀光的部属，但并不想把事情做绝，让他们追捕当今皇帝，这让他们左右为难。

三位将领一合计，有了主意："他让我们做不臣之事，我们不能干，我们回去就说没追上，大不了罢了我们的官而已！"

三位将领装模作样地追了一会儿，转而领兵向东，纵兵抢掠一番，然后回去向李怀光复命。

李怀光久经战事，他能估算出战场形势，以骑兵追圣驾，完全能够追上，这三个家伙却两手空空回来复命，一定是故意敷衍！

想想如今正是用人之际，一开杀戒，只能让部下寒心，只能忍下这口气，将三位将领解职了事。

处理完三位将领，李怀光将目光锁定在李晟身上，近来李晟春风得意，兵势日盛，如果任由其发展下去，不久就会成为自己的劲敌。

不行，必须把李晟的气焰打下去，让他知道我李怀光的厉害。

李怀光随即下令，命令部将向李晟发起攻击。出乎李怀光意料的是，连续三道命令传下，部将居然三次抗命！

感冒传染，抗命居然也传染！

部将们私下里说道："如果让我等攻击朱泚，自当全力向前；如果让我们跟他一起谋反，就是死，我们也不能听从！"

部将们的话传到李怀光的耳朵里，李怀光这才意识到问题的严重，自己举起反叛大旗，部下却三心二意，如此骑虎难下，该如何是好！

李怀光将自己的苦恼说给节度巡官李景略听，李景略为李怀光指出了一条路："取长安，杀朱泚，然后将各支特遣部队遣散回各战区，明公一个人前去向皇帝请罪。如此一来，作为臣属你没有失节，功名利禄还可以保持。"

事实证明，这是一条明路，在专制社会，如果不能将当值皇帝推翻，那么最好的办法就是自证忠义，摇尾乞怜，这是唯一一条生路，除此之外，别无他途。

李怀光本已打算走李景略指点的明路，都虞候阎晏却给李怀光指出了另外一条路：归保河中（今山西永济），再做打算。

两条路，一条明路，一条死路，李怀光权衡再三，选择了后者。

前一条路，风险很大，即便夺取长安、诛杀朱泚，皇帝也未必原谅李怀光，但毕竟还是有机会；

后一条路，以当前看，顺其自然，没有多大风险，走一步看一步吧！

人就是这样，在人生的十字路口，总会选择那些看起来简单、看起来更顺其自然的路，等走过了再回头看，当初的选择，未必是正确的，而此时后悔，已然晚矣。

直来直去的李怀光，糊里糊涂、鬼使神差地走上反叛这条路，如今却走上了一条打了折扣的反叛路。反叛这条路，要么不走，要么一条道走到黑，打了折扣走反叛路，结果一定是悲剧。

陷入悲剧的李怀光临了没有忘记李景略，他叫过李景略，黯然说道："之前的商议，部将们都不同意，你还是走吧，不然他们会害死你的！"

从这个细节看，李怀光是个有情有义的人，只是他误入歧途，迷离了双眼。

李景略恨恨地走出李怀光大营，回过头欲哭无泪，想不到这支英雄之师，竟然要落入不义的境地。从公元755年以来，朔方军一直是忠诚之师的典范，如今在李怀光的带领下，却要走上反叛歧途。

李景略转身而去，留下李怀光在歧途上渐行渐远。

没有永远的敌人，也没有永远的朋友，很快李怀光发现，刚刚结盟的朋友朱泚变了，变得趾高气昂，变得面目可憎。

之前，李怀光兵多将广时，朱泚与李怀光暗中联络，口气非常谦卑，称呼李怀光为兄，自己为弟，两人相约，将关中划分成两国，各主一国，永为友好联邦。等到李怀光举起反叛大旗，逼迫李适从奉天出走，部将开始人心浮动时，朱泚看出了端倪：李怀光不过如此。在此之后，朱泚不再以兄弟口吻相称，而是以君臣礼仪，他是君，李怀光是臣，而且向李怀光征兵。

两个头脑简单的人，一对政治上的糊涂蛋。

以朱泚所处形势，长安依然被围，居然跟李怀光摆起了架子，这是自杀之举。

以李怀光所处形势，不继续追击李适，反而考虑回河中自保，更是典型的短视之举。两人智商半斤八两，他们所做的一切，都是慢性自杀！

内有部将离心之虑，外有李晟偷袭之虞，李怀光越想越怕，不敢再在陈涛斜久留，索性烧了大营，率军归保河中。

一路上，属下离心，成建制投奔李晟的有数千人，其他暗自开小差逃跑的也不在小数。

三月二十九日，李适使出一招杀手锏，免除李怀光所有官职，只授予太子太保闲职，同时指示朔方军自行推选一位新的主帅，一旦新主帅产生，朝廷立刻予以承认。

这一招很毒，让李怀光失去了所有的合法性，同时又鼓励李怀光手下杀之自立，还有比这更毒的招数吗？

困守河中的李怀光无比郁闷，从此生活在担惊受怕之中，他已经失去了所有头衔，而且皇帝还在鼓动他的部下杀之自立，这是怎么了，怎么就走到这一步了呢？

人生的路啊，怎么越走越窄呢？

李怀光，你说呢？

反攻长安

李怀光退守河中，李适还在流亡之中。从他的曾祖李隆基开始，每任皇帝都有流亡经历，难道这东西也遗传？

三月二十一日，李适辗转来到梁州（今陕西汉中），本以为来到梁州日子会好过一些，到了之后才发现，这里的日子太苦了。虽然梁州所在的山南地区有十五个州，但经过安史之乱后，户口减少大半，十五个州的赋税，还不如中原的几个县。在这里别说山珍海味，连基本的粮食供应都成问题，弄不好，奉天的苦日子还得从头再来。

李适紧蹙着眉头，盘算着下一步怎么走，突然他想到了安史之乱时曾祖李隆基曾经出走成都，成都地处天府之国，供应自然不成问题，不行就到成都去。

李适刚提出去成都，便有官员反对："山南地区距离长安不远，现在李晟正在试图收复长安，正要借助天子六军以壮声势。如果陛下巡幸成都，那么李晟失去依托，收复长安恐怕遥遥无期。"

有人反对，也有人支持，两方相持不下，就在这时，李晟的奏疏到了："陛下停留汉中，还能维系着天下人心，百姓就会有破贼的信心。如果陛下巡幸成都，恐怕天下百姓失望，到那时即便有再多猛将谋臣，也无济于事了！"

李晟说出了问题的关键，李适的一举一动都牵动了天下民心。如果李适离长安不远，那么说明李适对收复长安有信心；如果李适自顾自跑到成都，那么天下百姓会认为，皇帝对收复长安已无信心，那么百姓信心又从何而来？

仅仅在李适从奉天出走后，便有大批原本不愿意在朱泚政府为官的人投奔了朱泚，如果李适真的出走成都，恐怕投奔朱泚的人会越来越多，到时形势逆转，谁赢谁输还是一个未知数。

小到一个人，大到一个王朝，关键的时刻，只有几步，走对了，走出一片光明，走错了，便会被黑暗吞噬。

李适一只脚已经迈出，生生被李晟拉了回来。

四月十日，浑瑊率军进驻奉天，与驻守东渭桥的李晟遥相呼应。李晟大喜，心中暗自盘算着反攻长安的合适时机。

李适却高兴不起来，他还是担心李晟和浑瑊的兵少，之前约好的吐蕃援军一番抢掠之后扬长而去，这可如何是好？

李适将忧虑说与陆贽听，陆贽却心中暗喜，此等好事，何来忧愁！

陆贽上奏道："吐蕃军队迁延观望，反复无常，深入长安郊外，却与叛军暗通款曲，令我军进退都受牵制。如果舍弃吐蕃军，独自向前，则担心他们怀恨在心，在背后偷袭；如果等他们合兵一处一起进攻，则会因为他们一再拖延，进军无期。如果他们一直不回吐蕃，恐怕我们一直无法打败叛军。如今李怀光退守河中，吐蕃收兵回国，李晟和浑瑊没有了后顾之忧，自当一展抱负，收复长安。"

同样一个残局，低手看到的是处处危机，而在高手看来，处处危机的背后，其实还有生机。

看不懂残局的李适经陆贽点拨，看懂了吐蕃军队收兵的这盘棋，接下来他却给陆贽提出一个要求：替朕好好谋划一下，朕要把你的谋划派人带到前方，作为李晟和浑瑊行军的作战纲领。

古语云，谋划于帷幄之中，决胜于千里之外，这只是说谋划应该先行，应该深谋远虑，并不是说统帅要直接指挥千里之外的战场。

李适显然是个书呆子，他以为，千里之外的事他可以一手掌握，于是就发生了派宦官阻止刘德信等人奇袭许州的闹剧。

如果陆贽与李适一样，拿出所谓的谋划，可以想象，李晟和浑瑊将要遇到何等的困难。

幸好，李晟遇到陆贽这样的明白人，陆贽又一次点醒了李适：战场瞬息万变，指挥权还是交给临阵指挥的将领，陛下只管颁发赏赐即可。

由此可见，收复长安的功劳簿上，应该给陆贽记上一笔，如若按照李适的遥控指挥，恐怕南辕北辙，累死三军。

各就各位，各司其职，只要每个位置都能发挥应有作用，事情便会向好的方向发展，一旦越级指挥，元帅直接指挥班长，败仗就在眼前。

时间很快走到了五月二十日，李晟举行了盛大的阅兵式，宣布长安反攻即将开始。

之前，朱泚手下的侍中姚令言先后派出几批探马前来刺探李晟军情，几批探马都落入李晟手中。探马们面面相觑，他们不知道等待他们的将会是什么，八成是凶多吉少。

李晟笑吟吟地给探马们松了绑，带着他们在大营里参观，一边走，一边指指点点："回去告诉你们的同伴，好好守城，别辜负你们的主帅啊！"

探马们你看我，我看你，李晟居然勉励我们好好守城？他要闹哪样？

参观完毕，李晟用酒肉热情款待了这些探马，然后发给路费，扶上马，送一程。

直到离开李晟大营很远，探马们使劲捏了捏自己，依然能感到很痛，这才发现，哦，不是"盗梦空间"。

随后，李晟率军直抵长安通化门，这里是长安城东面北头的第一座门，城墙上就是朱泚的叛军，李晟列队耀武扬威。

一番炫耀之后，李晟一挥手，全军后撤，朱泚的叛军如同看戏一样，不知李晟为何而来，也不知李晟为何而走。

为攻城而来，为攻城而走，李晟所做的一切都在传递着两字：信心！

回到大营，李晟与部将们开始研究主攻方向。众将提议，先从外城攻起，占领街市，然后攻打皇宫。

李晟仔细看了看地图，坚定地摇了摇头："如果从外城攻起，叛军必定盘踞街市，与我们巷战，那样会惊扰百姓，形势大乱。不如从叛军屯集重兵的皇家园林攻起，从那里突破，让他们中心开花，这样遭受重创的叛军自然会逃跑，皇宫不至于残破，街市也不会受到惊扰。"

定下主攻方向，李晟派人通知浑瑊等人，约定一起进军，长安城下各路大军会师。

五月二十五日，李晟率军挺进长安城光泰门外的米仓村，李晟反攻长安的号角将在这里吹响。

一天后，当李晟还在率军构筑营垒时，朱泚派出的骁将张庭芝、李希倩已经引军杀到。事发突然，众将有些不知所措，李晟抬眼看了一眼叛军，傲然说道："我开始还担心叛军坚守不出，如今他们自己上门送死，此乃天助我也，机不可失！"

李晟当即下令，全军出击。当时镇国特遣兵团在北，兵力薄弱，叛军集中兵力，主攻镇国兵团，形势向着有利于叛军方向发展。李晟远远眺望，心知不妙，连忙派牙前将李演率精兵增援，一番力战，叛军不支，向后撤退。李演率兵趁胜追击，攻入光泰门，再次击破叛军。

激战中，夜幕悄悄降临，李晟鸣金收兵，来日再战。

第二天，李晟又将出兵，部将们有了不同意见，如此一支孤军，久战必定不利，不如等增援部队到来后一起夹击。李晟手指长安城："朱泚叛军已经屡战屡败，他们的胆已经被我们吓破了，不趁胜继续攻击，让他们有机会喘息，那可不是良策。"

果然如李晟所料，这一天双方接战，李晟军再次告捷。

五月二十八日，最后的决战上演，李晟在光泰门外布阵，由牙前将李演率领骑兵，牙前将史万顷率领步兵组成先锋部队，向朱泚屯守重兵的皇家园林发起攻击。

在前一天夜里，李晟已经命人将皇家园林的围墙挖开了长达二百步的口子，李演将带领骑兵从这里突破。

李演率领的骑兵抵达指定地点，顿时傻眼了，长达二百步的口子竟然被叛军用树枝和栅栏堵上了。叛军士兵手持长枪不断向外直刺，骑兵的战马奋蹄嘶鸣，不敢上前，先锋部队就这样被阻止在栅栏之外。

李晟见状大怒："让敌人猖狂到如此程度，我先斩了你们！"

众人面面相觑，知道李晟说得出做得到，这时牙前将史万顷率领步兵冲上前，高喊："看我们的！"

步兵们一面与叛军隔着栅栏格斗，一面搬开一个个栅栏，不一会儿工夫，口子被打开了。李演一纵马，率领骑兵冲了进去，李晟大军随即如潮水般涌进，叛军勉力支持。

眼见进入相持，李晟又让决胜军使唐良臣率领步骑兵投入战斗，他们的任务是一边战斗，一边推进，反复冲杀，直至将叛军阵形彻底冲乱。十几个回合下来，叛军已经抵挡不住了，且战且退到了白华门。

这时，李晟大军背后突然出现了数千名叛军骑兵，如果这些骑兵一起掩杀过来，后果不堪设想。

李晟毫不慌乱，亲自率一百多名骑兵返身冲向叛军骑兵，左右亲信高喊："宰相亲自督战，杀！"

一百多名骑兵愣是冲出千军万马的感觉，本已是惊弓之鸟的叛军骑兵不知谁带了头，数千名骑兵居然被一百多名骑兵吓破了胆，拨转马头各自逃命。

战场上很多时候便是这样，胜败之分并非由人数取胜，气势如虹一方往往可以以弱胜强，因为信心可以相互传染，恐惧也可以相互传染，一旦信心丧失，即便人数占据压倒性多数，也最终于事无补。

朱泚的叛军就这样被打垮了，无力据守长安的朱泚向自己居住了几个月的宫殿投去最后一瞥，恋恋不舍地离去。

"我还会回来吗？或许只有天知道！"

在朱泚身后，还有姚令言带领一万多人追随，他们匆匆向西逃去，目的地定为吐蕃。

只是，他还能到达吐蕃吗？

从长安一路向西，朱泚的士兵们不断地开小差，初出长安时还有一万余人，等到了泾州城下，回头一看，哦，人还不少，还有一百多！

朱泚叹口气，抬头叫守城士兵开门，守城主将正是朱泚之前任命的泾原节度使田希鉴，朱泚高声说道："你的官职还是我任命的，为何在危急关头却辜负我！"

朱泚一怒之下，下令火烧城门，无论如何，也要进入泾州城。

田希鉴微微一笑："哦，好啊，我这就把符节还给你，你的官我还不当了！"

田希鉴手一松，泾原节度使的符节掉进火中，化作一道火焰。

朱泚手下的一百多名骑兵顿时哭了出来，完了，没指望了，本来还想到泾州城歇歇脚，现在看来，门也没有。

一百多名骑兵其实还分两个阵营，一个阵营是泾原兵，一个阵营是朱泚从幽州带出的范阳兵。泾原兵率先发难，手起刀落，将他们的老上级姚令言斩落马下，然后拿着姚令言的首级向田希鉴投降。

如果没有泾原兵变，姚令言或许可以成为一名忠臣良将，可惜，在这场兵变中，他被裹胁了进去，仅仅半年多时间，人头落地，寂寞无声。

朱泚眼看姚令言被斩，不敢多作停留，率领剩下的范阳兵向北直奔驿马关，在那里又吃了闭门羹。

朱泚叹了口气，一行人到了彭原西城屯（今甘肃镇原县东），在这里他没来得及吃闭门羹，便被一支冷箭射落坑中。

箭是从身后射来的，朱泚闭着眼都知道是自己人干的！

朱泚睁眼一看，没错，部将梁庭芬手里还拿着弓呢。

朱泚正要叫骂，部将韩旻率人冲了过来，朱泚顿时明白了，这就是自己的结局。

大秦，大汉，应元，天皇，在这一刻都化成了一堆泥土，折腾了半天，还是逃不过命运的安排。

半年后，孤苦无依的皇太弟朱滔在幽州病死，只能到异度空间继续给哥哥朱泚当皇太弟了。

从去年十月的泾原兵变，到如今的身首异处，朱泚的人生画出了一道诡异的抛物线。他登基称帝成为皇帝，他在奉天城外险些将李适困死城中，然而折腾半年之后，他的人生又如自由落体般下坠，到最后，即使想当一个平头百姓也不能如愿。

人生就是一架飞机，不在于你能飞多高，而在于是否能平安落地。

姚令言，朱泚，朱滔，同意的话，点点头！

六月四日，李晟命人做“露布”向远在梁州的皇帝李适报捷。平时官府文书最怕泄密，而“露布”就怕不泄密，“露布”是不封口的文书，人人可以传阅，即便你正在大街上要饭，你也有看“露布”的权利，“露布”面前人人平等，上到九十九，下到刚会走！

李晟在“露布”中写道：臣已经肃清宫廷，晋谒完皇家陵园，祭庙的钟都没有挪动过，祭庙一切完好如此。

李适看完，喜极而泣：“天生李晟，是为社稷，不是为朕本人。”

这一年，李晟五十七岁，正是过了知天命奔向耳顺的年纪，而就是在这个年纪，李晟达到人生的最巅峰。

从李晟的经历看，人这一辈子，什么时候成功都不晚，别再提什么三十而立，有梦想就去追，没有年龄限制。

七月十三日，离开长安九个多月的李适终于回到长安，如果没有李晟，或许李适会去成都久住，至于此生有没有机会重返长安，得听天由命。

重返皇宫后，李适开始酬庸功臣，每逢双日大宴群臣，群臣的座次排序中，李晟第一，浑瑊第二，宰相们依次排列。

一场泾原兵变就这样收了尾，在这几个月中，有人功成名就，有人身败名裂，有人名垂青史，有人遗臭万年。泾原兵变就如同一幕话剧，话剧中人物形形色色，林林总总，到剧终人散时，有人哭，有人笑，有人输，有人老，这花花世界，真的是如梦一场。

第七章　名将突围

早知今日

长安重回李适之手，接下来李适要腾出手对付的人便是李怀光。

自从举起反叛大旗后，李怀光便一直艰难度日，相比于称帝的朱泚，李怀光这个叛乱者实在有点不称职，不仅不思进取，反而步步后退，龟缩到河中只求自保。这哪里像个叛乱者，顶多像个受了委屈的孩子，用肩膀死死顶住自己的房门。

即便如此，李怀光依然是一个烫手山芋，李怀光不思进取，并不代表着他的军队没有战斗力，况且，他的麾下是驰名已久的朔方军士兵，这曾经是一支英雄之师，现在虎落平阳，战斗力同样不可小视。

不到万不得已，李适不想与李怀光兵戎相见，唐军打唐军，打到最后谁才是赢家呢？

李适想到了一个人，给事中孔巢父。

孔巢父，字弱翁，孔子第三十七代孙，曾经与李白等人并称“竹溪六逸”。国画大师张大千有一幅名画画的便是“竹溪六逸”，孔巢父是其中不可或缺的人物。

李适之所以想到孔巢父，是因为不久之前孔巢父有过成功案例，他孤身深入魏博战区，说服魏博守将归顺朝廷。现在李适照方抓药，希望孔巢父能够再次在李怀光身上取得成功。

希望总是好的，只是很多事，往往事与愿违。

贞元元年七月十一日，李适命孔巢父前往河中为李怀光颁发太子太保委任状，同时宣布朔方战区将士原本被剥夺的官爵一律恢复。

无疑，这是一趟苦差，孔巢父却发扬先祖孔子“有困难要上，没有困难制造困难也要上”的精神上路了，等待他的会是什么呢？

七天之后，风尘仆仆的孔巢父抵达河中，他要代表皇帝发布对李怀光的委任状。

戎马一生的李怀光满腔悲愤，他有很多委屈，却无人倾诉，眼见钦差到来，只能做出顺服的姿态，叛乱本非他所愿，不到最后一步，他还是不想失去臣子的本分。

李怀光脱下官服，换上平民服装，此举有特殊含义，意味着“素服待罪”，以此向朝廷表明并无反意，忠心天地可鉴。

“素服待罪”本来是一场秀，只是一个姿态，向朝廷表明态度而已，并非真正的就地免职。按照惯例，钦差孔巢父应该请“素服待罪”的李怀光换上官服，然后好生劝慰，说一番肝胆相照的话，然后你好我好大家好。

出人意料的是，孔巢父居然没有请李怀光换回官服，而是听之任之，大帅李怀光便这样穿着刺眼的平民服装站在大堂之上。

汉人官员紧张地看着孔巢父，不知道这个钦差意欲何为，而李怀光的左右侍从都是胡人，他们的字典里没有“素服待罪”，他们压根儿不懂汉人这些花活，便嘀咕道：“完了，大帅没有官位了！”

声音虽小，还是传到了李怀光的耳朵里，李怀光也是胡人，“素服待罪”还是手下的汉人官员教他的，怒火从李怀光的心底腾起，愤怒的火药桶一触即发。

孔巢父依然不知不觉，冲着李怀光属下诸将高声说道：“军中可有能代替李太尉领军的人选?”

火药桶就此炸了!

孔巢父还在照本宣科地宣读诏书,李怀光的左右侍从一拥而上,可怜孔子之后孔巢父瞬间身首异处,没能活着回到长安。

照理,李怀光应该在第一时间制止侍从的暴行,但他却沉默了,眼睁睁看着侍从将孔巢父斩杀,也斩断了他与朝廷和解的希望。

这是一起由文化差异引起的悲剧,同时也是皇帝李适一手造成的悲剧。

以孔巢父的人生阅历和文化素养,他不会不知道“素服待罪”的含义,他迟迟不请李怀光换回官服,很可能是从长安出发前得到了李适的授意。在李适眼中,李怀光已经是罪人,并不是“素服待罪”就可以一笔带过的。

孔巢父死于文化差异,更死于李适的安排失当。

斩杀了孔巢父,李怀光只能一条道跑到黑了,与朝廷和解再无可能,剩下的只是兵戎相见。

得知消息的李适火冒三丈,他没有想到李怀光居然敢斩杀钦差,其实,也就是他没想到,以那般打发叫花子的姿态打发李怀光,李怀光不撕破脸才怪!

李适火速调兵,河东节度使马燧、邠宁节度使韩游瑰、河中绛州节度使浑瑊、鄜坊节度使唐朝臣、镇国节度使骆元光都被李适调动了起来,五大节度使一起兵指河中,共同打击李怀光。

然而,即便五大节度使合围,李怀光也不好对付。浑瑊与骆元光向李怀光发动攻击,却在长春宫(今陕西省大荔县东)遭遇李怀光部将徐庭光的顽强阻击,徐庭光麾下只有六千精兵,但盘踞有利地形,浑瑊与骆元光不断被击败,寸步难行。

仗一天一天拉锯起来,钱一天一天吃紧起来,打仗就是打钱,朝廷负责财政的官员个个眉头紧蹙,钱越来越少,仗真的打不起了。

有官员便向李适提议,国库越来越空了,不如赦免李怀光吧,再打下去，国库就要打空了。

李适咽不下这口气，斩杀孔巢父已经让他脸掉地上了，他不能让自己的脸掉地上捡不起来。

李适摇摇头，不准！

然而，国库吃紧的阴影在李适头上萦绕不去，长此以往，国库必然空缺，该不该就这么打下去呢？谁能给我指点迷津呢？

李适想到了一个老熟人，此人便是山人李泌。

在之前一部中，李泌有过出场，正是他运筹帷幄，帮助唐肃宗李亨平定了安史之乱，功成之后，李泌便与大唐官场若即若离，到李亨之孙唐德宗李适时，李泌终于又走上大唐政治舞台的中央。

关于李泌，稍后会有专门大篇幅说他，此时他扮演的是为唐德宗李适指点迷津的角色。

李泌跟随传诏太监觐见，随身携带着一份神秘礼物。

皇帝李适正愁眉不展坐在那里，一看李泌进来，眉头展开少许。

“李怀光盘踞的河中离京城很近，朔方士兵素来都很精锐，而达奚小俊等人都是万人敌的角色，朕日夜担忧这些，不知如何是好？”李适焦虑地看着李泌。

李泌掏出随身携带的神秘礼物，一枚破败的桐树叶。

李泌指着桐树叶：“陛下与李怀光的君臣关系就如同这枚树叶，曾经完好，如今破败，再也回不去了，李怀光不可能被赦免了。”

李泌接着说道：“天下可以令陛下担忧的事多了，如果说到河中的李怀光，实在不足为虑。兵法有云，盘算对方实力重点在将，不在兵，如今形势，李怀光是将，达奚小俊之类都是兵，不足挂齿。昔日李怀光解了奉天之围，眼看朱泚近在咫尺、濒临灭亡却不去攻取，反而与之联合，结果让李晟夺了头功。如今陛下已经还宫，李怀光不前来请罪，却残杀钦差，像老鼠一样藏身河中，如同一个梦游的人。恐怕不久就会被帐下将领斩首，倒让前去讨伐的将领没机会下手呢！”

李泌的话便是强心剂、定心丸，有了李泌的指点，李适终于坚定了决心，即便国库打空，也绝不赦免李怀光。

对李怀光的战斗就这样持续了下来，从七月一直打到了第二年七月，虽然马燧与浑瑊经常有喜讯传来，但李怀光依然盘踞河中，仗还是没有要结束的迹象。

打到这时，仗已经整整打了一年，国库的钱打得快见底了。各地告急的文书纷至沓来，蝗灾、旱灾，接连不断，粮食青黄不接，国库入不敷出，仗还打得下去吗？

李适含糊了。

李晟的奏疏不请自来，主题只有一个：李怀光不可赦免。

李晟的奏疏一半为公，一半为私：为公，为的是王朝的长治久安；为私，为的是自身的安危，毕竟自己已经与李怀光结下了仇，这个仇只能越结越深，不可能化解，既然如此，只能往李怀光的后背上再踹上一脚。

李晟向李适请愿，愿意率两万精兵，自备粮草，直取李怀光。

李适刚放下李晟的奏疏，宦官奏报，河东节度使马燧从前线返回，要求面圣。

与李晟一样，马燧也不同意赦免李怀光，马燧承诺，只要皇帝再给一个月时间，一定铲除李怀光。

以前的李怀光在同僚眼中看来仅仅是同僚，如今的李怀光在同僚眼中变成了投名状。

事情发展到这个程度，李适的决心又恢复了，既然众将一致喊打，那就痛打李怀光这只落水狗吧。

命运将河东节度使马燧推到了聚光灯下，接下来，将由他完成对李怀光的致命一击。

面对李怀光的叛军，马燧知道这个烫手的山芋有多烫，苦战一年下来，平叛的唐军没在叛军身上占到多少便宜，往往毙敌一千，自损八百，打仗成了一场比拼兵力的游戏。

该从哪里打开一个缺口呢？

马燧将目光锁定在长春宫，一直以来，唐军进攻不力，就是因为长春宫像一颗钉子一样死死钉在唐军进攻路线上，这颗钉子不拔，将永无宁日。

硬拔自然不行，要能硬拔，一年的时光里早就拔掉了，何必等到今天。

硬拔不成，就得智取；攻城不行，便要攻心。

说到攻心，马燧心里有了谱，两个月前朔方士兵的一次抗命让马燧看到了智取的希望。

朔方士兵之所以抗命，是因为叛军阎晏指挥他们反攻邠宁节度使韩游瑰的部队，以往帅旗一挥，朔方士兵便蜂拥而上，这一次，阎晏却指挥不动了。朔方士兵指着邠宁士兵大声喊道："他们不是我们的父兄，就是我们的子弟，为什么要让我们刀锋相对？"反战的情绪迅速在军中传染，阎晏无可奈何，只能放弃反攻，率军退去。

马燧从朔方士兵这次抗命中看到了智取的希望，只要利用朔方将士厌战的心理，平叛就会事半功倍。

马燧召集众将："长春宫攻不下，则无法拿下李怀光，然而长春宫守备森严，硬要攻克也是旷日持久，不如我亲自去招降！"

长春宫城下，马燧上前，大声喊道："守将徐庭光出来说话！"

徐庭光闻声，率领属下聚到城墙上，冲着这位老资格的河东节度使，行了跪拜之礼。

马燧心中原本忐忑，一看徐庭光如此动作，当即心中有了底，有戏！

马燧徐徐说道："我自朝廷来，你们应该向西跪拜，接受命令。"徐庭光等人又向西方跪拜，表示听命。

马燧安抚道："你们从平定安禄山叛乱开始，就为国屡立功勋，前后已有四十余年，如今何苦做这些让自己家族灭族的祸事？听我的话，不仅可以免去祸事，富贵也近在眼前。"

徐庭光等人默然。

马燧上前几步，解开战袍，露出胸膛："你们如果不信我，何不射我！"

徐庭光看到了马燧的诚意，也看到了回归朝廷的希望，热泪顺着脸庞滑落，属下诸将哭出声来。一年多来，他们由一支英雄之师变成叛军，山大的压力让他们透不过气。如今，终于有了回归的希望，他们可以再次成为英雄之师了。

马燧当即与徐庭光约定："这些祸事都是李怀光惹出来的，你们无罪，等李怀光召唤时，你们要保证坚守不出。"

"诺！"城上声音从没有如此响亮过。

贞元元年（785年）八月十日，马燧、浑瑊、韩游瑰进逼河中，李怀光命人燃起烽火向徐庭光等人告急。烽火燃了一夜，李怀光没有看到增援的一兵一卒，只有烽火燃尽的一地灰烬。

长春宫下，镇国节度使骆元光向守将徐庭光招降，却遭到徐庭光的拒绝，徐庭光的理由很奇特：你是胡人，我不搭理你！

骆元光是安息人，从今天的地理规划看，属于乌兹别克斯坦布哈拉市，也就是说骆元光按今天的眼光看应该是乌兹别克斯坦人，徐庭光不搭理这个外宾，而且还命人在城墙上扮演胡人小丑，专门出骆元光的洋相。

骆元光几乎咬碎了牙，在心中给徐庭光记上了一笔。

无奈之下，还得请马燧出马，人家骆元光说了，只降汉将。

马燧拍马而至，徐庭光打开城门，接受改编，马燧率领数名骑兵入城安抚，所到之处朔方士兵山呼海啸，不为别的，只为能够再次回归唐军序列。

看到此情此景，浑瑊感慨道："以前我以为马公用兵比我高明不了多少，今天我才知道，我差远了！"

马燧接收城池完毕，传皇帝诏书，封徐庭光为试殿中监兼御史大夫。

一切看起来很好，但徐庭光却无福消受。几天后，徐庭光就为自己的民族歧视付出了代价，骆元光手起刀落将徐庭光斩杀，叫你不尊重外宾！

时间走到八月十二日，马燧兵临河中城下，河中将士已成惊弓之鸟，一会儿一惊呼："西城士兵已经穿上铠甲！""东城士兵已经戒备！"

士气尽失。

到这个时候，即便拥兵百万，也要土崩瓦解。

不久，城中士兵开始传呼口号："太平！""太平！"

惶恐中的李怀光知道，这不是自己定下的口号，"太平"声起，意味着马燧已经进城了，等待自己的是什么呢？

一切该结束了！

在"太平"声中，原朔方军名将、千里驰援奉天的功臣李怀光自缢身死，时年五十六岁。

早知今日，何必当初！

历史就是一面镜子，放在我们每个人面前。试想，如果我们处于李怀光的处境，千里驰援有功却遭奸臣排斥，我们又该怎么办呢？

是忍辱负重打碎牙往肚里咽，还是怒发冲冠一走了之？

历史，让人不轻松！

冷箭突袭

长安，永崇里，李晟宅第。

月高，夜深，人静。

李晟静坐竹林边。晚风吹来，竹影摇曳，思绪飘远。

李晟的思绪回到了刚刚光复长安那一刻。那是一个火红的时刻，那是一个值得记忆的时刻，一番苦战之后，他率军光复长安，在平定朱泚叛乱的功劳簿上写下了重重的一笔。

就是在那个月，他的父亲李钦被追赠太子太保，母亲王氏被追赠代国夫人，永崇里的宅第、泾阳的上田、延平门的林园以及女乐八人也是那一次皇帝李适赠送的。

乔迁新宅那天，京兆府供帐酒馔，赐教坊乐具，鼓吹迎导，宰臣节将送之，长安上下为之轰动，有唐以来，一位将军乔迁能有如此大的动静，少之又少，这一切都来自皇帝的恩宠。

在那之后，皇帝又下诏为他立纪功碑，石碑立于长安东渭桥，与天地悠悠同在。碑文由皇太子李诵亲自撰写，然后由皇太子亲自将碑文词赠送李晟。

人生至此，夫复何求？

李晟微闭双眼，心底有一丝满足，他一直拒绝自傲，但小小的满足感还是会不请自来。

想起不久前亲随的一句提醒，李晟微微一笑。

话题由李晟引起，李晟对亲随说道：“本朝魏征能直言进谏，从而让太宗美名位列尧舜之上，魏征真是一位忠臣，我非常崇拜他。”

行军司马李叔度摇摇头：“直言进谏这种事读书人做是可以的，但像您这样的功臣就不太合适做了。”

李晟闻言，严肃地回应道：“李司马说错了。俗话说，邦有道，危言危行，如今是昌明之朝，李晟有幸备位将相，如果心中知道有些事情不可以做，却不吭声，这怎么能称得上有犯无隐、知无不为呢？我们做将相的只管进言，是非曲直圣上自会明察。”

李叔度面有惭色，悻悻而退。

李晟知道李叔度是好意，但在直言进谏这件事上，他有自己的度，能言则言，尽大臣本色，同时又有另外一个度：保密。

没有皇帝喜欢臣子大嘴巴，李晟深知这一点。

“大人，夜深了，早点歇息吧。”

仆人的提醒打断了李晟的思绪，李晟紧了紧身上的衣服，起身离座，回望摇曳的竹林，林欲静而风不止。李晟转身回房，他知道，已至琼楼玉宇最高处，高处不胜寒。

李晟的谨慎没有阻止他继续立功，不久，他兼任凤翔陇右节度使，在凤翔节度使任上，李晟再一次让皇帝李适看到了自己的能力。

兴元元年八月，李晟来到凤翔，此行他有一个特殊任务——追查杀害前任节度使张镒的元凶。

此张镒，便是被奸相卢杞排挤的那位。

一番追查之下，十余名元凶被就地正法，李晟此举意在杀鸡儆猴，警告那些心猿意马之人，发动兵变残害上司就是这个下场。

在凤翔追查完，李晟又将目光锁定在泾州。在那里，还有一个兵变的受益者——田希鉴。

田希鉴原本是一名别将，朱泚叛乱时，泾州士兵也发动了兵变，将前任节度使杀害，拥立了田希鉴。田希鉴先是投靠朱泚，在朱泚兵败如山倒后，又向皇帝投诚，如今还原地留任，镇守泾州城。

李晟已经在凤翔清算完毕，接下来的目标就是田希鉴。

李晟给皇帝李适上了一道奏折：

> 近者中原兵祸，皆起泾州，且其地逼西戎，易为反复。希鉴凶徒，将校骄逆，若不惩革，终为后患。

李适点头，田希鉴的末日扑面而来。

末日向田希鉴走来时，还戴着温柔的面纱。

李晟以巡边为名来到泾州，田希鉴早早在城外恭迎，一心想给李晟留下一个好印象。令田希鉴喜出望外的是，李晟一点架子没有，拉着田希鉴的手嘘寒问暖，让田希鉴心中激动万分。

田希鉴的妻子也是一个精明人，非常讨巧地称呼李晟为“叔父”，以侍奉叔父的礼节侍奉李晟。

一天过去了；

两天过去了；

三天过去了；

时间走到第四天，“叔父”李晟知道，自己该办点正事了。

这天上午，李晟召集泾州将帅，在他来泾州之前，他已经心里有数了。

李晟拿出一份名单，开始点名，名单上有三十几个人，李晟一一点出，然后挨个问道：“诛杀前任节度使有你的份吧?”

三十几个人垂头丧气，前怕后怕，这一天还是来了。

李晟回头一指正襟危坐的田希鉴：“田郎，你也有错，你说是不是?”

到这时，田希鉴才彻底明白，李晟的温情之下，藏着的是明晃晃的屠刀。

手起刀落，三十几个元凶伏法，李晟的追查就此结束。

回到凤翔，李晟向皇帝李适推荐了新的泾原节度使，同时上了另外一道奏疏：

河西、陇右陷落，并非因为吐蕃力取，而是因为戍边将帅贪婪残暴，导致士兵离心离德，百姓不堪压迫，进而辗转向东迁移，实际上是我们自己放弃了这些地方。况且吐蕃土地贫瘠，百姓不堪征役之苦，向往大唐的心从未停止，吐蕃的人心值得我们利用。

对于李晟的奏疏，李适深表同意。自此，李晟开始行动，不仅动用公家财物安抚吐蕃降者，在公家财物不足时，李晟甚至搭上了自己的私人财物。

在一系列招抚行动中，李晟着重培养了一个榜样。

榜样的名字叫浪息囊，李晟奏请皇帝李适将浪息囊封王，同时用锦袍玉带将浪息囊好生打扮一番，每逢吐蕃使者到访，焕然一新的浪息囊必然在座，而且深受李晟恩宠。

时间一长，效果就出来了，吐蕃思慕唐朝之心越来越盛，浪息囊就是他们的好榜样。

李晟的招抚计划还在进行，吐蕃的无间道计划也同时启动了。这次无间道计划的目标人物有三个：李晟、马燧、浑瑊。整个唐朝就这三位武将最为厉害，如果将这三人除掉，在吐蕃眼中，唐朝从此不设防。

吐蕃的陷阱已经为李晟布下了，接下来还得有将李晟推落陷阱的人。启动无间道计划的人是吐蕃宰相尚结赞，他冥思苦想，希望在唐朝内部能有一个人跟自己里应外合。

谁是合适人选呢？

尚结赞苦思不得其解，而合适人选却自动站了出来，这个人不是为了呼应尚结赞，而是为了报自己的私仇。

此人名叫张延赏，时任剑南西川节度使，开元年间宰相张嘉贞的幼子，名门之后。

张延赏原名张宝符，开元十七年张嘉贞病逝时，张宝符才四岁。后来，李隆基为了表达对功臣的优抚，召见了张宝符，并赐名“延赏”，取《尚书》中“赏延于世”之意，希望张延赏继续父亲的遗志，将来好好为帝国服务。

长大后张延赏步入官场，官声不错，不过在取得交口赞誉的同时，也在历史上留下了“钱可通神”的典故。

有一次张延赏下决心平反一个错案，他对下属说，这个错案的存在时间已经很长了，现在限令你们在十天之内解决问题。第二天早上一上班，张延赏发现自己的办公桌上放着一份帖子，内容针对自己要平反的那个错案。帖子上写着出价三万贯，请不要过问这件事。看过帖子之后张延赏拍案而起，立马找来属下，要求他们加大力度尽快结案。

第三天早上，张延赏走进办公室后看到又一份帖子摆在办公桌上，这一次开出的价钱是五万贯。这种连续出现的帖子和一次比一次高的价钱无疑是一种挑战，张延赏越发愤怒，严令下属必须在两天之内结案。

张延赏在明处，对方在暗处，张延赏的一举一动对方都了如指掌，张延赏对于对手却一无所知，这正是防不胜防。第四天早上，还是办公桌上，帖子再一次出现，开出的价钱攀升到十万贯。张延赏看过之后选择了沉默，那个案子再也没人过问了。

这件事过去之后，有人找机会问起这事，张延赏解释道：“钱至十万，可通神矣。无不可回之事。吾惧及祸，不得不止。”钱一旦到了十万贯这个份上就能买通神鬼了，没有办不成的事，张延赏害怕引祸上身，不得不接受这个现实。

官声不错的张延赏，明哲保身的张延赏，两个张延赏叠加到一起，张延赏一路做到剑南西川节度使。正是在西川节度使任上，张延赏与李晟发生了矛盾。

当时西川发生叛乱，神策军先锋使李晟奉命前去平叛，没几天，叛乱就被平定，李晟的一段艳遇也随之开始。

李晟在西川邂逅了一个美艳的官妓，此女姓高，姑且称为高小姐。如同一缕春风，高小姐让李晟如痴如醉，班师回长安时，李晟难以割舍这段艳遇，便带上高小姐一同上路。

一路上，高小姐充满着幸福的想象，憧憬跟着李晟从此过上幸福的生活。

张延赏的信使来了，幸福的憧憬戛然而止。

高小姐被张延赏用严厉的措辞索回，理由很简单，她是官妓，不是李晟的私人财产。

一段艳遇戛然而止，从此李晟与张延赏不共戴天，既然你不仁，别怪我不义。

李张二人的仇一直绵延，绵延到李晟功成名就、一言九鼎时。

原本，皇帝李适对张延赏青眼有加，将张延赏调出西川，准备委任为宰相。对于这次调任，张延赏心知肚明，像他这个级别的官员，自然在朝中有几个朋友，朋友们告诉他，此次进京，皇帝将委任他为宰相。

张延赏兴冲冲而来，等来的却是一盆冷水。

皇帝的任命不是宰相，而是尚书左仆射，此时的尚书左仆射位高权轻，基本等同于闲职，这让千里风尘仆仆而来的张延赏心凉到了脚后跟，说好的宰相任命呢？

张延赏一打听，谜底揭晓了，原来是李晟拆了他的台，李晟在奏疏中写道，张延赏没有宰相之才，不配做宰相。

就这样，说好的宰相之位没了，一切只因为李晟的那道奏疏。

张延赏还在等待，他知道皇帝李适看重自己，一定会再次给自己机会。

果然不出张延赏所料，李适还是想用张延赏。借着李晟进京面圣的机会，李适想当一回和事佬，化解一下李晟与张延赏之间的恩怨。

李适先是让与李晟交好的官员去给李张二人传话，基本意思是皇帝希望你们化解恩怨，从此你好我好大家好。

事态开始向着良性的一面发展，张延赏在中间人的带领下来到李晟府中，说了一番肝胆相照的话。

接下来李晟和张延赏两人又一起接受中间人的邀请，喝了两顿酒，说了两番肝胆相照的话，酒桌上的气氛很融洽，大家就像相知朋友的朋友。

到了这一步，中间人又向李晟提出建议：向皇帝推荐张延赏出任宰相。

酒喝了不少，李晟却始终是清醒的，他知道这一切幕后的导演是皇帝李适，至于中间人，只是跟皇帝一起演双簧的那个人。

李晟借坡下驴，向李适推荐张延赏，李适自然同意，这样张延赏终于官拜宰相，成为家族中第二位成为宰相的人。

顺着张延赏成为宰相的话题说下去，说一个有趣的评选。

晚唐时李肇在他的《国史补》一书中评选出唐朝最为尊贵的妇女，这个评选有一个先决条件，那就是皇室的妇女不得参加，不然的话武则天理所当然地会夺得第一。武则天具备以下条件：公公是皇帝，丈夫是皇帝，儿子是皇帝，孙子是皇帝，更重要的是她本人也是皇帝，仅凭这一点其他人就不能相提并论了。

在李肇心目中，苗晋卿的女儿苗夫人应该是唐朝最为尊贵的妇女，当选的理由是：苗夫人的父亲是宰相，公公是宰相，丈夫是宰相，儿子是宰相，女婿享受宰相待遇。

这位苗夫人就是张延赏的妻子，张延赏的父亲是唐玄宗开元年间的名相张嘉贞，张延赏本人是唐德宗时期的宰相，他的儿子张弘靖是唐宪宗时期的宰相，他的女婿韦皋戴着检校司徒兼中书令的头衔坐镇西川二十一年。

张家在唐朝号称“三相张家”，唐朝父子担任宰相的不少，祖孙三代都担任宰相的则只有张家一例。河东张，不寻常。

河东张，同时也很记仇。

几顿酒喝过之后，李晟以为自己与张延赏的恩怨已经一笔勾销，为了巩固来之不易的良好局面，李晟准备好上加好，他向张延赏提出了婚约，想让自己的一个儿子与张延赏的一个女儿结为百年之好。

张延赏居然拒绝了。

李晟顿时明白了，之前的酒席和肝胆相照的话都是广告，做不了数的，他与张延赏的恩怨还没有完，两个人的缠斗还要继续下去，没有尽头。

李晟哀叹道：“武人性快，几杯酒下肚，所有恩怨就会一笔勾销，而文人不能轻易冒犯，一旦冒犯，即便表面和解了，心里却还没有放下。如此一来，我怎能不担忧呢?”

李晟还不知道，自己的仇家还不止张延赏一个，这个名单还比较长。

仇家排行榜第二位——工部侍郎张彧。

张彧还有另外一个身份，李晟的女婿。

女婿仇视自己的老丈人，这有点意思，因为什么呢?

因为嫁妆。

李晟在凤翔担任节度使时，曾经将一个女儿嫁给自己的幕僚崔枢，在女儿出嫁时，李晟尽一个父亲的责任，为女儿陪送了很多嫁妆。一对新人都很高兴，但身为连襟的张彧却非常不高兴，他看到老丈人陪送的嫁妆很多，超过了自己结婚时。

同样是女儿出嫁，为什么嫁妆厚此薄彼?

心胸不开阔的张彧就这样因为嫁妆恨上了老丈人李晟，一咬牙一跺脚居然站到了张延赏的阵营，与外人一起编派起自己的老丈人。

仇家排行榜第三位——给事中郑云逵。

郑云逵曾经当过李晟的行军司马，因为一些事情失去了李晟的信任，自感失落的郑云逵从此恨上了老上司。

仇家排行榜第四位——河东节度使马燧。

严格说来，说马燧是李晟的仇家稍微有点过，不过两人关系不睦倒是事实。翻看史料，没有发现两人公开失和的有力证据，只有一条关于河北平叛的记载。

在河北平叛过程中，因为不满同僚李抱真只顾本藩镇利益，马燧愤而退兵，准备退出河北平叛行列。李晟见状不妙，连夜前往马燧大营调停，好说歹说，总算说服马燧留了下来。

这次调停，可能让马燧心中不快，两人貌合神离，由此导致一个结果——凡是李晟赞成的，就是马燧反对的；凡是李晟反对的，就是马燧赞成的。

马燧的态度倒是符合一个流行的说法：凡是敌人反对的，就是我们赞成的。问题是，如果敌人反对吃屎呢？

由此可见，反对敌人，还得见机行事，不能以偏概全。

四位仇家或联手，或各自为战，一时间不利于李晟的传言越来越多，林不静，风不止。

李晟暂且不去理会，他将主要精力放在吐蕃身上，这个对手着实强大，需要认真对待。在汧城，李晟给吐蕃宰相尚结赞设下了埋伏，他要打尚结赞一个有去无回。

李晟交代部将王佖率精兵三千在城下设伏，再三嘱咐道：敌人从城下通过时，不要攻击前军，即便你打败前军，敌军集中兵力向你席卷而来，你也无法阻挡。不如等前军通过之后，看到举五方旗、穿虎豹衣的，这就是它的中军。出其不意攻击中军，就会取得大捷。

一切正如李晟所料，王佖猛攻吐蕃中军，吐蕃军队溃散，四下逃命。由于将士们不认识吐蕃宰相尚结赞，白白让这条大鱼从手边溜走。

经此一战，尚结赞更加意识到李晟的可怕，此人不除，后患无穷。

尚结赞召集队伍，两万大军挺进凤翔境内，出人意料的是，吐蕃军队这次竟然秋毫无犯，莫非吐蕃军队洗心革面重新做人了？

吐蕃士兵兵临凤翔城下，尚结赞冲城中大喊道：李令公既然招我来，为何不出城犒赏三军？

凤翔城上，士兵窃窃私语，李将军和尚结赞有何隐情？为何吐蕃军队这次一反常态？

疑惑长久不散，即便第二天尚结赞引兵退去，留在凤翔士兵心里的疑惑依然挥之不去。

李晟知道，这是尚结赞的反间之计。他一笑了之，他不信如此低级的反间计能成功，这不就是当年刘邦离间项羽和范曾的小伎俩吗？不足挂齿，不足挂齿！

不以为意的李晟继续对吐蕃的讨伐，胜仗连连，战功叠着战功。李晟并不知道，自己的戎马生涯已经接近终点，朝中不利于他的传言已经漫天飞舞，皇帝李适的态度成为关键。

李晟终于知道“三人成虎”的威力，即便你问心无愧，又怎能堵住朝中的悠悠之口。百口难辩的李晟默默流泪，几天过去了，李晟的眼睛哭肿了。

为了自救，李晟派子弟进京，向李适表明，愿意出家为僧，从此不问朝中是非，李适不准。

不久之后，李晟面圣，以足部有疾为由，请求辞去凤翔节度使职务，李适依然不准。

李适真的不猜忌李晟？

非也，他连自己的儿子都猜忌，何况李晟。

这一切只因为时机不到。

李适从心里感激李晟，没有他，自己何时能重返长安还是个未知数，但身为皇帝，他还是不免要猜忌，李晟的功太大了，又手握兵权，即便李晟没有二心，难保李晟身边的人没有二心。长久之计，还是早点罢了李晟的兵权，省得夜长梦多。

李适在等待合适的机会，吐蕃宰相尚结赞也在等待。连日来他听到的都是坏消息，李晟攻克了吐蕃的军事重镇摧沙堡，马燧、浑瑊也率兵进逼，这三个人搅得尚结赞日夜不得安宁，必须想办法将这三人除掉，否则永无宁日。

令尚结赞更加担忧的是，去年冬天到今年春天，气候反常，牛羊死亡率甚高，这对以牛羊为主要财产的吐蕃而言，可谓损失惨重。此时此刻，不能与唐朝硬拼了，该换个玩法了。

孙子兵法有云，兵以诈立，这一回尚结赞玩的是诈和。

所谓诈和，就是打着和谈的旗号，实现自己不可告人的目的。

尚结赞先是派人到长安，向皇帝李适提出和谈请求，李适却不接招，和谈请求一律拒绝，不谈，就是不谈。

诈和第一回合没有效果，尚结赞再次开动脑筋，不得不说，他是一个汉化程度极高的吐蕃人。当大多数吐蕃人还停留在结绳记事的阶段，他已经把汉人的兵法研究透了，这一次他不仅要诈和，而且还要反间计套着连环计，给唐朝来一个连环炸。

尚结赞开始布局，他将突破口选择在马燧身上，河东节度使马燧位高权重，说话相当有分量，如果先把他说服，计划就成功了一半。

尚结赞的使者来到马燧面前，随身带着两样东西：谦卑的话语和丰厚的礼单。这两件糖衣炮弹还是很有杀伤力的，一般人都抵挡不住，马燧不是一般人，他勉强抵挡住了。

使者又提出一个请求，建议唐朝与吐蕃重新回到谈判桌前，共同遵守公元783年的清水之盟。按照那次两国划定的疆界，吐蕃将退回多侵占的土地，以表示本方的最大诚意。

马燧心中有些含糊，他知道吐蕃是个难缠的对手，但眼前这个对手太有诚意了，莫非他们突然幡然醒悟了？

第一批使者回去之后，第二批使者接踵而至，还是老话题，还是十足的诚意。

第三拨，第四拨，吐蕃使者在路上络绎不绝，夸张一点说，后一拨使者能看到前一拨使者的背影。这次诈和，尚结赞玩的是车轮战。

一番车轮战下来，马燧彻底被打动了，于公于私，和谈都是好事，自己实在没有理由不去促成这件美事。

马燧随即下令，全军屯守石州，不必做渡河准备，待回京请命后，准备与吐蕃和谈。

从此刻起，马燧已经中了尚结赞的连环计，他本人的戎马生涯也在不知不觉间开始了倒计时。

长安皇宫中，马燧的和谈建议遭到了李晟、邠宁节度使韩游瑰、镇海军节度使同平章事韩滉的强烈反对。

韩滉官居宰相，令后人津津乐道的是他的书法以及传世画作《五牛图》。

李晟听罢，不住地摇头："戎狄无信，不如击之。"

邠宁节度使韩游瑰赞同李晟的说法："吐蕃弱则求盟，强则入寇，如今深入塞内而求会盟，必然有诈。"

韩滉接言道："如今两河无虞，如果在原州、鄯州、洮州、渭州筑城，让李晟、刘玄佐率十万大军戍守，那么河湟二十余州可以收复。至于行军钱粮，臣愿意筹措。"

这次会谈，马燧与李晟一派人数对比为1比3，马燧一张嘴没有说过三张嘴，马燧在形势上暂时落后。

形势总是会变化的。不久，韩滉辞世，李晟失去了一个坚定的同盟，此消彼长，马燧新增一个同盟——李晟的死敌张延赏。

马燧本就和张延赏同列李晟仇家排行榜，这一次因为吐蕃会盟的问题又坚定地站在一起，形势发生改变，双方阵营暂时形成2比2对峙。

这时就得看辩论赛主席李适的态度了，他这个秤砣往哪边偏，哪边就要胜出了。

李适有自己的偏重，他偏向了马燧一派，这一切因为他心中有个疙瘩。

李适心中的疙瘩叫回纥，当年唐朝向回纥借兵平叛，回纥可汗对李适大为不敬，而且鞭笞了他的几位随行官员，其中两位伤重不治。从那时起，回纥两个字就是李适心中的阴影，常年挥之不去。现在李适想和吐蕃会盟，联手打击回纥。

当皇帝站到了主张会盟一边，李晟一派只能面对失败了，而他的戎马生涯也即将画上句号。无论他的仇家张延赏还是皇帝李适，都不会让李晟继续担任凤翔节度使了。

张延赏不断进言：“李晟不宜久掌兵权，不如用郑云逵代替他。”

权衡一番后，李适觉得时机已到，该跟李晟摊牌了。

这次摊牌，李适做足了面子工程，他拿出了十分的诚意，请李晟推荐自己的继任者。李适做出一副推心置腹的姿态：“朕因为百姓的缘故，决定与吐蕃会盟。大臣（指李晟）既然与吐蕃有恩怨，就不宜继续担任凤翔节度使了，应该留在朝中，朝夕辅佐朕，另外由你自己推荐一人接任凤翔节度使。”

话说到这个份上，李晟知道，自己的戎马生涯结束了，接下来的时间对于自己而言，就是垃圾时间。

李晟心中暗自叹了口气，表情如故，推荐都虞候邢君牙出任凤翔节度使。他能做的也就这么多了，剩下的事情，听天由命吧。

事情发展到这一步，尚结赞的计划进展顺利，接下来又将目标锁定在河中节度使浑瑊身上，他要把浑瑊也拉进会盟的浑水之中。

尚结赞向唐朝使者建议道：吐蕃将相以下二十一人都与浑瑊共过事，知其忠信，灵州节度使杜希全、泾原节度使李观在吐蕃也很有威望，不如请他们一起来主持会盟。

尚结赞的胃口真不小，他想把对自己有威胁的唐朝将领一勺烩了，人心不足蛇吞象。

尚结赞的计划在发展中打了个折扣，杜希全和李观因为各种原因没有参与最后的会盟仪式，尚结赞等来的唯一一条大鱼是河中节度使浑瑊。

浑瑊带领本部人马两万余人启程前往会盟之地，此去会盟，地点居然变动了两次。开始，双方约定在清水会盟，一如公元786年的旧例，不成想，尚结赞并不同意，他建议定在原州的土梨树。唐朝方面经过研究认为，土梨树地势险恶，容易埋伏伏兵，再次建议将会盟地点改在平凉。

这一次，地点总算定下来了，不变了，就在平凉。

浑瑊启程之前，李晟再三嘱咐道："小心，再小心，会盟时一定要严加戒备，防止偷袭。"这是一个老兵对另外一个老兵的嘱托，句句是真理，但这些真理在仇敌张延赏那里却不入耳。

凡是李晟反对的，就是张延赏赞成的，复仇心理作祟，张延赏已经失去了基本的判断。以他的宦海经历，再加上泛读史书，他不可能不知道吐蕃一直是虎狼之师，如此上杆子的会盟背后必然有诈，可他愣是没看出来。

仇恨容易让一个人心理扭曲，同时也会蒙蔽双眼。

张延赏将李晟的话添油加醋报告给了李适，李适皱起了眉头，李晟怎么这样说话，简直是胡闹！

李适马上召见浑瑊，千叮咛万嘱咐，此次会盟一定要让吐蕃看到我们的诚意，我们这边不能出问题，千万不能因为猜疑而坏了会盟的大事。

如果说张延赏是因为个人的恩怨而被蒙蔽了双眼，那么李适同样是因为个人的恩怨，他太想联合吐蕃打回纥了，因此不惜祭出这样一个"骑虎驱狼"的昏招。

带着李适的重托，平凉会盟使浑瑊上路，不久他就给李适发来奏报，吐蕃已经定下会盟日期，会盟大局已经不可逆转。

李适的心里比蜜还甜，张延赏的心里也无比舒坦，舒坦在于这一次他把李晟给赢了，凡是李晟反对的就是他赞成的，看来他站对队了。

张延赏举着浑瑊的奏疏示意群臣，嘴里振振有词：李晟李太尉一再说与吐蕃的会盟成不了，可是，浑瑊已经给皇上发回奏疏了，会盟的日期已经定了！

张延赏一定不知道一句话，行百里者半于九十，世间很多事不到最后一刻都无法下定论，而他却早早地下了定论，这一切只因为他太想赢李晟了。

张延赏的得意很快传到李晟的耳朵里，李晟悲愤地流下了热泪：“我从小在边陲长大，太了解吐蕃人的伎俩了，因此我才上疏反对与吐蕃会盟，可是他们不听，恐怕朝廷要受犬戎侮辱了。”

英雄路，英雄泪，在李适和张延赏高举会盟大旗的背景下，李晟显得那么孤独。

会盟前线，浑瑊还沉浸在即将会盟的喜悦之中，而一同前往的邠宁节度使韩游瑰、镇国军节度使骆元光却兴奋不起来，他们一直觉得这里面有问题，但又不敢明确提出来，毕竟会盟是皇上钦定的方针政策，此时反对就是抗旨不遵。

按照李适的部署，骆元光屯兵潘原，韩游瑰屯兵洛口，两军作为浑瑊的援军，一旦发生不测，可以前去救援。

对于这个部署，骆元光有不同意见：“潘原距离会盟地有七十里，一旦浑公有急，元光如何知晓？不如元光跟浑公一起前往，也好有个照应。”

浑瑊不以为意，摆摆手，不必，圣上已经做好部署了，我们奉命行事就可以了。

浑瑊按照原定计划继续行军，没想到，一回头看见骆元光竟然跟在后面，这个骆元光，真拿他没办法，好吧，小心没大错。

距离会盟地三十里，浑瑊扎下营寨，骆元光挨着浑瑊扎营。浑瑊大营的栅栏稀松矮小，人马可以轻松翻过，而骆元光的大营沟深栅高，想翻过去，除非长两个小翅膀。

浑瑊还是浑然不觉，骆元光却嗅到了空气中异常的味道，除了正常戒备，骆元光还在大营的西边埋伏了一支伏兵，以备不时之需，同时韩游瑰也派来五百骑兵策应，必要时可以分散吐蕃人的兵力。

平凉，会盟地，浑瑊与尚结赞如约举行会盟仪式。

按照约定，设立高坛，双方各安排三千甲士分列两侧，唐朝在坛东，吐蕃在坛西，所不同的是，唐朝的三千甲士是实打实的，一个不多，一个不少，吐蕃则是打着埋伏的，除了这三千甲士，另外还埋伏着好几万。

一方以诚相待，一方磨刀霍霍，火药桶已经备好了，就差最后点火了。

尚结赞做了一个请的动作，请浑瑊到幕后更换礼服，浑瑊不疑有他，进入幕后，开始更换礼服。

浑瑊一边换，一边想，一会儿就要正式举行仪式了，一定不能给大唐王朝丢脸，表情，注意表情。

突然，三声鼓响，浑瑊打了个激灵，不好，果真有诈！

浑瑊三步并作两步冲出来，眼前已经乱成一团，数万吐蕃士兵掩杀过来，浑瑊心中暗暗叫苦，哎，哎，早没听李晟的话。

浑瑊四周扫视，正巧看见一匹无主战马，冲到马前浑瑊才发现，这匹马居然没有装马镫，顾不上那么多了，浑瑊一跃跳上马背，一拽缰绳才发现，连战马的勒口都没有套上，浑瑊无奈，只能俯身抓着马的鬃毛奔跑。

这是浑瑊一生中最狼狈的一次，也是终生没齿难忘的一次。

跑了十余里，浑瑊才把马的勒口套了上去，这下不会拽着鬃毛不放了，跑了三十里之后，浑瑊跑进自己的大营，他满心以为自己安全了。

一进大营，傻眼了，大营空空如也。

原来部将听说浑瑊被劫，心中没底，索性脚底抹油，弃营而逃了！

浑瑊恨不得抽自己几个嘴巴，可眼前顾不上，吐蕃追兵一直紧追不舍，好几支冷箭都擦着他的后背飞过。

还好，旁边就是骆元光的大营，浑瑊打马跑进了骆元光的大营。这时骆元光早已严阵以待，不给吐蕃追兵一丝机会。

吐蕃追兵见无机可乘，只能在心中哀叹放走了浑瑊这条大鱼，无奈，只能灰溜溜地回去复命。

浑瑊恨不能找个地缝钻进去。

骆元光拍拍浑瑊的肩膀，把自己大营的粮草军械分给浑瑊一些，两人一起撤营退去，一路上浑瑊收拾残兵败将，头始终没抬起来。

会盟就这样以惨败收场，而长安城内，李适还在扬扬自得，他自认为与吐蕃会盟是自己下出的一个妙着。

李适对宰相们说道："今日与吐蕃会盟，从此两国罢兵，可谓是社稷之福。"

马燧连忙附和道："是啊，是啊。"

宰相柳浑向来直率，不以为然地回应道："吐蕃，豺狼也，非盟誓可解也。今日会盟之事，臣心中一直有所担忧。"

李晟接言道："确实如柳浑所言，臣也担心。"

原本心情大好的李适遭遇这两盆冷水，心情顿时大坏，脸色突变："柳浑是书生，不懂边防大事也就罢了，大臣为何也说这种没水平的话！"

李晟、柳浑见情形不妙，只能叩头谢罪，忠言逆耳啊，用心良苦的他们还得为自己的忠言告饶谢罪。

会议不欢而散，众人都在等待会盟的结果，只要结果一出，谁对谁错，一目了然。

半夜，结果出来了，韩游瑰奏报：吐蕃劫持大唐会盟使者，大军再次压境。

李适惊呆了，许久说不出话来，天哪，居然让柳浑言中了。

李适定了定神，命人将韩游瑰的奏疏送给柳浑过目，真让你言中了。

第二天一早，李适召见柳浑，悔意埋在心底："卿一介书生，如何对吐蕃军队了解得如此深刻？"

从一开始，很多人都看出这是一场骗局，唯独你看不出，你以为你有能力把众人都蒙到鼓里，到头来，被蒙到鼓里的那个人却是你！

平凉会盟以闹剧收场，李适还想找回一点面子，命人持诏书前往吐蕃谴责尚结赞负约，这就是无能孩子的表现，明明吃了大亏，偏偏还想在嘴上找回点面子。令李适没想到的是，尚结赞压根儿不给他机会，居然将传诏使者拒之门外，这下嘴上也没找回面子。

李适打碎了牙往肚里咽，尚结赞却要把自己的连环计继续实施下去。

他先叫过跟随浑瑊会盟的一位官员，指手画脚地说道："我本来已经准备好囚车，就等着抓了浑瑊献给我们的国王，没想到让他给跑了，结果抓了你们这些小萝卜头，要你们有什么用。"

转过头，尚结赞和颜悦色地问道："听说你们中有人是马燧的侄子？"

马燧的侄子马弇站了出来。

尚结赞拿出一副世家长者与晚辈交谈的姿态："我们吐蕃人以马为生，当初在河曲时，草还没长出来，战马饿得跑不动，那时如果你叔叔渡河掩杀过来，我们恐怕就全军覆没了。后来我求和，你叔叔可是帮了大忙。如今我们全军已经脱离险境，怎么能忘了你叔叔的恩情，就更不能关押他的子侄了。"

马弇愣愣地听着，不知如何作答，一旁一同被俘的宦官却眼珠乱转。尚结赞嘴角挂着一丝微笑，他知道，连环计要成了。

在尚结赞的一系列计划中，他用离间计对付李晟，用抹黑手法对付马燧，用请君入瓮对付浑瑊，如果一切都达到效果，那么唐朝三大名将将被一锅端。

现在李晟已经被剥夺了兵权，尚结赞抹黑马燧的一番话也传到了李适耳中，马燧的戎马生涯要结束了。

不久，马燧被免去副元帅、河东节度使职务，出任司徒兼侍中，从此他与李晟一样，只是长安城中赋闲养老的老人。

浑瑊呢，因为会盟一事，弄得灰头土脸，好长时间抬不起头。

反间计，连环计，计策并不高明，却让大唐三位名将遍体鳞伤，也让那位一直与李晟唱对台戏的张延赏羞愧难当，自己玩了一辈子鹰，到头来却被鹰啄伤了眼。

原本张延赏还有心气，想调动刘玄佐、李抱真这些武将到西北筑城，收复河湟二十余州。没有想到的是，他面对的是一个个软钉子。调动刘玄佐，刘玄佐自称有病，即便皇帝下诏，刘玄佐也只是趴在病床上接旨；调动李抱真，李抱真不从，收复河湟二十余州任务太重，另请高明吧。

到这时，张延赏才发现，自己整了一个李晟，却得罪了整个武将阵营。

余秋雨在《苏东坡突围》一文中曾这样写道：

> 人们有时也许会傻想，像苏东坡这样让中国人共享千年的大文豪，应该是他所处的时代的无上骄傲，他周围的人一定会小心地珍惜他，虔诚地仰望他，总不愿意去找他的麻烦吧？
>
> 事实恰恰相反，越是超时代的文化名人，往往越不能相容于他所处的具体时代。中国世俗社会的机制非常奇特，它一方面愿意播扬和哄传一位文化名人的声誉，利用他、榨取他、引诱他，另一方面从本质上却把他视为异类，迟早会排拒他、糟践他、毁坏他。起哄式的传扬，转化为起哄式的贬损，两种起哄都起源于自卑而狡黠的觊觎心态，两种起哄都与健康的文化氛围南辕北辙。

如果把苏东坡换成李晟，把大文豪换成大将军，或许一切都是成立的。

无论是李怀光，还是李晟，亦或是马燧、浑瑊，他们都是那个时代出色的名将，他们出生入死，有功于社稷，他们功成名就，却又受皇帝的猜忌，他们登上琼楼玉宇，却又挡不住背后的凛冽寒风，他们在仕途中脱颖而出，然后又用一生的时间在官场中突围。

或许应了一段相声里的台词——谁让你优秀？

第八章 山人李泌

李泌拜相

拜相对于一个读书人而言是一件梦寐以求的事情，对李泌而言则是一件微妙的事情，这一切只因为他是道教中人。

信奉道教的李泌骨子里追求清静无为，他却偏偏学了一身帝王术。如果追求清静无为就不能施展帝王术，如果施展帝王术，势必与当初追求的清静无为相冲突，于是李泌就一直在矛盾中挣扎，时而帝王术占了上风，时而清静无为占了上风，几番交锋下来，李泌已经从壮年步入老年。回望灵武追随肃宗李亨的岁月，不经意已经过去了三十余年。

李泌最初被李隆基赏识，被推荐给当时的忠王李亨做忠王友，李泌与李亨亦师亦友的关系持续了数年，直到被杨国忠赶出长安。李泌被赶出长安据说是因为写了一首《感遇诗》，奸相杨国忠从诗中挑出了毛病，指责李泌影射自己，奏报给李隆基，这样李泌就被赶出了长安。究其根本原因，可能是杨国忠为了剪除太子羽翼，因此把太子最得力的李泌扫地出门。

安史之乱后，李亨与李隆基在马嵬坡分道扬镳，李泌跋山涉水追到灵武，辅佐李亨登基，然后逐步平定安史之乱。

以李泌之才，在灵武时李亨便要拜他为相，但李泌拒绝了，他宁愿以山人身份辅佐李亨，死活不要别人看得眼热的宰相之位。经过几轮磨合，李泌选择了以皇家资政的身份走上前台，当起了事实上的宰相。

李泌一边辅佐李亨，一边观察李亨，如果李亨具有贤君之才，李泌准备一直追随下去，既施展自己的帝王术，又一展平生抱负。

理想与现实之间总是有那么大的差距，李泌期望李亨是一代明主，但事实上，李亨让李泌失望了，李亨不是翱翔苍天的雄鹰，只是一只飞上草垛的家鸡。按照李泌的战略意图，他主张对付安禄山要两手抓，两手都要硬，一只手稳固西面防线，把安禄山叛军堵在长安以东，一只手直扑安禄山的范阳老巢，这样让安禄山在范阳、洛阳、长安一线来回奔波、疲于应付，时间一长实力自然消耗殆尽。围棋上有一句俗语：金角银边草肚皮。下围棋时要先抢占角和边，打下自己的势力范围，在角和边站住了脚，再往中心推进就成了顺理成章的事情。李泌为李亨勾画的蓝图，就是这样一盘大棋，如果李亨下好了，安史之乱可以逐步平定，而且不留后患。可惜，李亨看不到那么远，也等不了那么长的时间，他急于收复长安，在长安将自己的皇位坐稳，因此只能将李泌的庞大棋局打了折扣，变一场大胜为惨胜了。

众所周知，在《三国演义》中，诸葛亮与刘备有一场隆中对。在这次会面中，诸葛亮为刘备定下了“三分天下有其一”的战略。在这个战略中，诸葛亮为刘备描绘了一个宏伟蓝图：

> 将军既帝室之胄，信义著于四海，总揽英雄，思贤如渴，若跨有荆、益，保其岩阻，西和诸戎，南抚夷越，外结好孙权，内修政理；天下有变，则命一上将将荆州之军以向宛、洛，将军身率益州之众出于秦川，百姓孰敢不箪食壶浆以迎将军者乎？诚如是，则霸业可成，汉室可兴矣。

世上的很多事情经不起仔细推敲，诸葛亮的宏伟蓝图也经不起仔细推敲，因为隆中对里是有漏洞的。诸葛亮让刘备“西和诸戎，南抚夷越，外结好孙权”，待天下有变时即北伐曹魏，兴复汉室。实际上，“结好孙权”是其中关键，当双方需要共同抗曹时，双方自会结盟，而当蜀汉以兴复汉室之心大行北伐之事时，局势就悄悄发生了变化，孙权一方焉能眼睁睁看着蜀汉坐大而无动于衷，到那时，“结好孙权”就是一句空话，实现不了的。由此可见，“结好孙权”与“天下有变兴复汉室”是相互矛盾的，两者不可能同时成立。

历史就是这样残酷，一个充满 BUG 的隆中对流传千古，一个可以将安史之乱无后患地扑灭的旷世布局却被历史无情湮没。李泌，你的运气不太好，谁让你没成为罗贯中笔下的主角。

对李亨失望，又对新朝廷的争斗厌倦，李泌选择了归隐嵩山。李亨百般挽留无果，只能同意李泌归隐，同时下令地方官员以正三品官员俸禄供应李泌。正三品相当于现在的正部级，也就是说在嵩山归隐的李泌是享受正部级行政待遇的归隐山人。

从此之后，李泌与大唐官场时而远离，时而接近，嵩山道观几出几进，大唐官场几度浮沉，打压他的人从宦官李辅国换成了宰相元载，又从宰相元载换成了宰相常兖，皇帝则从唐肃宗李亨换成了唐代宗李豫，再换成唐德宗李适，而李泌也从三十出头走到了六十出头。

三十年间，李泌遭遇官场倾轧，也曾遭遇杀身之祸。有一次，劫匪洗劫了嵩山道观，顺手将李泌扔下了山涧，李泌惨叫一声，便失去了知觉。不知道过了多长时间，李泌苏醒，发现自己挂在一棵松树上，身手敏捷的他攀援而上，徒手爬回道观，生生捡回了一条命。在其子李繁撰写的《邺侯外传》中，李泌是一个有仙气的人，能够在屏风上行走，仙风道骨，不似世间众人。李繁的话不太可信，不过李泌注重养生、身手敏捷倒是可信的。

三十多年遭受倾轧的李泌没有心灰意冷，他一直在等待机会，等待明主出现，从爷爷辈等到了孙子辈，李泌悲哀地发现，一蟹不如一蟹，爷爷李亨不行，父亲李豫不行，身为孙子的李适其实也不行。但李泌已经不能再等了，老之将至，再不出山，黄土埋到下巴颏了。

不再等待的李泌抓住了人生最后的机会，公元 787 年六月，李泌被李适委任为中书侍郎兼任宰相，就此开始宰相生涯。

几天后，李泌与宰相柳浑一起觐见李适，与他们一同前往的还有两位已经退居二线的老臣李晟和马燧。别人只把这次觐见当成一次普通的觐见，而李泌则要与皇帝做一个约定。

李适见到新任宰相李泌，打心眼里欣慰，李唐王朝从祖父李亨那辈起就想拜李泌为相，一直想了三十多年，如今终于梦想成真。

对于拜李泌为相，李适内心也有自己的想法，他想给李泌定一个规矩：不准挟私报复。这个规矩是李适痛定思痛后琢磨出来的，他从杨炎、卢杞身上看到了挟私报复的严重危害。因为公报私仇，杨炎整死了刘晏，因为公报私仇，卢杞整死了杨炎，一环扣着一环，简直成了杀人的食物链，报仇的人快意恩仇了，最终损害的却是王朝的统治根基。

李适和颜悦色地对李泌说："昔日在灵武时，卿就应该官居宰相之位，是你自己推辞掉了。如今朕终于将你拜相，在这里跟你做个约定，希望你上任以后，不要挟私报复，公报私仇，如果你要报恩，朕帮你报。"

内心坦荡者无私仇，李泌就属于此类。李泌正色回应道："臣向来信奉道教，与别人没有私仇。以往陷害臣的李辅国、元载已经自毙，不需要报仇了。至于对臣有恩的人，要么已经显达，要么已经辞世，臣也没有需要报恩的人。"

李适一抬手："卿所言极是，不过小恩也是需要报的嘛！"

李泌接话道："既然陛下与臣有约，那么今天臣也想跟陛下做个约定，不知可行与否？"

李适点点头："有何不可，但说无妨。"

李泌拱了拱手："臣恳请陛下不要加害功臣。臣受陛下厚恩，说话就没有顾忌了。李晟、马燧有大功于国家，现在外面有很多人说他们的坏话，想必陛下也不会听信那些谗言。今天当着他们两位说这番话，就是让他们内心不再忐忑。倘若陛下加害他们，则禁卫将士、地方节度使们都会扼腕叹息，内外变乱就在旦夕。对于人臣而言，得到陛下信任就是最大的幸事，当不当官，没那么重要。臣在灵武时，没有官爵，但将相都听臣差遣；相反，陛下委任李怀光当太尉，他却惶恐不已，以至于最后叛乱，这些都是陛下亲眼所见。如今李晟、马燧已经富贵到顶点，如果陛下能坦诚对待他们，国家有事则挂帅出征，无事则回朝随侍左右，这是何等的幸福。臣恳请陛下不要因为两位大臣功大而猜忌，两位大臣也不要因为位高而惶恐不安，如此，则天下无事。”

李适听完，信服地点了点头：“朕初听卿言，不知你想说什么，等到听到你的细细剖析，方知是有利于江山社稷的良策。朕当将这番话书写在衣带上，两位大臣与朕一起共勉。”

李晟、马燧听罢，禁不住流下热泪，从登上琼楼玉宇那一刻起，他们就一直生活在惶恐之中，生怕富贵不能持久，有朝一日被打落马下一无所有。如今李泌的仗义执言将皇帝架到了为了江山社稷的道德高度，如此一来，此生无忧。

李晟、马燧向皇帝李适拜谢，同时向李泌致意，有了这次君臣对，妥了，妥妥的了。

六年后，李晟在长安去世，终年六十六岁，走完了自己壮丽的一生；二十四年后，李晟之子李愬雪夜入蔡州，平定淮西叛乱，李晟一脉长留青史。

又过了两年，马燧走完了自己的人生路，享年六十九岁。

又过了五年，浑瑊辞世，享年六十四岁。

至此，李适手下三大名将全部凋零。

三大名将凋零意味着李适一朝大规模对外作战已无可能，想要争取长时间的和平，只能靠外交途径了，而高屋建瓴的布局，还得靠李泌完成。

先给李泌点时间。

妙手天师

也是在这次会见中，李适对李泌嘱咐了一番：“今后军旅粮储的事务由你负责，吏部、礼部的事务由张延赏负责，刑部司法方面的事务由柳浑负责。”

李泌笑了笑，向李适进言道：“不可。陛下不以臣不才，让臣待罪于宰相之位。宰相的职权是不能分割的，不能像御前监督官一样分文武两班，中书舍人那般分六个科。至于宰相，天下的事都应该参与管理，如果各有负责的具体事务，那就是有关官员了，而不是宰相。”

李泌说的确实有道理，所谓宰相，就应该胸怀天下，而不仅仅拘泥于具体事务。

李适笑道：“朕刚才失言，卿所言极是。”

李泌见李适心情不错，便趁热打铁，恳请李适让之前被裁减的州县官员官复原职。

李适不解，问道：“设置官吏是为了管理，如今户口较之当年太平时期少了三分之二，而官吏数目却增加了，这怎么可以呢？”

李泌回应道：“陛下说的没错，户口确实减少了，但各州县的事务却比当年太平时期多了十倍。而且本次所裁减的官员都是有具体事务的，冗官却没有减少，因此这次裁减并不恰当。安史之乱后，设置的编制外官员越来越多，已经相当于正式编制官员的三分之一，对于这些官员，应该计算他们的工龄，该退休的退休，如果正式编制官员出缺，则由他们递补。如此一来，大家不仅没有怨气，而且还会十分欢喜。”

叫停裁减官员，给编制外官员转正，这是新任宰相李泌给同僚们带来的福利，李泌并非滥赏于人，而是因地制宜实事求是。随着时代发展，王朝的事务性工作必然越来越多，此时如果一味地为了裁减而裁减，那么最终裁减掉的一定是那些真正干事的人，不干事却在其位的人丝毫不受影响，这已经是惯例了。

李泌叫停形式大于内容的裁减，又给编制外官员转正，之后又为在京官员涨工资。几步棋下来，李泌赢得了同僚的信任，接下来的大展拳脚就有了足够的空间。

很快，李泌遇到了第一个难题——军费紧张。

当时来自潼关以东的各支秋防部队云集关中。俗语有云，兵马未动，粮草先行，如今这么多部队集结，所需粮草自然不在少数，而国库里却实在是吃紧，眼看便负担不起这笔高昂的军费。

李泌冥思几天，想到了一个办法。

李泌向李适奏报道："自从实行两税法以来，各藩镇、州、县实际上还在两税法之外格外征收，而朱泚叛乱后，各地为了征兵自保又格外征收了很多钱。后来，朱泚被平定了，各州县对自身非法征收的钱粮心知肚明，但只能隐匿不敢声张。臣恳请陛下让使者到各地宣旨，赦免这些官员的罪，同时要求他们限期改正，除了按比例留够当地应留部分，剩下的全部上缴国库。如果有人还敢隐匿不报，则鼓励大家举报，同时严惩被举报者。"

李适闻言大喜，按照李泌这个办法，不仅军费有着落了，国库也能多出不少的进项。

李适得陇望蜀："卿的策略很长远，不过立法太宽，恐怕国库里收到的也不会很多吧。"

李泌胸有成竹："此事臣已经深思熟虑过了，立法宽则国库收到的钱粮多而且迅速，立法太严则收获的少而且慢。立法宽松，众人都欣喜于被赦免而乐于上缴国库；立法严峻，众人只能百般藏匿，除非严刑逼供才能拷问出真实数目，这样收缴上来的钱财不仅不足以供应军队，而且可能都落入贪官污吏之手了。"

李适点了点头，照方抓药，不久，各地多征缴的钱粮汇聚京城，不仅解决了军费，而且还有不少盈余，这一切得益于李泌的灵活应对。

军费的难题化解了，又一个难题接踵而至。

这个难题的名字叫外宾太多。

安史之乱后，西北边防部队调往东部平叛，吐蕃军队便趁虚而入，吞并了河西、陇右之地，如此一来，不仅侵占了大唐领土，同时还切断了大唐与西域的交通联系。天宝年间以来，安西、北庭两个都护府的奏事官以及西域各国的使节便在长安逗留，吐蕃军队切断大唐与西域交通后，这些人归路被断，归家遥遥无期，索性在长安长期住了下来。这些人员和马匹都靠鸿胪寺供应，其中的贵宾由京兆府跟所属各县供应，由全国财政总监署列入财政预算。由于国库空虚，财政预算不能及时下拨，这些来自西域的贵宾们不能得到及时供应，便入乡随俗，不拿自己当外宾了，偷盗抢劫的事情时有发生，长安百姓不胜其扰。

李泌上任后，着手整顿这些外宾。通过调查李泌知道，他们中逗留时间最长的已经在长安四十余年了，不仅买了房买了地，还娶了妻生了子，显然在“沙家浜”住下了，不走了。

李泌让人细细调查，凡是在长安买了房买了地的，一律停止供应，这一停就停了四千余人的伙食供应。

外宾们一下炸了锅，凭什么啊？免费餐吃了几十年了，怎么就不让吃了？

一众人等聚集到鸿胪寺上诉，李泌正等在那里。

李泌举起双手向下压了压，示意大家安静：“诸位，听我说几句。这些事呢，都是之前宰相的过错，哪有让外国朝贡的使臣在长安一待就是几十年还不恭送回国的道理？如今诸位可以从回纥绕道回国，也可以走海路回国，有不愿意回国的，自己到鸿胪寺报到，我们将授予职位，按照我朝官员的标准发放俸禄。人哪，应该抓住机遇，施展自己的才华，哪有终生在别人国家最终客死他乡的道理呢？”

外宾们听完李泌的话，都明白了，这是一个聪明宰相，想在他手下混免费餐，没希望了。

众人各回各家，各找孩他妈，没有一个人愿意回国，既然在长安买了房置了地，就在这里落地生根了。

四千余人陆续到鸿胪寺报到，李泌将这些人全部编入神策军，其中地位高的如各国王子和使节给了如散兵马使类的官职，其余一律为卒，从此之后他们不再是吃免费餐的外国使节，而是靠自己本事吃饭的神策军士兵。

经过李泌的整顿，真正需要鸿胪寺供应的外宾只有十余人，仅此一项，一年可节省经费五十万贯，长安百姓自此也不再遭受外宾骚扰。

难题一一解决，李适的眉头还是没有舒展，他的心中还有一个结，这个结叫作府兵。在与李泌几次深谈后，李适意识到恢复府兵制的重要性，如果天下重回府兵制体系，府兵平时为农，战时为兵，兵权牢牢掌握在皇帝手中，如此这般，天下必定长治久安。李适为恢复府兵制的前景打动了，他想把这个过程加速。

李适再次招来李泌，话题还是恢复府兵制。

李泌回应道："今年征调关东士兵参加长安以西秋季边防的士兵有十七万，累计需要二百四十万斛粟米。粟米的市价是每斗一百五十钱，这样仅粮食一项就需要三百零六万贯。如今国家遭遇饥荒和丧乱，国库空虚，就算有钱，也没有那么多粟米，显而易见，现在还不是讨论恢复府兵制的最好时机。"

李适有些失落："那怎么办呢？裁减秋防部队，让一部分士兵回去，可行吗？"

李泌在这等着李适呢。

李泌有些故弄玄虚地说道："如果陛下真能采用臣的策略，那么可以不裁减士卒，不惊扰百姓，粮食丰足，粟米和小麦的价格不断下降，府兵制也可以恢复。"

李适不由得眼前一亮："果能如此，怎能不用你的良策？"

李泌娓娓道来："这事需要紧急操作，过十天就来不及了。如今吐蕃盘踞在原州和兰州之间，用牛运送粮食，粮食运完了，牛也就没什么用了，恳请陛下把左藏库那些年久掉色的绸缎调拨出来重新染成彩绸，通过党项部落向吐蕃人买牛，一头牛价钱不过两三匹彩绸，有十八万匹彩绸，就能买到六万头牛。同时下令各地铸造农用器具购买麦种，分发到边境的各军事据点，以此招募戍守边防的士卒，让他们开垦荒田耕种小麦，与他们约定明年小麦成熟后双倍偿还麦种，其余的粮食按照现有价格上浮五分之一由官府敞开收购。来年春天耕种其他粮食也采用这个办法。关中土地肥沃而撂荒已久，一旦开荒成功，收获必然很多。这样，士卒获利就能带动更多的人去开荒种田。边疆人少，而且士兵的粮食又由官府供给，种出来的粮食无处销售，长期下去必然会使价格下降。虽然收购时价格上调五分之一，但两相比较，粮食的总体价格还是下降了。”

李适的眼睛更亮了，有道理，有道理，立即执行。

“边疆地区，官员缺少，建议公开拍卖，鼓励百姓用上缴粮食的方式换取官位，这样今年的粮食就足够了。”李泌接着奏报道。

李泌要拍卖的官位应该都是一些荣誉性的虚职，并非事务性的实职，此举实则是鼓励百姓用粮食换荣誉，非常时期，非常之法。

李适被李泌说得怦然心动，追问道：“你说府兵制也可以一并设立，该如何操作？”

李泌描绘道：“戍边的士卒因为屯田致富，便乐于戍边，不再想回家的事。按照过去的规定，戍边士兵满三年更换一次，等三年期将满时，陛下可以下一道命令，有愿意留下戍边的，其所开垦的荒田即为永业田，永远归其所有。在老家的家人愿意到边疆的，所在州县颁发路条，沿途州县负责供应。然后将统计上来的数字，知会他们原属战区，下次轮防时扣减相应人数，如此操作，河朔各战区也能逐渐免除轮防的麻烦。几个三年下来，戍守边疆的士兵都成了本土士兵，这时再用府兵的办法进行管理，就可以把贫苦凋敝的汉中变得富强起来。”

大手笔，大蓝图，如果李泌的策略得到执行，府兵制即便不能在全国恢复，至少也可以在关中恢复。如此，则大唐基业安稳。

上天会给李泌足够的时间吗？

李适被李泌描绘的蓝图深深打动，不禁笑道：“如此，天下无事也！”

“不，这还不够。不过臣能不动用中原之兵却让吐蕃陷入困境！”李泌却没有附和。

李适更有兴趣了，李泌却卖个关子：“臣现在还不敢说，等屯田之事有了成果后，再议不迟。”

李适看着李泌，宰相葫芦里卖的是什么药呢？他到底有什么锦囊妙计呢？

不说，就是不说，李泌紧闭牙关。其实不是不说，而是时机不到，一旦时机到了，他将和盘托出。

皇帝李适只能暂且按下躁动的心，先将李泌的屯田计划颁布天下。计划一经公布，立刻得到了热烈反馈，愿意留下屯田的士兵高达百分之五十到百分之六十，这个数据表明，李泌的蓝图确实可行。

智救太子

时间一天一天过去，李泌在宰相任上找到了如鱼得水的感觉，帝国的事情太多了，真想把一天当两天过。

这天，皇帝李适又交给李泌一个任务：调查禁卫将军李升和郜国大长公主的关系。

李泌一听这两个名字，顿时意识到，有人要在这两人的身上做文章。

李升，禁卫将军，东川节度使李叔明之子，皇帝李适逃难经过骆谷时，天气恶劣，道路湿滑，随行军队队形涣散，秩序大乱。李升与郭子仪之子郭曙、令狐彰之子令狐建等六人咬破手臂对天发誓，六人用布带缠腿，脚穿钉鞋，轮流为李适牵马，不准其他人靠近，深一脚浅一脚护送李适到了梁州。等到李适重返长安后，李升等人被视为忠臣代表，李升被擢升为禁卫将军，恩宠甚重。

郜国大长公主，唐肃宗李亨之女，论辈分是李适的姑妈。郜国大长公主还有一个身份，当今太子李诵的岳母，太子妃正是郜国大长公主的女儿。李唐皇室的辈分真够乱的，论辈分，郜国大长公主是李适的姑妈，结果两人却做了儿女亲家；论辈分，李诵该称呼郜国大长公主的女儿为姑妈，结果两人成了夫妻。李唐皇室辈分乱套的还不止这一起，李诵的儿子李纯后来娶了郭子仪的孙女，按辈分，李纯娶的也是姑妈。

李泌将两个人的名字在心中过了几遍，发现了问题的所在，这两个人一定是得罪了什么人。

李适对李泌说道："郜国大长公主已老，李升那么年轻，两人应该不会是暧昧关系。你帮朕好好查查。"

李泌接言道："一定是有人想动摇东宫，陷害太子，敢问陛下，是谁跟陛下说的这些？"

李适不动声色："卿勿问，只管替朕好好查访便是。"

李泌久在官场，知道同僚倾轧那些招数，刚才他在心中盘查了几遍，已经基本有了答案。

李泌决定从李适口中诈出这个告密的人，遂斩钉截铁地说道："此必是张延赏向陛下告的密！"

李适果然中招："你怎么知道？"

李泌笑了笑，果然不出所料，当年张延赏出任西川节度使，与时任东川节度使的李叔明有矛盾，而李升又是李叔明之子，显然张延赏在报复。

李泌回应道："李升蒙受陛下恩宠，掌握禁军，张延赏抓不住什么把柄，而郜国大长公主是太子妃萧氏之母，她的目标大，张延赏就利用李升曾经出入郜国大长公主私宅这件事做文章，实际上还是想陷害李升。"

李适不由得佩服李泌，什么事都瞒不过你，确实如此。

李泌遂建议道，还是将李升调职吧，不再担任禁卫将军，这样李升受到的恩宠不那么扎眼，张延赏也不会老针对他。

由此，李升由禁卫将军转任太子詹事，由一名将军转变成太子宫总管，看起来职位不再像以往那般荣耀，张延赏不会再针对他了吧。

张延赏确实不再针对李升了，也不能针对了，公元787年七月，张延赏辞世，他与李升父子的恩怨也被他带到了另外一个世界。

李泌以为青年将军李升就此远离了嫌疑，却不想事与愿违，更大的麻烦向李升扑来，问题还是出在李升与郜国大长公主的暧昧关系上。

尽管当初李泌在李适面前极力否认了李升与郜国大长公主有暧昧关系，并把话题成功地转移到张延赏与李升父亲的恩怨上，但李升与郜国大长公主之间确实存在暧昧关系，即便李泌一时否认了，时间长了，还是会慢慢浮出水面。

同以往一些行为不检点的公主一样，郜国大长公主的作风非常豪放，经常出入她家的太子詹事李升、蜀州别驾萧鼎、彭州司马李万、丰阳令韦恪，这四位均与郜国大长公主保持着暧昧关系，久而久之便成了长安城中众人皆知的秘密。在唐代，男女关系混乱，不算什么大事，唐朝皇帝太宗李世民、高宗李治、玄宗李隆基都没有起到什么好的带头作用，一般而言，这种事只会当成绯闻传播，不算严重事件。

然而，郜国大长公主一边传着绯闻，一边高调行事，身为太子的岳母，她自我感觉非常良好，经常坐着轿子随意出入东宫，颐指气使，俨然一副当家人模样。皇帝李适原本对这位姑妈兼亲家恩宠有加，毕竟打断骨头连着筋，更何况中间还有一门亲。

林欲静而风不止，处在郜国大长公主这样的位置上，不惹事还会有人生事，何况她还那般高调，时间一长，朝中对郜国大长公主的议论不断，东宫内部对她也有微词。议论和微词交织到一起，郜国大长公主便陷入到了旋涡之中。

如果仅仅是淫乱，问题也不严重，严重的是，在对郜国大长公主的指控中还有一条：厌祷。所谓厌祷，即以巫术祈祷鬼神，是为皇家大忌，历朝历代后宫之中，厌祷是明令禁止的，如有违背，轻则打入冷宫，重则赐死甚至连累家人。

现在有人将厌祷的帽子扣到了郜国大长公主的头上，问题大了。

李适一声令下，郜国大长公主被囚禁于皇宫之中。李适觉得还不解气，将火撒到了太子李诵身上："看你岳母办的好事！"

李适明里是说李诵岳母行为不端，暗里实际还有一层意思：太子，你岳母行厌祷之事，是你迫不及待想登基吗？

李诵顿时感到浑身发冷，他早知道岳母行为不检点，但没想到还有厌祷这种事，不仅使她身陷囹圄，还把自己牵连进去。怎么办？怎么才能跳出这个泥潭？

思来想去，李诵想到了一个高招：断臂求生！

这一招不新鲜，李诵的曾祖李亨曾经用过，而且先后用过两次，这一次李诵也要用，他上奏李适：要求与太子妃萧氏离婚。

李唐王朝的太子都是属章鱼的？

离婚的申请报到李适那里，李适还是按捺不住心中的怒火，他甚至动了废黜太子之心。

废黜太子这种大事还是得慎重，李适找来了李泌一起商量。他对太子实在太失望了，不仅能力平庸，而且还有那么一个行为不检的丈母娘。

李适话中有话地说道："舒王李谊已经长大了，孝悌友爱温和仁慈，是个人才。"

李泌一听便知道其中的深意，皇帝已经起了废立之心，朝中恐怕有人已经悄悄站到了舒王李谊一边，这是要动国本啊。

李泌应对道："何至于此。陛下只有一个嫡子，为何一起疑心就要废嫡子而立侄子呢？"

"卿为何要离间朕父子！谁跟你说舒王是朕的侄子？"李适声调高了起来，脸色异常难看。

李泌依然从容应对道："陛下自己告诉臣的。大历初年，陛下有一天跟臣说，今天得了几个儿子。臣追问陛下何故，陛下说，昭靖太子（李适二弟李邈）的几个儿子由代宗皇帝做主交给你抚养了。如今陛下连自己的嫡子都怀疑，何况子侄呢？舒王虽然孝悌，但从今以后陛下还是自己把握吧，别一味指望舒王的孝悌。"

"卿不爱自己的家族吗？"李适的话中已经有了威胁的味道，他心中的天平已经偏向了舒王李谊，容不得李泌来这样一番抢白。

李泌看着李适，知道皇帝心中已经失衡了，此刻侄子李谊的地位远远高于儿子李诵，八匹马恐怕也难拉着李适回头。

李泌还是想试一试。

“臣正是因为爱自己的家族，因此不敢不尽力进言。倘若臣因为惧怕陛下盛怒而屈从陛下，回头陛下后悔了，一定怪罪臣说，让你独自为宰相，你却不力谏，以至于事情到了这个地步，一定要杀了你的儿子才能解气。臣已经老了，死不足惜，但若杀了臣的儿子，让臣以侄子当成后嗣，臣不知道能否得到他的祭祀啊！”李泌说完，老泪纵横，他不想看到太子平白无故被废黜，更不想将来有一天皇帝找自己算后账。

李泌的话击中了李适内心的最软处，他也被触动了，但如今有些骑虎难下，由于迁怒于太子，眼中便只有舒王李谊，被李泌一说，倒有些左右为难了。

李适问道：“事已至此，朕该怎么办？”

从李适的眼神中李泌看到了回转的希望，他必须牢牢抓住这稍纵即逝的时机。

李泌侃侃而谈，从唐肃宗李亨冤杀建宁王开始，说到太宗李世民同时废黜太子李承乾和魏王李泰，最后劝解李适三思而后行，从容考虑三天再做打算。即便一定要废黜太子，则一定要册立皇太孙，那样千秋万代之后，皇帝依然是李适一脉。

李适看着李泌，他知道李泌说的不无道理，但似乎有些太热心了：“此乃朕之家事，于卿有何关系，而卿却力争到如此地步！”

“天子以四海为家，而臣独任宰相，四海之内，有一点事不合理，都要归罪到臣的头上。况且坐视太子蒙冤而不进谏，罪过大了！”李泌力争道。

李适思虑一番：“好，朕就看在你的面子上留待明日再考虑废立之事。”

“陛下能这么做，臣知道陛下与太子还是当初一样父慈子孝。不过陛下回宫后，当自己细细思量，不要把废立之意透露给左右，一旦泄露，必然就有人想拥立舒王，太子就危险了。”李泌嘱咐道。

李适点了点头：“好，朕已知卿意。”

回到家中，李泌疲惫不堪地对儿子们说道："我本来不贪恋官场的富贵，可命与愿违，今天的事恐怕将来会连累你们了。"

虽然与李适费了半天口舌，但李泌心中还是没有底，一旦皇帝主意已决，册立舒王，那么他的儿子们将来免不了会遭到打击报复。李泌心中暗叹一口气，谁让你学帝王术，谁让你伴君如伴虎呢？

李泌闭上眼想养养神，这番进谏下来太累了，如果皇帝一意孤行呢？李泌轻轻地摇了摇头。

这时下人来报，东宫的人来了。

来人附在李泌耳边轻语："太子感谢宰相救命之恩。如果事情不可挽回，太子准备服毒自尽，宰相您的意思？"

李泌一下子清醒了，嘱咐来人道："回去告诉太子，肯定不会到那一步。只要太子还像以往一样孝悌，一定平安无事。不过，如果李泌不在了，后面的事就不知道了。"

隔了一天，李适在延英殿单独召见了李泌。话刚起了头，李适便流下了热泪："如果不是卿一再进谏，朕今天便悔之晚矣。一切确实如卿所言，太子仁孝，没有不轨行为。从此之后，军国大事以及朕的家事都委托给卿了。"

李泌听到自已心中的一块石头落了地。

"陛下圣明，觉察出太子无罪，臣对国家的报效就到此为止吧。前日臣被已故亡魂惊吓到了，恐怕不能再任宰相了，恳请陛下允许臣退休。"

李适连连摆手："朕父子全靠卿得以保全，方才还嘱咐子孙，一定要让卿世世代代富贵下去，何来退休之言？"

李泌的退休之言高高举起，又轻轻放下，正是大展宏图之际，岂能说走就走。

不久，处理结果出来了，彭州司马李万属李唐皇室宗亲，却不避血亲与郜国大长公主淫乱，乱棍打死；李升等以及郜国大长公主五子一并流放岭南以及边疆地区。

李诵的太子之位终于被李泌保住了，但由此受到的惊吓却影响了他的一生。李诵后来也登基当了皇帝，但他这个皇帝却是李唐皇帝中的奇葩。他以病体登基，在位不到二百天，连自己的年号都没有，而他又是唐朝皇帝名下皇子最多的一位，把这些元素集中到一起，可以得出一个结论：李诵一直生活在惶恐之中。

因为惶恐，精力不济，时间长了，身体便落下了病；

因为怕父亲猜忌，不敢在政治上有所建树，于是只能用东宫的声色打发时间，而即便接触声色，还得小心翼翼，不然还要留下好色纵欲的恶名。

励志不成，堕落不能，身为太子，身在夹缝。

二十六年太子如此当下来，铁打的身体又如何？

在这里延伸说两句唐德宗李适的诡异之处：诡异之一在于，相信侄子胜过儿子；诡异之二在于，他喜欢太子李诵的一个儿子，居然让人抱到皇宫当儿子养，生生把孙子升格为儿子，以前这位见了李诵叫父亲，之后见了李诵叫大哥。

到底是怎样一种心理呢？

折腾了一番，李泌终于保住了太子之位，很难说太子李诵和舒王李谊孰优孰劣，至少有一点是肯定的。如果李诵失去太子之位，他的儿子李纯就没有希望在后来登基，也就没有了后来的元和中兴。

北和回纥

夜深了，李泌房间还有亮光。

李泌的面前是一张大唐山河图，一张他烂熟于心的山河图。他的目光落在了吐蕃身上，这个心腹大患一直让李泌耿耿于怀。多年来，大唐一直受制于吐蕃，帝国重兵沿边防守，但始终处于被动地位，农耕文明与马背文明对抗，处于下风的还是农耕文明。人家来去如风，你守家守土，终究还是被动挨打的份。

是时候走这步棋了，这步棋如果不走，帝国永无宁日，如果这步棋走好了，吐蕃不足为患。

拿定主意，李泌沉沉睡去，他需要养足精神，明天的任务可不轻松。

天刚蒙蒙亮，李泌进宫面圣，为了这一天的计划，他已经准备了很长时间，只是苦于时机不成熟，现在时机趋于成熟。

李泌看到皇帝李适正在翻边防将领的奏折，眉头紧蹙，显然有什么难题难住了。李泌不动声色，他知道症结所在，因为类似的奏折以前出现过，他知道奏折奏报的主题。

缺马！

没错，让李适头疼的正是缺马。

一段时间以来，缺马成了每个边防军将领必须面对的问题，李适每天接到的关于缺马的奏折数不胜数，马已经成了李适做梦都惦记的东西。如今在边境贸易中，马价越来越高，而且即使马价高企，可以买来当成战马的马还是严重偏少，进而影响了唐军的战斗力。冷兵器时代，骑兵对步兵基本都是完胜，以唐军步兵对付外藩骑兵，不仅吃力，而且没有胜算。

李泌要借助的就是缺马这个时机。

李泌开言道："陛下如能采用臣的计策，数年后，马价将只有现在的十分之一。"

李适立刻眼前一亮，十分之一？有何良策？

李泌看看李适，恳请道："愿陛下真正开诚布公，为了江山社稷，能够委屈自己，臣才敢言。"

李适觉得李泌有些怪怪的，往日没有这般婆婆妈妈，今天怎么了这是？

"卿何至疑心到如此程度，但说无妨！"

李泌这才说道："臣恳请陛下北和回纥，南通云南，西结大食、天竺，则吐蕃自困，战马自然也很容易得到。”

李泌此举是一个外交大手笔，用外交的方法为大唐打造一个限制吐蕃的联合阵线。只要跟这几个国家联合起来，吐蕃再也没有朋友，四处强敌，孤立无援，自然慢慢陷于困顿之中。

在这条联合阵线中，回纥最为重要。当年唐朝向回纥借兵，在陕州迎接回纥大军时，因为接待礼仪规格之争，回纥可汗对年轻的李适颇为不敬，盛怒之下将李适的手下施以鞭刑，以致两人惨死。在李适的记忆中，陕州之耻是他一生的伤疤，轻轻一碰就会疼，在他登基后，大唐与回纥的关系降到了冰点，即便回纥新任可汗几度抛出橄榄枝请求和亲，李适依然置之不理。

北和回纥？李适一听就摇起了头，跟谁都能和，跟回纥万万不能和。

李适一脸凝重：“其他三国可以按照卿的意思办，至于回纥，不可能！”

李泌知道会在这个问题上碰到钉子，他早就准备好了说辞：“臣知道陛下会如此反应，所以之前没敢进言。但是为今之计，联盟之事必须启动，而重中之重还是回纥，至于其他三国，可以缓一缓。”

李适有些无奈了，卿既然知道朕的心结，又何苦来为难朕呢？

“什么都可以提，联合回纥的事就别提了。”

李泌并不放弃：“臣担任宰相自然要进言，进言是否合理、措施是否可行需要陛下批示，陛下为何在回纥的问题上连话都不让臣说了。”

李适面色依然凝重：“卿的进言朕都可以采纳，唯独联合回纥不能采纳，还是留待子孙解决吧。朕当政时，绝不可能。”

李泌不达目的决不罢休，他一定要解开李适的心结。

“陛下是否还是因为陕州之耻？”

李适点了点头：“是的。当年韦少华等人因为维护朕被回纥人羞辱最终惨死，这一幕朕始终没忘。当年国家多难，没有精力报仇，如今想联合回纥绝不可能。卿不要再说了。”

李泌接过话头，从容进言道："害死韦少华的是回纥的牟羽可汗，陛下刚即位时，他率兵入侵，结果被如今的合骨咄禄可汗诛杀。从这个角度来说，如今的合骨咄禄可汗对陛下有功，应该受封赏，哪里来的怨仇呢？之后本朝守边大将诛杀了九百多名回纥官员和百姓，合骨咄禄可汗并没有因此报复，反而释放了朝廷使者，由此而言，合骨咄禄可汗根本也没有罪。"

李泌说的句句在理，将回纥两任可汗一分为二，前者有仇不假，后者却有功无仇，与前者和解不合情理，与后者和解其实在情理之中。

李适看着李泌，道理都是你的："卿以为与回纥和解是对的，那么朕就是错的了！"

李适的话里带着情绪，带着怨气，在回纥的问题上他不想让步，他要守住自己的底线，不然韦少华那些人就白死了。

李泌迎难而上，他不能被李适的怨气击倒："臣进言是为江山社稷，如果仅仅为了自身，一味迎合陛下，那将来有何面目见肃宗、代宗于地下！"

李适态度有所缓和："此事容朕慢慢思量。"

这天的进言没有取得实际进展，李泌并不着急，冰冻三尺非一日之寒，想要搬开李适心头的冰山一次显然是不够的。李泌做好了打持久战的准备，一次不行，两次，两次不行，三次，四次，五次……

前后总计十五次。

还是不行！

李泌迎来了第十六次，李适还是不准。

李泌叹口气，说道："既然陛下执意不应允与回纥和解，臣恳请陛下批准臣退休。"

李适连忙阻止："朕不是拒绝纳谏，只是想和你讲讲道理，卿何至于急于离朕而去？"

讲讲道理，好，今天就好好跟你讲讲道理。李泌回应道："陛下肯与臣辩论道理，此乃天下之福，陛下请开始吧。"

李适说道："朕愿意自己与回纥和解，但实在不能辜负韦少华那些人，他们是因为朕才死于非命。"

李泌一下子看到了希望所在，既然皇帝这么说，机会来了。

李泌徐徐道来："以臣之见，是韦少华他们辜负陛下，而不是陛下辜负韦少华。昔日回纥亲王领兵帮助讨伐安庆绪，肃宗皇帝只是命臣在元帅府宴请了他，并没有亲自面见。回纥亲王力邀臣到其军营做客，肃宗皇帝也不同意。等到回纥大军即将开拔时，肃宗皇帝才与他们相见。之所以如此，是因为考虑到夷狄之人藏有豺狼之心，又率军进入中原心腹地带，不得不加以防范。陛下去陕州时，还是二十出头的年轻人，韦少华等人不能深谋远虑，让陛下以皇帝嫡子身份轻易地就进入回纥大营，而事先又没有与对方商量好会见的礼仪，以至于回纥人桀骜不驯对陛下不敬，这难道不是韦少华等人辜负陛下吗？"

黑的能说成白的，死的能说成活的，李泌的口才是为辩论而生，为了达到与回纥和解的目的，李泌将陕州之耻的责任推到了韦少华等人身上。

公平地说，陕州之耻的责任还是在回纥人身上。兵强马壮的回纥人没有把唐朝放在眼里，更没有把李适这个年轻王爷放在眼里，因此发生陕州之耻也是必然，即便韦少华等人提前商定好接待礼仪，回纥人还是有可能找到其他事情借题发挥。当一方手里握着大棒，另一方手里只有胡萝卜时，没有公平可言，没有道理可讲，冷兵器时代的外交就是拳头说话，其他都是废话。

李泌将回纥人的不敬按下不提，把韦少华等人没提前商定礼仪的失误无限放大，为的就是将李适心中的恨消除，彻底打开对回纥的心结。

李泌用心良苦，只可惜委屈了冤死的韦少华。

李泌接着说道："臣以为回纥不可恨，之前担任宰相那些人才可恨。当今的回纥可汗诛杀了对陛下不敬的牟羽可汗，他的军队还有帮助唐军光复京城的功劳，何罪之有？而吐蕃，趁我们内乱，侵占河西陇右数千里之地，还举兵攻入京城，令先帝仓促出行到陕州，这才是一定要报的仇。在那之后，侵占我们领土的吐蕃国王还健在，那些宰相却还建议联合吐蕃攻击回纥，这才是最可恨的。”

李适心中的底线被李泌突破了，他早知道回纥对于大唐的重要性，只是有旧怨耿耿于怀，与回纥和解进而结盟就被长时间搁置了。如今李泌锲而不舍，李适也不再坚持抱着旧怨不放，他所考虑的还是面子问题。

“朕与回纥人结怨久矣，如今他们听说吐蕃劫盟，如果我们前去和解却遭到他们拒绝，这样我们不就成了夷狄眼中的笑话了吗？”

李泌早有准备：“陛下多虑了。臣当年在彭原时，如今的回纥可汗当时是胡禄都督，他和如今的宰相白婆帝一起追随回纥亲王帮助唐朝平叛。臣与他们很亲密，感情很深厚，当他们知道臣当宰相，主张和他们和解时，答应还来不及，怎么会拒绝呢？如今臣就给他们定五条规矩，对唐称臣，给陛下当儿子，每次来京使臣不得超过二百人，每次贩卖马匹不得超过一千匹，不得携带中国人及经商的胡人出塞。如此五条全都答应，陛下才下令和解并准予和亲。这样一来，陛下威名天下皆知，足以让陛下一吐往日恶气。”

称臣？可行吗？

李适疑虑道：“自从至德年间以来，回纥一直与唐约为兄弟之国，如今让他们称臣，他们能答应吗？”

李泌回应道：“他们想与我朝和解之心由来已久，其可汗和国相都相信臣，如果一封信还不能完全沟通，臣再发一封信就可以了。”

李适听罢，点了点头，好，就按卿说的办。

不久，回纥可汗使臣来到长安，带来回纥可汗的奏表。在这份奏表中，回纥可汗对唐称臣、对李适称儿，李泌所约五事全部照办。

李适难得地笑了，抬头对李泌说：“回纥为何畏服卿到如此程度呢！”

李泌自不贪功，将功劳拱手让给领导：“此乃陛下圣明，臣能有什么力量？!”

至此，北和回纥宣告成功，李泌在反复十六次进言后终于收到成效，他不仅打破了李适心中的坚冰，并由此为唐朝建立了一条庞大的联合阵线。有回纥的示范作用，其余三国的联合变得简单起来，最终都完成了与唐朝的结盟。

没有永远的朋友，也没有永远的敌人，20 世纪英国最著名的首相一语道破了国与国之间的关系，而远在唐朝的李泌虽然没说出来，却已经用行动证明。回纥之前为敌，但在吐蕃为患的背景下，回纥这个敌可以转化为友，毕竟世间事并不是一成不变，斗转星移的同时，还需要与时俱进。

北和回纥是艰苦的，也是关键的，从此时起，回纥成了唐朝真正的朋友，在危难之际始终站在唐朝一边，更关键的是，由于回纥与唐结盟，吐蕃遭遇到空前的压力和限制，李泌所言的“吐蕃自困”逐步变成现实。对于唐朝而言，边境军事压力因为形势变化而骤降，帝国重兵可以逐步向京城以及东部调集，军事布局的变化为后来的元和中兴打下了基础。

这一切，都是来自那个深谋远虑的妙手天师。

归去来兮

历史留给李泌的时间太短了，他真正以宰相身份运筹帷幄的时光只有一年多的时间。在这不长的时间里，李泌竭尽自己的所能，对于这个帝国他已经用尽了心力，到头来还是痛心地发现，他所面对的皇帝，是个扶不起的阿斗。

一次，皇帝李适颇为苦恼地对李泌说：“以前地方上额外进贡的钱一年有五十万贯，今年才三十万贯，显然不够用啊。我知道说这话有些不成体统，但皇宫的用度确实吃紧。”

李泌在心中叹了一口气，纠缠于二十万贯的格外进贡，哪里是一个明君做派。李泌不动声色，建议道："古时天子不聚私财，因为天下财富都是他的。皇宫用度不足，臣可以从国库里拨一百万贯用于皇宫的用度。只是陛下以后不要再接受地方的格外进贡了，这样不仅败坏风气，而且还会有贪官污吏借机向百姓敲诈。"

一边是五十万，一边是一百万，李适比较一下，还是一百万实惠，便点点头，同意了李泌的建议。

看到这里，可能有些读者会产生疑惑，李适身为皇帝，花钱还得李泌同意吗？

是的，在一个正常的王朝就是这样的。

皇帝富有四海不假，但皇宫的用度每年是有额度控制的，不能随意增加。国库里黄金白银有的是，但身为皇帝也不能随便动用，但凡正常的皇帝都不会打国库的主意，只有那些亡国之君才会把国库和宫库混为一谈。试想，如果国库被皇帝搬空了，这个国家还能正常运转吗？当一个国家不能正常运转时，皇帝的皇宫也该进废品收购站了。

李泌想以增加皇宫用度的方法按住皇帝聚敛私财的心，他以为能按住，事实证明，皇帝聚敛私财的心一起，当臣子的想按是按不住的。

时间走到公元 787 年十二月一日，皇帝李适来到新店（今河南三门峡市西南辛店村）打猎，这次打猎收获颇丰，李适的心情格外好。

李适心情好不仅是因为打猎，这一年粮食收成是近三年来最好的，稻米和粟米的价格较之往年都有大幅下降。为了保护农民种粮的积极性，李适还特意下令各地与农民议价收粮，尽可能保证农民的收益。

手中有粮，心中不慌，粮食丰收，农民的日子该好过了吧。

李适信步走进农民赵光奇家，他想做一个实地调查。李适问道："你们快乐不快乐啊？"

但凡领导这么问，答案一般都是封闭的，一般得回答："快乐，很快乐，多亏您的英明领导。"

李适也以为赵光奇会回答封闭答案，出乎他意料的是，赵光奇瓮声回应道："不快乐！"

啊，怎么不按套路回答啊。

李适不解："今年是个丰年，你为什么不快乐？"

赵光奇解释道："因为政府不讲诚信。以前政府说，除了两税之外，不再征收其他税赋和差役代金。现在，不仅继续征收，而且比两税还重。今年，政府说要议价收粮，让老百姓得实惠，但我们却没有拿到钱，拿到手的都是白条。地方官原来说只要把粮食交到粮库就可以了，现在却让我们自己往边防军的大营里送，而边防军的大营动不动就在几百里之外。税赋这么多，差役这么重，我们怎么能快乐？"

李适被赵光奇的话震住了，他知道自己颁布的政策会在执行过程中走样，但没有想到会走样到如此地步。两税之外还有税，议价收粮老百姓拿不到钱，哎，这些地方官都在干什么！

李适摇了摇头，当场宣布免除赵光奇一家的税赋和差役，这下你们可以快乐了。

随行地方官员紧张地看着李适，他们期待着李适能有进一步的动作，如果能将赵光奇一家的快乐普及到整个地区甚至整个国家，那将是多么快乐的一件事。

李适没有表态，快步离开，快乐只停留在赵光奇一家，没有放大，没有普及。

当李泌得知这一切后，深深叹息一声，自己等啊等，就等来了这样一个皇帝。明明已经知道民间疾苦，却视而不见，明明可以适度降低百姓负担，却贪恋税赋不顾百姓疾苦，难道在他心中只有私财两个字？

李泌不断地摇头，早知今日何必当初，辅佐这样的皇帝，对得起自己早年学习的帝王术吗？

不久，李泌又得到一个消息：皇帝李适向各地派出宦官宣读圣旨，继续索要格外进贡。李泌呆在了原地，他知道皇帝贪婪，却没想到皇帝贪婪到了这个地步。为了补足皇宫的用度，他已经从国库里调拨了一百万贯，皇宫用度较之以往已经有了大幅度提升，但还是没能满足皇帝的胃口。

李泌彻底心寒了，自己从唐肃宗李亨熬到了李亨的孙子辈，李唐王朝一直没有从安史之乱中恢复元气，而皇帝也是一个不如一个。如果说唐肃宗有收复长安再造帝国之功，那么代宗皇帝只能算作守成之主，至于现在这位皇帝，一言难尽哪！

自此之后，尽管担任独相，李泌已经意兴阑珊，至于皇帝陆续向各地派出索要格外进贡的宦官，他已经不加以阻止了。他知道李适的脾气，一旦认准了一件事，八头牛也拉不回，更何况聚敛私财这种事乐趣无穷。

李泌越来越感到力不从心，帝国的重担压在他一个人身上，他已经吃不消了，是时候找人一起分担一下了。

李泌向李适推荐的人选有两个，御史中丞兼户部侍郎窦参和太常卿董晋。窦参通达敏捷，董晋规矩正直，如果两人能够补充进宰相班子，对帝国来说是件好事。

出乎李泌意料的是，皇帝李适拒绝了他的提议。李适眼中还是只有李泌一个宰相，让其他人当宰相，李适还有些不适应。

不过时间已经不等人了，李泌的身体越来越差，生命时钟进入了最后的倒计时，如果李适还不同意李泌的提名，待李泌辞世后，李适将面临无相可用的境界。

蜀中无大将，廖化当先锋，就勉强将这两位“廖化”扶上马吧，以备不时之需。

公元789年二月二十七日，李适下令，任命董晋为门下侍郎，窦参为中书侍郎兼全国财政暨运输总监，两人都兼任宰相，充实到李泌的宰相班子里。

此时的李泌，进的气没有出的气多，他为了这个王朝奋斗一生，到头来还是要面对积重难返的困局。他曾经制定出平定安史之乱的旷世良策，却因为当值皇帝的鼠目寸光大打折扣。人到暮年，为了一展平生抱负终于接受拜相走上前台，虽然经手办了一些大事，但时日无多，想干的事太多，干成的事又太少，他还是输给了时间。

三月二日，一代良相李泌走到了人生的尽头。本来他是可以比肩诸葛亮的良相，但命运给他的时间太短了，李适与他的君臣际遇也没有像刘备和诸葛亮一样被传为千古佳话。

如果让李泌给自己的人生做一个总结，他会给出怎样的评语呢？

第九章　生旦净末丑

没病走两步

李泌这一页翻过去了，大唐朝堂上翻开了宰相窦参这一页。

窦参在历史上名气并不大，不过他却处在一个关键地位，他的前任是中唐一代良相李泌，他的继任也是一位良相，就是久违了的翰林学士陆贽。

陆贽在收复长安后就淡出了政治舞台，其实不是他有意淡出，而是因为母亲病逝，陆贽按照惯例回家丁忧去了。直到三年丁忧期满，陆贽才重返长安，继续担任翰林学士，同时代理兵部侍郎。

身处两大良相之间，窦参注定是不走运的，因为他无论做得怎样，都要被两大良相的光芒掩盖，这是窦参的悲哀，也是他人生的局限。试想，如果窦参本身过硬，完全可以与李泌、陆贽并称三大良相，可惜的是，窦参虽然通达敏捷，但与一代良相还是有太大差距。

窦参出身官宦世家，他的祖上与隋唐两朝皇室都有渊源。窦参的祖上可以追溯到隋朝洛州总管、陈国公窦荣定，窦荣定的妻子是隋文帝杨坚的姐姐，这样窦家就与隋朝皇室有了瓜葛。到了窦荣定之子窦抗这一代，交好的是唐高祖李渊。李渊与窦抗关系甚笃，称之为兄，后宫则尊称窦抗为舅。窦抗与李唐皇室的关系还不仅于此，在李渊起兵时，窦抗和堂弟一起追随李渊，后来跟着李世民攻打东都洛阳，厥功至伟。再后来，窦抗的儿子窦诞娶了唐高祖李渊的二女儿襄阳公主。

窦参正是窦诞的玄孙，不过到窦参父亲这一辈时，相比祖上就非常寒酸了，窦参父亲窦审言仅仅官至闻喜县尉，一辈子也没奋斗上七品官。后来等到窦参拜相，已在九泉之下的窦审言终于升官了，被追赠吏部尚书，总算迈过了七品官那道坎。

年轻时的窦参是个有原则、有义气的人，在万年县尉任上，窦参有过一次大义之举。

一天，一位同僚正在值班，突然得到家人报信：母亲病急。同僚便央求窦参代为值班，自己快跑回家探望生病的母亲。就在这天晚上，万年县监狱有人越狱，上级追查，按照值班表，应该由那位同僚对此事负责。同僚垂头丧气，自认倒霉，这时窦参却站了出来："那天他回家探望母亲了，是我替他值的班，犯人越狱的责任应该由我来负！"

经此一举，窦参被贬为江夏县尉，但他的义举却让很多人竖起了大拇指。

经过多年努力，窦参转任奉先县尉，在奉先县尉任上，遇到一个棘手的案子。

奉先县城有一个人叫曹芬，非常有权势，不仅横行乡里，而且还托关系将自己的名字写进了禁军的花名册。禁军的花名册意味着特权，很多行为不受地方管制，曹芬千方百计将自己的名字挤进去，就是为了享受特权。

一天酒后，曹芬滋事，将自己的胞妹狠狠打了一顿，父亲苦劝不住，气急之下竟然跳井自尽，以这种决绝的方式与这个不孝子决裂。案子报到了窦参那里，很多人劝窦参算了，不要管了，当事人的父亲已经死了，就这么过去吧。

窦参将案子接了过来，然后将曹芬兄弟都关押了起来，最终判决曹芬兄弟当死！

众人劝窦参不要节外生枝，窦参回应说："子由父生，父因子死，如果因为父亲已死而儿子免罪，那以后杀了父亲就不用再追查了。"

在窦参的坚持下，名列禁军花名册的曹芬被乱棍打死，为他的荒唐行为付出了代价，而奉先城的治安从此变好，因为大家都知道城中有个不好惹的窦参。

几经努力，窦参得以拜相，人们都期待着他能成为一位良相，窦参自己也是这样期待的。

窦参很努力，他想做一个良相，他想青史留名，他想为帝国做更多的事，但上任后不久他发现，其实他最应该做的是先保住自己的宰相位子。

不当宰相不知道，当上宰相后才发现，原来宰相要面对这么多事情，不仅要处理国家大事，还是应对各方面复杂关系，另外还要小心皇帝移情别恋，一旦皇帝看上了别人，这来之不易的宰相之位恐怕便不翼而飞了。

年轻时的窦参无所畏惧，现在的窦参因为贪恋宰相之位，他知道怕了，他怕失去，因此他要拼命捍卫。

当一个人被某种东西牵挂或者羁绊时，注定无法从容，窦参被宰相位置绊住了，他自认没有李泌那般才能，也没有李泌那般与皇帝有着那么深的渊源，他所能做的就是笼络人心，然后将可能威胁自己官位的人一一清走。

这时的窦参已经变了，他不再是那个为了原则寸步不让的人，摇身一变变成了为了官位不择手段的人。

人就是这样，变化总在不经意中，变化之时连自己都无法察觉，等到察觉时，自己已经在歧途上越走越远。

被窦参猜忌的第一个人不是别人，就是翰林学士陆贽。

陆贽的能力窦参心知肚明，假以时日，陆贽必然拜相，那时窦参可能就要靠边站了。必须将危险扼杀在摇篮之中，窦参先出手了。

窦参上奏李适，鉴于兵部侍郎一职重要，不如让陆贽正式担任兵部侍郎，至于其翰林学士等职位一并停止，安心做兵部侍郎吧。

与窦参尚在蜜月期的李适批准了，他得给窦参这个面子，至于陆贽，先委屈一下吧。

陆贽被打压后，福建道观察使吴凑也成了窦参的打压对象。

窦参与吴凑为何结怨，史书没有明确记载。按照两人性格推测，这两人年轻时都属于性格直率、棱角分明的人，两个同类的人容易相互排斥，两人的恩怨或许就是因为性格太类似而在不经意中结下。

窦参一心想把吴凑踢出大唐官场，因此向李适奏报道：吴凑患风湿麻痹，行动不便，不如令其退休。

这一次，窦参打错了算盘，他千算万算，漏算了吴凑在皇帝李适心中的位置。

论官声，吴凑官声不错，在福建观察使任上治理地方井井有条，声名远播；论亲疏，吴凑是李适的舅公（唐肃宗李亨皇后吴氏的弟弟），打断骨头连着筋；论功绩，当年朱泚叛乱时，满朝文武不敢回长安城给朱泚送信，吴凑的兄长吴溆挺身而出，将李适的信送到了朱泚面前，并由此遭了朱泚的毒手。

几个因素叠加到一起，吴凑在李适心中便有着非常高的位置，这样的位置不是一个小报告就能轻易挪动的。

李适将窦参的奏表往旁边一放，轻描淡写地说了一句："召吴凑回京，看看情况再说。"

窦参突然感到自己的脚很疼，此刻他知道了，这就叫搬起石头砸自己的脚。

吴凑如约来到李适面前，苦着脸的窦参也站在一边。

"有人说你患上了风湿麻痹，行动不便，你走两步给朕看看！"李适对吴凑说。

走两步，走两步，没病走两步。

走两步就走两步，吴凑在朝堂上大步流星走了起来，一步两步三步，吴凑走得虎虎生风，窦参感到自己的脊背发冷，人家没风湿麻痹，是自己风湿麻痹了。

李适笑了笑，摆手让吴凑停了下来，转头看了窦参一眼，这一眼，意味深长。

几天后，李适下令，福建道观察使吴凑调任陕虢道观察使，福建道远在福州，陕虢道在今天的三门峡，在唐代，后者的位置要高于前者。接替吴凑的人叫李翼，此人还有一个身份——宰相窦参的亲信。

事情发展到这个地步，窦参离倒台也就不远了，官场中人最怕的是失去上级信任，一旦信任丧失，再高的官职也都是虚无，倒台只是时间问题。

窦参意识到李适已经与自己渐渐疏远，他有些无能为力，君王心深似海，一旦君王心发生偏移，做臣子的想要拉回难上加难。为今之计，只能小心行事，用心观察，力争能让皇帝回心转意。

弄巧成拙

窦参的危机正在来临，他已经嗅到了危险的气息，他正在努力自救，笨拙地自救。

一天，李适与窦参聊了起来，话题聊到了窦参的堂侄、给事中窦申身上。

“听说你侄子有个外号叫喜鹊，你听说过吗?”李适问道。

窦参心中“咯噔”一声，他当然知道这个外号，也知道外号的由来。自从自己担任宰相之后，提拔官员时经常跟窦申商量，时间一长，窦申就嗅到了其中的商机，经常收受各级官员的贿赂，然后回来向他推荐官员。世上没有秘密，窦申的秘密很快成了官场的谈资。只要窦申出现在谁家门口，谁就可能要升官了，这样窦申就得了一个绰号——

喜鹊。

窦参定了定神："臣确实不知道，倒是回家可以问问。"

李适微微点了点头："回去问问吧，再不问，他迟早会连累到你。"

李适的话中已经潜藏刀锋，久历官场的窦参知道其中的厉害，看来皇帝的信任真的要丧失了，那件大事要抓紧办了。

时隔不久，一批诽谤皇帝和政府的文件出现在李适的案头，这些文件都指向了同一个人——陆贽！

如果这些文件真的出自陆贽之手，那么陆贽就危险了，诽谤皇帝可是死罪。

李适将文件一页一页看过去，一边看一边摇头："拙劣，太拙劣了！"

文件是假的！

李适是了解陆贽的，他了解陆贽的脾气，也了解陆贽的文笔，眼前这些文件虽然尽力模仿陆贽的口吻，但与陆贽还是相去甚远。陆贽永远是原版，模仿的始终是山寨版。

查，一查到底！

在李适的追查下，假文件的制造者浮出了水面。

左金吾卫大将军虢王李则之、左谏议大夫兼知制诰吴通玄、给事中窦申就是假文件的三个制造者，他们的目的很简单——搞臭陆贽，以防李适重用陆贽。

李适看着三个人名，心知肚明，三人搞臭陆贽为的是窦参，看来他们为了达到目的真的是不择手段。

李适提笔写下了处理意见：李则之贬为昭州司马，吴通玄贬为泉州司马，窦申贬为道州司马。

之后李适觉得还不解气，尤其对吴通玄不解气，身为知制诰，皇帝近臣，居然参与制造假文件，是可忍，孰不可忍！

赐自尽！

八天后，窦参等待的靴子落地了，自从侄子窦参被贬之后，他就意识到自己的宰相当到头了，现在终于能看到自己的处理结果了。

原中书侍郎窦参贬为郴州别驾，原道州司马窦申贬为锦州司户，原尚书左丞赵憬、原兵部侍郎陆贽一同出任中书侍郎，两人同时成为宰相。

窦参两次搬起石头砸别人的脚，两次都砸到了自己的脚面上，被贬为郴州别驾的他还没有意识到，还有第三块石头等着他呢。

窦参到了郴州才知道，这世界上有一个成语叫“冤家路窄”。

怎么就碰上他了呢？

窦参碰上的人叫李巽，原本担任左司郎中，窦参看李巽不顺眼，便把李巽贬出长安，出任常州刺史。等到窦参被贬为郴州别驾时，抬头一看才发现，李巽已经升任湖南观察使，正好是自己的顶头上司。

冤家路窄，冤家路窄。

窦参硬着头皮，顽强地在郴州扎了下来，他以为自己只要行得正，李巽就拿自己没办法。

李巽还在寻找报复的机会，窦参却不小心躺着中枪。

在他被贬郴州之后，太子左庶子姜公辅活跃了起来，他看到朝中人事更迭，想在这波人事更迭的过程中为自己谋一个位子，便找到了宰相陆贽，请求帮忙。

陆贽弄清姜公辅的来意，也有些为难：“我听说之前宰相窦参曾经几次向皇帝推荐过你，可皇上一直没有同意。据说皇上对你很不满意。”

陆贽把姜公辅当成自己人，把这般等级的秘密都向姜公辅交了底，这次交底却让姜公辅吓得手脚冰凉，自己都不知道自己如何回到了家。

思前想后，姜公辅上疏李适——请求出家！

出家的请求让李适惊讶万分，好好的太子左庶子当着，为何想到了出家？这其中一定有原因！

面对李适的询问，姜公辅支支吾吾，高接低挡，最后索性坦白：“臣听说陛下对臣不满意！”

李适大惊，这样的话是谁传出去的？

再次逼问，姜公辅不敢承认是陆贽说的，一个脑筋急转弯，把责任推到了窦参的头上：“臣听窦参说的！”

姜公辅因此被贬为吉州别驾，窦参却因为姜公辅的张冠李戴躺着中枪。气愤填膺的李适派出宦官专程去郴州责备窦参：“有你这么当宰相的吗？把过错都推给皇帝！”

窦参暗暗叫苦，百口难辩，官场中的这些事解释不清楚的，再大的黑锅也得背上，忍吧，熬吧！

窦参一个劲苦熬，窦参的冤家李巽则在鸡蛋里挑骨头，功夫不负有心人，李巽终于找到了。

来到郴州后，窦参曾经收过五十匹绢。

五十匹绢数目也不大，但送绢的人不简单，宣武军节度使刘士宁。

李巽将窦参、刘士宁、绢组合到一起，形成了一条指控：窦参结交藩镇节度使！

还记得刘晏是怎么死的吗？

也是受到指控，非法募兵，图谋不轨，结交藩镇，书信求援。

李适又一次震怒了，这个智商不高、生性多疑的皇帝总是会被这些指控所刺激，他又一次动了杀机，这是继刘晏、杨炎之后的第三次杀机。

窦参危了。不出意外的话，他将被处死，一如刘晏和杨炎的结局。

这时，陆贽站了出来，他不是来落井下石的，而是帮窦参说话的。

陆贽坚持认为窦参罪不至死，应该网开一面。听完陆贽的建议，李适点了点头，也罢，且放他一条生路。

然而，李适并非一言九鼎之人，话说完没多久，他又后悔了，还是想处理窦参。

李适派出宦官告诉陆贽：“窦参结交藩镇，其意难测，此事关系到江山社稷。爱卿应就此事尽快进言，给出处理意见。”

选择权交到了陆贽手中，如果想报私仇，机会已经来到眼前。

陆贽提笔写道：“窦参乃朝廷大臣，诛杀他得有站得住脚的理由。

昔日刘晏被处死，罪名不明不白，至今众人议论起来都愤愤不平，叛臣更是拿刘晏的事为自己当说辞。窦参贪污纵容亲属一事，天下共知，至于图谋不轨，则事实不清、证据不足。如果不加审查，就处以重刑，恐怕会引起震动。陛下知道臣与窦参并无半点情分，臣这么做不是为了救他，只是为了维护司法的公正。”

公元793年三月，窦参连郴州别驾也做不成了，被贬为驩州司马。驩州位于今天越南荣市，路途有多远，大家可以自己看地图。

窦参倒霉，家人也跟着一起遭殃，家里男女老少一起发配边疆。

到了这一步，李适还没完，还想一并处罚窦参的亲戚朋友，陆贽又说话了：“犯罪有首犯从犯之分，法律判决有重判轻判之分，窦参已经受到陛下的宽大处理，他的亲戚朋友也应该受到宽大处理。何况在窦参受罚之初，亲戚朋友已经被连坐，如今人心已经安定，还是不要再过问了。”

李适勉强同意了陆贽的意见，过了几天，李适又有了新想法，他想将窦参的家产和家人全部没收。

这个想法也被陆贽否决了，叛贼的家产和家人才被全部没收，窦参只是经济犯罪，不至于!

李适点了点头，也罢。

陆贽以为事情到此为止，没想到，到了这一步，事情还没有结束。

窦参得罪的人太多了，不仅李巽恨他，李适身边的宦官也恨他。在窦参担任宰相期间，曾经在李适面前有过不利于宦官的进言，如今窦参落难，宦官们自然不会放过落井下石的机会。

宦官们搬起一块块石头砸向窦参，他们的说辞是窦参居心叵测、图谋不轨。如果李适对窦参还有一丝信任，窦参还有一条活路。

现在，李适收回了他的全部信任，给窦参发出了一张赐死通知书。

这是李适皇帝生涯中赐死的第三位宰相，赐死的过程和方式几乎一模一样，有唐一代，接连赐死宰相的，李适是第一个。内心的不安全感放大了他与宰相的矛盾，即便宰相下台，他依然感觉心中不安，非要肉体消灭才能高枕无忧。

窦参终究没有走到驩州，他被传诏的宦官追上了，驩州不用去了，就地自杀吧。

窦参叹了口气，搬了一辈子石头，最后自己却被石头砸死了。

窦参之后，他的侄子窦申被乱杖打死，家产和奴婢被一起没收，奋斗了一辈子，总结陈辞是罚没清零。

陆裴过招

陆贽终于站到了前台，以前的他和李泌一样，有宰相之实却无宰相之名，如今名至实归，该是干一番大事的时候了。

陆贽摩拳擦掌准备大展拳脚，却在拜相三个月后迎来了官宦生涯的最大劲敌。

公元792年七月一日，户部尚书兼判度支（全国财政总监）班宏去世，谁来接替他的位置，满朝上下都在议论。

陆贽属意湖南道观察使李巽，便上报李适，准备让李巽暂时代理全国财政总监，李适没有反对。

正当陆贽准备发出调令时，李适却变卦了，他想换一个人选，任用原司农少卿裴延龄。

陆贽一听裴延龄这个名字就犯起了嘀咕，怎么能用这么个人呢？

陆贽赶紧上奏："判度支负责调配全国万种货物，主管官员如果过于刻薄吝啬则必生祸患，如果过于宽大纵容，则容易包藏奸邪。裴延龄是个愚妄怪诞的小人，如果任命他为判度支，恐怕会舆论哗然。不久就会有人说他不称职，那时大家会指责微臣，同时心里恐怕也会嘀咕陛下没有知人之明。"

陆贽把话说到这个份上已经很直白了，如果坚持任用裴延龄会影响李适的光辉形象，还是不用为妙。

李适会听陆贽的话吗？

七月六日，李适发出任命——裴延龄代理全国财政总监。

这就是李适的领导作风，看上一个人就不管不顾，就算天下人都说这个人不好，只要他说好就足够了。这是李适一意孤行的表现，也是他拙劣的行政手段之一，目的很简单，用裴延龄牵制陆贽。

前面说过李适没有安全感，对所有人都不信任，在他的宰相里，只有李泌因为与李唐王朝的渊源而得到较为充分的信任，除此之外的宰相，都没有得到李适的充分信任。无论是杨炎，还是卢杞，再到窦参和陆贽，他们都位列宰相，但他们始终没能走进李适的内心。在李适的内心中，宰相们依然是需要防范的，抬出裴延龄牵制陆贽也是有必要的。

陆贽看得懂李适的棋局，他不为所动，只要一心为公，身正自不怕影斜。

陆贽又一次上疏，直指王朝一大隐患：边境仓库缺粮，而造成这一隐患的直接原因是官员管理不当和处置错误。

陆贽写道：所谓管理不当，即士兵不直接隶属于将领，将领不直接隶属于统帅，以至于一个守城的将军，一个驻防的部队，陛下都要派去一个监军宦官，直接颁发指令。边境线长达千余里，不相互隶属，沿着边防线，有十万军队，却不设最高统帅。每当贼寇进犯，边防士兵要等到中央做出指令才能出击，而等到指令到达时，贼寇早已得手撤走。吐蕃与我朝相比，本不是我们的对手，然而人家进攻绰绰有余，我们防守却疲于应付。这大概是因为吐蕃军队由将领直接发号施令，而我们则是由中央做出最后部署。

所谓处置失误，陛下最近曾下令武装屯田，鼓励垦荒士兵种田，收获的粮食由垦荒士兵与政府议价收购，陛下还指示应该按照议价的两倍收购以鼓励农耕。而在实际执行过程中，地方官员吹毛求疵，垦荒士兵根本拿不到陛下允诺的好处。地方官员在丰收时不肯收购，歉收时又压价强行收购，所谓鼓励垦荒根本落不到实处，进而导致粮价不稳，物价飞涨。

最后陆贽给出建议，全国边境地区打开仓库，高价收粮。

这个建议总算得到了李适的认可，李适一声令下，各地仓库开始高价收粮，一波收粮高潮之后，边境仓库得以充实，垦荒士兵利益得到最大限度的保证，边境较之以往更加安定。

陆贽一生给皇帝上了很多奏疏，多数奏疏言之有物、言之有理，如果李适是个有为之君，在陆贽的辅佐下可以成就一番大业，只可惜，陆贽的满腔热情只得到了一小部分认可。这是陆贽个人的不幸，也是大唐王朝的不幸。

在李适看来，陆贽是个好宰相，只是不那么可爱，不那么接地气。

李适有些不甘心，他想让陆贽变得更可爱、更接地气一些。

李适提醒陆贽："你清廉谨慎得有些过分了，以后各战区送你礼物，有些不太贵重的，比如马鞭啊、皮靴啊，是可以收下的，不要让人家觉得你不近人情!"

表面看，李适是为陆贽好，为了让陆贽更接地气，实际上他是为自己，为自己的收受贿赂打个掩护。

说起来有些可笑，这个富有四海的皇帝把各地送来的贿赂看得很重，哪段时间没收到贿赂还有些心中不安。这一切都是奉天被围时留下的后遗症，李适一生都把钱财看得很重。

各地官员看透了皇帝的私心，也看到了希望，既然皇帝这么喜欢钱，那就送吧，如果钱能够解决问题，那就不是问题，反正钱总是有来路的。各地官员开动脑筋，各找各的门道，有人截留正常税款，有人克扣官员薪水，有人出售官府名下公田所种的水果蔬菜中饱私囊后再拿出百分之二十，有人增加百姓税收，在给李适送钱的道路上，掀起了一浪接一浪的高潮。

江西道观察使李兼每月呈献李适一次，称为"月进"；西川节度使韦皋每天呈献一次，称为"日进"；常州刺史裴肃因为不断送钱而被擢升为浙东道观察使，由他开始，刺史这一级掀起了送钱高潮；宣歙道判官严绶在上司去世后主持宣歙道工作，利用职务便利搜刮仓库里的金银珠宝上贡李适，不久晋升为刑部员外郎，由他开始，判官一级也开始向李适送礼了。

再发展下去，扫大街的、修马桶的是否也得给皇帝送点礼呢？

荒唐皇帝！

陆贽心中苦笑，我清廉谨慎，居然连皇上都看不过去了，难道我真的是不近人情？

不，这是我的原则。

陆贽依然故我，他渴望用自己的才智为帝国更多出谋划策，然而，在不经意中他的敌人已经出现了，除了裴延龄，还有一位他的宰相同僚赵憬。

裴延龄自不必说，之前李适提名裴延龄时，陆贽强烈反对，这次反对就让两人结下了一辈子解不开的梁子。

赵憬恨上陆贽，是因为一次任命。

公元793年五月二十七日，赵憬由中书侍郎改任门下侍郎，宰相职位不变，只不过办公地点由中书省改到了门下省。陆贽以为这只是一个正常的工作调整，况且赵憬能出任宰相还是出自自己的推荐，这样一个小小的工作调整实在没有必要再跟赵憬做过多解释。

陆贽没有往心里去，赵憬却往心里去了，在赵憬心中，陆贽这是想独揽大权。

宰相联合办公的地方设在中书省政事堂，以前赵憬在中书省办公，宰相们一起协商事情也方便，现在出任门下侍郎，只能去门下省办公，再商量事情，还得从门下省跑到中书省，折腾不说，而且不容易得到第一手信息。

没有证据表明，陆贽在故意排斥赵憬，但办公地点的变化却让赵憬心中不爽，他索性泡起了病号，不过问政事。从这一刻起，陆贽在他心中已经从朋友变成了敌人，这一切他心知肚明，陆贽却浑然不觉。

此时此刻的大唐官场高层，陆贽直面的是裴延龄，他不知道的是，还有一个潜在的赵憬，明面上是一对一，实际上是一对二，甚至一对三。

陆贽继续着自己的人生轨迹，再次上了一道奏疏。在这道奏疏中，陆贽指出边境防务六大危机：

一是制度缺陷，政策错误；二是是非不分，赏罚不明；三是兵员增多，财力枯竭；四是将领太多，军力分散；五是待遇不均，怨恨日深；六是遥控指挥，贻误战机。

篇幅问题，不将陆贽的奏疏一一展开，总之在这道奏疏中，陆贽针针见血，拳拳到肉，如同一位良医，把准了边境防务的全部脉络。

结果呢？

李适十分重视，但不能全部采纳。

扁鹊见蔡桓公时反复强调蔡桓公有病，蔡桓公讳疾忌医，直至病入膏肓无药可救，现在陆贽也在不停地提醒李适有病，李适的反应是十分重视，但打着折扣采纳。

时机如白驹过隙，稍纵即逝，一旦错过，再回头找寻就难了。身为中唐时期在位时间最长的皇帝，李适本来有机会一改帝国弊病，李泌、陆贽都为他开出了药方，可惜他都错过了。

李适看不到陆贽描绘的未来，他看到的只是裴延龄描绘的现在。

相比于陆贽的奏疏，裴延龄的奏疏实惠多了。

裴延龄上奏道：自从臣出任判度支以来，查出各州欠缴税款八百余万贯，欠缴交易税三百余万贯，欠缴贡品折合现金三十余万贯。请陛下允许另设一个“季库”，每三个月结算一次，负责追收欠缴款项。至于织染绸缎，则另设“月库”，每月结算一次。

李适看得心花怒放，这个裴延龄就是能干，才几个月的工夫就有这么大的业绩。

李适没学过会计，也不懂得官场的猫腻，以他的智商便一厢情愿相信这是裴延龄能干的结果，其实，裴延龄所做的一切，玩的只是数字游戏。

所谓欠缴税款，实际是一笔呆账。欠缴税款的是各地贫苦百姓，根本无力上缴欠下的款项。裴延龄的前任追不上来，他同样也追不上来，只不过他给皇帝画了一个饼：看，还有这么多欠缴税款呢！

至于交易税，由各地征收，随时用完，这笔钱也只是一个数字。

至于各地进贡贡品和织染绸缎，本来存放于国库，现在另设一仓库，显得贡品很多，实际上只是仓库多了，贡品一点没多。

官出数字，数字出官，如果一切都停留在数字上，一切看上去都很美。

冯巩和牛群曾经有一个相声叫作《点子大王》，有人问，如何在合理合法的前提下迅速让钱包变鼓？冯先生给出高招，换成零钱！

裴延龄的方法与冯先生的方法一样，小小伎俩，数字游戏。

明眼人都能看出裴延龄在玩数字游戏，李适看到的却是裴延龄的能干，即便再多的人指责裴延龄，他依然坚信，这是一个能干的大臣。

左补阙权德舆看不下去了，狠狠地参了裴延龄一本：裴延龄把正常的税款结余部分当成他查出来的多余的钱，进而当成自己的功绩。县里的官员先低价买进常平仓储藏的货物，再在高价时卖出，所得差额另行保管，也成了功绩。边防部队从今年春天以来所有缺额已经取消，不再领取钱粮，裴延龄所说的多余出来的薪饷从何而来？陛下一定认为裴延龄因为忠贞受到孤立，以至于大家都对他诽谤，陛下何不派信得过的大臣仔细调查，探求真相，公开进行奖赏或者处罚。如今群情激奋，众口一词，难道京城官员和百姓都是朋党，专门针对裴延龄？陛下应该稍稍考虑一下，是否该明察一下了！

奏疏被李适扔到了一边，裴延龄，朕信得过！

在李适的支持下，裴延龄的腰杆越来越硬，反正背后有皇帝撑腰，谁也不怕。

御史中丞穆赞却不管这些，他的眼中只有法律，没有裴延龄。

说起穆赞，这是个狠角色，他的成名是因为一次为父伸冤。

穆赞的父亲穆宁时任和州刺史，因为刚正不阿受到诬告，被贬为泉州司户参军。穆宁准备低头认罪，穆赞却心中不服，连夜奔赴皇宫门前，号啕大哭为父伸冤。穆赞的伸冤惊动了皇帝，在皇帝过问下，穆宁罪名得以洗清。在皇帝颁发的诏书中，如此写道：令子申父之冤，宪臣奉君之命，楚剑不冲于牛斗，秦台自洗于尘埃。

由此，穆赞一战成名。

此次穆赞要触裴延龄霉头，并非出于私人恩怨，而是接到了举报：裴延龄属下官员有人贪污。

穆赞开始着手调查，裴延龄却庇护自己的属下，三番两次给穆赞带话：高抬贵手，得饶人处且饶人！

穆赞冷笑一声，继续查案。

眼看穆赞不给自己面子，裴延龄也冷笑一声，转身向皇帝李适狠狠参了穆赞一本。

一方是刚正不阿秉公办案，一方是阿谀奉承势利小人，按照常理来说，一般是前者要战胜后者，但残酷的事实是，往往后者战胜前者。

一个回合下来，御史中丞穆赞被贬为饶州别驾，案子不用你查了，到饶州办公吧！

满朝文武看到这个结果，内心之中对裴延龄充满了恐惧，此人显然已经得到了皇帝的厚爱，以后还是躲他远点。

经此一战，裴延龄士气高涨，继续自己掩耳盗铃的游戏。

裴延龄给李适支出一个高招，只要这个高招施行，国家可以不费吹灰之力增加收入，效果会非常显著。

裴延龄建议道："目前国家官员太多了，以后官员出缺不用再递补了，省下来的俸禄充实国库！"

听起来不错，不再递补官员，就可以减少官员数量，而且还可以省下大笔官员俸禄，可问题是，这样的措施对国家真的有利吗？

如果按照裴延龄的逻辑，任由官员出缺，不再递补，二十年下来，官员估计能减少一半，只是这样一来，谁来为王朝出力呢？

馊主意！馊得不能再馊的主意！

李适却同意了！

馊皇帝！

过了不久，李适想要重修神龙寺，重修寺庙自然需要材料，尤其需要五十尺长的松木，李适命人寻找半天，还是一无所获。

就在李适一筹莫展之际，裴延龄来了，他给李适带来了一个好消息：臣在同州山谷发现几千棵大松树，高达八十尺！

李适大喜过望："开元天宝年间，有关部门在京师附近到处寻找，也没找到这么高的松木，现在怎么出现了？"

裴延龄接话道："天生奇材，要等到圣明君主出现时才会出现，开元天宝年间哪里会有！"

李适看了看裴延龄，他知道裴延龄在拍自己的马屁，可这马屁拍得怎么就那么舒坦呢！这个裴延龄，真是个人才。

又过了不久，裴延龄又给李适带来一个好消息：过去左藏库官员遗落了很多财物，臣接手后清仓检查，重新登记造册，竟然在尘土中找到了十三万两纹银，另外还有棉布、绸缎等，总价值有一百万两纹银。这些都是遗落的财物，应该移交宫库，以供陛下使用。

李适再次大喜，真是好消息！

并不是每个人听到这个好消息都欢欣鼓舞，太府少卿韦少华便对这个好消息提出了质疑：这些财物都是正式登记过的国家财产，每月都会列表呈报，怎么会成了遗落的财物？还是请陛下仔细盘查一下吧！

陆贽等宰相也提出审查，李适却拒绝了，遗落的就是遗落的，不用查了！

拿国库的钱给皇帝上贡，裴延龄，真有你的！

国库的钱你也闭着眼当贿赂收，身为皇帝，李适，真有你的！

陆贽倒台

面对裴延龄的上下其手，满朝文武不敢多言，只有盐铁转运使张滂、京兆尹李充、司农卿李铦还与其抗争一下。他们的抗争不为别的，因为他们的职权范围与裴延龄有交叉，如果任由裴延龄指鹿为马，将来他们还得帮裴延龄背黑锅，由此他们时常指出裴延龄夸大其词，用虚妄的言辞迷惑皇帝。

与张滂等三人不同，陆贽则看出裴延龄的奸邪，此人绝不可用，必须尽早让他下台。陆贽变成了唐僧，每天都在李适面前念叨：裴延龄奸邪，绝不可重用！

公元 794 年十一月三日，陆贽发出一记重炮，在这封奏疏中，他历数了裴延龄的各种罪恶：

裴延龄认为为官之道首先在于聚敛钱财，阴谋诡计反而是最好计谋。他搜刮聚敛，引起百姓仇恨，他却因此假装自己一心为了皇上，而不顾个人声名；他花言巧语，陷害忠良，却因此假装疾恶如仇，尽一个臣属本分；他把古代经典上最丑恶的事当成聪明的手段，违反圣人告诫的行为，借以显示自己能力高超。他就是尧时代的共工，鲁国的少正卯。他的罪恶每天都在滋长，还有很多没有显露出来，但已经显露出来的这些已经罄竹难书了。

从前赵高指鹿为马，在臣看来，鹿和马至少还是同类，裴延龄却把没有说成有，把有说成没有。

陆贽的奏疏有意气用事的成分，但多数还是言之有物，他想用这封奏疏将裴延龄狠狠击倒，为帝国除去一个祸患。他却没有想到，李适和裴延龄是一伙的，裴延龄不是一个人在战斗，他是貉，李适也是貉，他俩并称一丘之貉！

事情发展到这个地步，陆贽的地位已经岌岌可危，他就像恋爱中真情付出的一方，不管你到底爱不爱我，反正我爱你爱得深，月亮代表我的心。

对于李适，陆贽一心只念知遇之恩，恨不能将一颗心全交给他，急切之下，甚至不考虑方式方法，有时甚至会为了坚持真理与他争得面红耳赤。

身边的亲人一直替他捏一把汗："以后还是要注意一些，观点不要太尖锐，要顾忌皇帝和其他官员的面子！"

陆贽摆摆手："吾上不负天子，下不负所学，其他一概不考虑！"

查一下陆贽的年表可以发现，这一年陆贽四十岁，别人在他这个年龄早已老成得像八十岁，而他，却血气方刚得像二十岁。

血总是热的，是因为总抱有希望，是因为还有激情，满怀激情的陆贽没有想过退缩，他一定要把裴延龄扳倒。

陆贽决定拉上一个帮手，同僚赵憬。

从陆贽决定拉上赵憬那一刻起，他已经输了，如果说他一个人与裴延龄还能打成平手，那么拉上赵憬之后，他注定一败涂地。有赵憬这个无间道在身边，陆贽变成了透明人，他的一举一动都被裴延龄掌握，想要扳倒裴延龄，只能靠做梦了。

赵憬将陆贽私下里跟自己说的话悄悄告诉裴延龄，裴延龄马上做出应对，一边遮掩自己的过错，一边酝酿反击，陆贽在明，他在暗，几个回合下来，始终是裴延龄赢。

陆贽不甘心总是被动，拉着赵憬一起到李适面前弹劾裴延龄。李适一听陆贽抨击裴延龄，脸色大变，陆贽一看，才知情况不妙，而同去的赵憬早就知道这个结局，一言不发，看着陆贽往坑里掉！

直到这时，陆贽才意识到，自己被人算计了，之前却一点不知道。

陆贽就此倒台，十二月二十三日，陆贽被免去宰相职务，出任太子宾客，太子宾客是个闲职，基本相当于退居二线。从此时起，一代贤相陆贽与宰相之位绝缘了，接下来看他的人生如何着陆。

裴延龄自然不会放过机会，陆贽这条落水狗不但要痛打，还要跟其他几只一起打。

京兆尹李充、卫尉卿张滂、司农卿李铦三人曾经与裴延龄有过抗争，他们为的是自己日后免于背黑锅，与陆贽并非一伙，现在裴延龄却把他们一勺烩了，指责三人与陆贽结党。

为了提升指控效果，裴延龄来了一招借力打力。

原本，他为了帮李适敛财，克扣了很多军饷，不少军队中人饥马饿，军心已经不稳。这一切是裴延龄一手造成的，现在他却把黑锅扣在陆贽等四人头上。

“陆贽被罢免宰相后，心中怨恨，曾经当众说，天下即将大旱，百姓将流离失所，全国财政总监署欠了军队很多粮草，人马粮草无继，可如何是好？他们不仅在中伤臣，而且在动摇军心！”

陆贽说的没错，裴延龄确有本事，能把没有说成有，能把有说成没有！

正巧，李适外出打猎，一位神策军士兵向李适当面投诉：全国财政总监署一直没有下拨今年的草料。

李适脸色大变，他经历过兵变，他能嗅出兵变前夕的味道，神策军将士已经向他当面投诉了，说明军心已经不稳了。

李适火速回宫，狠狠处理陆贽等人的念头已经在脑海中形成，让你们煽动军心，要你们好看。

公元795年四月二十五日，陆贽被贬为忠州别驾，李充被贬为涪州长史，张滂被贬为汀州长史，李铦被贬为邵州长史。

相比于刘晏、杨炎、窦参，陆贽是幸运的，在裴延龄的唆使下，李适一度动了杀机，在谏议大夫阳城等人的劝说下，李适总算打消了诛杀陆贽的念头，由诛杀改为贬黜。

到了忠州，陆贽一看顶头上司，心中暗暗叫苦，他的顶头上司是忠州刺史李吉甫，当年陆贽刚拜相时，将时任驾部员外郎李吉甫贬为明州长史，没想到山水永相逢，在忠州两人又遇上了，而且李吉甫变成了陆贽的上级。

家人为陆贽捏一把汗，前几年宰相窦参就是这样落难，相同的一幕不会在陆贽身上上演吧？

万幸，李吉甫没有记仇，他不仅没有报复陆贽，反而以宰相之礼侍奉陆贽，在他任内，他与陆贽关系甚笃，传为佳话。李吉甫之后，薛延继任，对陆贽一样礼敬，此时李适已经淡忘了对陆贽的恨意，还特意让薛延传旨，以示宣慰。

身在忠州的陆贽已经不是那个血气方刚的陆贽了，他不再过问政治，忠州十年，他只干了一件事，为了治疗忠州流行的疠疫，他查阅古书，抄写古方，十年写成《陆氏集验方》，此书只关医药，不关政治，至今流传于世。

这次被贬，陆贽再也没能回去，等到再被朝廷想起时，已经是十年后了。当李适的儿子李诵登基进而想把陆贽召回委以重任时，诏书未到，陆贽已经在忠州走完了自己的人生路，时年五十一岁。

窦参，陆贽，裴延龄，他们各自扮演着自己的角色，生旦净末丑，狮子老虎狗，在他们的时代，各自演绎着自己的戏份，在他们的身后，任由后人评说。当时的所谓胜利、所谓失败，只不过是一时的结果，而真正的结果需要经得起历史长河的洗礼。

第十章　来去匆匆

李适谢幕

宰相们起起落落，大臣们分分合合，皇帝李适始终稳坐钓鱼台，将自己的权力牢牢抓在手中，泾原兵变的阴影始终留在他的心里，该把兵权交给谁呢？他一直在心中权衡。

权衡良久，泾原兵变后的一个画面闪现在李适的脑海中。

李适清晰地看到，领头的是宦官窦文场，正是他带着一百多个宦官忠心追随，让自己在慌乱之中吃下了一颗定下丸。如今痛定思痛，似乎把兵权交给窦文场这些忠心耿耿的宦官更为稳妥，毕竟他们是忠诚的家奴，这些家奴远比那些有野心的将军靠得住。

泾原兵变后，李适开始逐步将禁军的兵权交给以窦文场为首的宦官。公元796年六月，李适迈出了最为重要的一步，任命监勾当左神策窦文场、监勾当右神策霍仙鸣为神策军护军中尉，监右神威军使张尚进、监左神威军使焦希望为神威军中护军，至此，神策军、神威军的兵权完全落入宦官手中，这一制度伴随唐王朝始终。如果说，藩镇割据是唐王朝身体上的一个毒瘤，那么宦官掌兵则是唐王朝的脑瘤，从李适之后，唐王朝皇帝的废立基本都掌握在宦官的手中，中国大历史中第二个宦官当权的时代呼之欲出。

皇帝重用，让窦文场这些宦官终于扬眉吐气，为了一吐多年被歧视的郁闷之气，窦文场授意宰相们用麻纸发布关于自己的任命。窦文场为何如此在乎纸张，这里面有一个渊源。

以往，李适为禁军设立了六个统军职位，这个职位行政待遇等同于六部尚书，专门用来安置原本镇守四方的藩镇节度使，虽然权不重，但位置很高。对于统军的任命，就是写在麻纸上，以示隆重和恩宠。现在窦文场授意宰相们用麻纸发布对自己的任命，这也是要政治待遇。

窦文场满心以为事情很简单，不过还是遭到了阻挠。

翰林学士郑絪据理力争，上奏道：按照惯例，唯有封王、命相才用白麻纸发布任命，如今用来任命护军中尉，不明就里的人会以为陛下专门以此来宣示对窦文场的恩宠，难道以后还要成为惯例吗?

依着李适的心思，用麻纸发布对窦文场的任命也没有什么大不了的，不过郑絪将问题提了出来，他就不能不考虑。

李适按下了用麻纸发布任命的心，对窦文场说道："武德、贞观年间，宦官最高不过当到员外将军同正而已，穿紫袍的寥寥无几。从李辅国之后，制度就被破坏了。朕今日用你，不想让别人认为我有私心。如果再以麻纸发布任命命令，朝臣一定会说是你胁迫我做的!"

窦文场明白问题的利害，连连叩头谢罪。

皇帝和宦官一起上演了纳谏的好戏，归根结底只是做给别人看的，李适对窦文场的恩宠满朝皆知，抛开扎眼的麻纸，恩宠照样向窦文场等人从头到脚袭来。从这时起，窦文场和霍仙鸣的实力越来越大，藩镇的将帅有很多出自神策军，而宰相和各部尚书也有出自窦文场的门下。

宦官掌兵正向着登峰造极的方向发展，为了获得更多的粮饷，不少边防部队主帅请求变更部队番号，改为隶属于窦文场统率的神策军，双方各怀鬼胎，一拍即合。经过一段时间的变更，神策军名下隶属的部队已经有十几万之多，成为最有实力的一支军队。正是有这支军队为后盾，窦文场和他的继任者们一起呼风唤雨，影响着大唐王朝的朝政。

当然，这一切都拜李适所赐。

时间走到公元805年，该到了李适谢幕的时候，这一年正月，文武百官进宫向皇帝李适道贺，唯独太子李诵没有来。

李适心中一阵悲凉，自己册立了那么多年太子，没想到这个时候，太子居然没能来。

太子李诵不是不想来，而是不能来，公元804年九月，李诵突然中风，不仅身体机能严重受损，而且丧失了语言功能，帝国的大任即将放在他的肩上，他能挑得起这副重担吗?

李适本已抱病在身，再加上忧虑太子，这一次彻底病倒了。

太子本已在病中，皇帝又病倒，长安上空的空气顿时紧张起来。二十多天过去了，宫门紧闭，消息不通，人们不知道皇帝和太子到底身体状况如何，猜测自然多了起来。

猜测随着真相的到来结束了，皇帝李适的身体没有悬念了，他走完了自己的人生路，享年六十三岁，他的儿子李诵奉上庙号——唐德宗。

这是一个一生充满矛盾的皇帝，他起初信任宰相，后来猜忌大臣，文过饰非，刚愎自用；他起初主张削藩，后来听之任之、得过且过；他起初排斥宦官，后来委以重用，直至授予禁军兵权；他起初节俭，拒绝各地进贡，后来大肆收受进贡，聚敛私财。

这就是唐德宗李适，一生充满矛盾和纠结的皇帝，他的矛盾和纠结的分水岭是泾原兵变。一场泾原兵变彻底改变了他的人生，让他从一个矢志有为的皇帝变成了一个自相矛盾的皇帝，归根结底，他是一个没有安全感的皇帝，他所做的一切，最后的落脚点都是“安全”两个字。

台湾名家柏杨对其评价为“猪皇帝”，问题是，猪同意吗?

平庸，猜忌，得过且过，没有安全感，将这几个关键词组合到一起，大家可以得出自己的评价。

李适驾崩之后，翰林学士郑絪和卫次公被召集到金銮殿起草遗诏，这时有宦官说了一句话：“禁中议所立尚未定!”

这位宦官的意思是说，皇帝驾崩，到底谁承继大统还没有确定呢！

在场官员怔在了原地，谁都能听出背后的深意，一看发言者的身份，众人闭口不言，不敢蹚这潭深水。

翰林学士卫次公看了宦官一眼，一字一句地说道："太子虽然患病，但嫡子身份不变。即便太子不能承继大统，也要立太子的儿子广陵郡王，不然，天下必定大乱！"

卫次公此言一出，得到了众人的附和，太子即位，天经地义，不需多言。

太子李诵心知人心不稳，尚在观望，只能拖着病体出来现身说法，他穿着麻鞋紫衣，强撑着病体走出九仙门，召见了禁军各军将领，此次召见初步稳定了人心，朝中紧张的空气得以舒缓。

几天后，李诵在太极殿正式即位，是为唐代历史上的唐顺宗。

永贞革新

随着李诵登基，李诵身边的智囊开始登上政治舞台，他的智囊很多，核心是两个人，一个叫王伾，一个叫王叔文。

王伾，杭州人，擅长书法，翰林待诏，李诵当太子时，王伾是李诵的书法老师；王叔文，越州山阴（今浙江绍兴）人，翰林待诏，因为擅长围棋，得以进入东宫成为李诵的围棋老师。

在李诵压抑苦闷的太子生涯中，王伾和王叔文扮演着重要角色，他们不仅教授太子技艺，还与太子一起纵论天下大事。当然，这种纵论只是小范围的，圈子里只有王伾、王叔文以及另外几个人，在另外几个人中，最知名的当属刘禹锡和柳宗元，于是这个圈子又被称作"二王刘柳"。

在这个圈子中，王叔文是核心人物，他的见解远在众人之上，在众人做出一个看似合理的决定时，王叔文总能一眼看到问题的本质。

有一天，二王和刘禹锡、柳宗元等人又聚在东宫纵论天下大事，话题围绕着宫市弊端展开，众人越说越起劲，说得太子李诵跃跃欲试：“我要把这些弊端奏报给父皇，力争短时间内全部革除!”刘禹锡等人拍手称快，王叔文不动声色，一言不发。

李诵看着王叔文，这不是他的一贯风格，为何一言不发，莫非他另有想法?

众人退下之后，李诵单独留下了王叔文：“刚才你为何不说话？是不是有什么深意?”

王叔文看了看李诵，回应道：“臣王叔文得太子殿下信任，有一些意见和见解，自然应该向殿下奏报。臣以为，太子的职责乃在于侍膳问安，向皇上尽忠尽孝，不宜对其他事情品头论足。皇帝在位久了，如果怀疑殿下在收买人心，那殿下如何为自己辩解?”

一语道破天机，王叔文这番话于李诵而言就是醍醐灌顶，尽管身为太子，但朝政方面的事还是少说为妙，一旦被扣上“收买人心”的帽子，想挣脱就难了。

李诵连连向王叔文道谢：“如果没有先生点拨，我怎能明白这其中的奥妙!”

因为这次进言，王叔文深得李诵赏识。李诵登基之后，王伾先进入宫中，以皇帝李诵的名义将王叔文召进翰林院处理国家事务，然后再将王叔文的意思转告宦官李忠言，由李忠言请示李诵后再下诏执行。

失语的李诵召见百官时拉上一道珠帘，他坐在帘子后面，由宦官李忠言和牛昭容（李诵的嫔妃之一）陪同，遇到百官请示，李诵示意李忠言和牛昭容，再由他们发出具体指令。这就是李诵处理国政的程序，一个残障皇帝的行政程序。

为了给王伾和王叔文名分，李诵任命殿中丞王伾为左散骑常侍，翰林待诏身份照旧，王叔文为起居舍人、翰林学士。之前，王叔文建议由吏部郎中韦执谊出任宰相，与自己内外呼应，王叔文居翰林院运筹帷幄国家大事，韦执谊以宰相名义负责执行。

经过一段时间磨合，朝中形成了一道奇特的链条，链条上有五个人：王叔文、王伾、李忠言、牛昭容、李诵。王叔文如果有什么决策，先通报给王伾，王伾通报给李忠言，李忠言通报给牛昭容，牛昭容通报给李诵，一番串联之后，王叔文的决策就可以实施。

这样一来，李诵的朝中就形成了一个奇特现象：凡事是否可行，不是先经过中书省，而是先经过翰林院，由翰林学士王叔文拍板，然后皇帝下诏给中书省，由宰相韦执谊具体执行。

显然，这是非常时期的非常之法，并不符合惯例，而且王叔文与李诵之间的环节太多，一旦中间环节断裂，后果不堪设想。

王叔文并没有想太多，他面临的是千载难逢的机会，正是大展拳脚大干一场的时候，怎能被现有的环节束缚住？王叔文的同盟军韩泰、柳宗元、刘禹锡等人同样热血沸腾，他们看到机会就在自己眼前。

王叔文笔走龙蛇，提出了若干建议，这些建议旨在革除唐德宗贞元年间的行政弊端，以前他不让太子李诵说，现在可以让李诵着手做了。

大赦天下，法定贡奉之外，不准再有进奉，取缔宫市，取缔五坊小儿。

宫市、五坊小儿都是贞元末年的恶政。所谓宫市，即宫中宦官到集市上随意征收商品，随意给出价格，商人还不得不卖，否则就是抗旨不遵！白居易笔下的《卖炭翁》即是宫市的生动写照，“一车炭，千余斤，宫使驱将惜不得，半匹红绡一丈绫，系向牛头充炭直”，说是宫市，实则与明抢差不多。在唐德宗李适年代，宫市存在了若干年，虽然文武百官都有进言，但宫市始终延续，不为所动。后来宫市登峰造极，发展成“白望”，出宫采购的宦官看中什么直接拿什么，要么分文不给，要么只给零头的零头，直接明抢。现在李诵宣布取缔宫市，宫中宦官不准再以皇家名义随意征收商人货物。

此举大快人心，同时也伤了一小撮人的心，这一小撮人被侵犯了根本利益，从此将王叔文恨得咬牙切齿。

五坊小儿则是一帮无赖破落户，顶着为皇家张捕鸟雀的名义横行霸道，霸道到将鸟网支在居民家的大门口，不准居民出入，甚至支在井口，不准附近人家取水。一旦有人强行通过或者取水，则大呼："你惊动了贡奉的鸟雀！"随之加以痛殴。

他们所做这一切，只为勒索钱财，百姓敢怒而不敢言。

在王叔文的主张下，五坊小儿也被取缔了，从此再也没有人拿着鸟网横行霸道了。

初试拳脚之后，王叔文又有了大动作，他把目光锁定在帝国的财权和兵权上，只有将这两大权力拿到手中，才能真正掌握帝国权柄，否则一切都是枉然。两相比较，兵权盘根错节，不能急于求成，而财权可以通过任命直接拿到，若能拿到，则可以盈缩兵赋，操柄市士。

在王伾和王叔文的运作下，王叔文顺利出任度支、盐铁转运副使，正使则由德高望重的老臣杜佑担任。之所以选择杜佑，是因为杜佑有能力，可以服众，更重要的是可以成为给王叔文挡风的墙，名义上杜佑是正使，实际上权力掌握在王叔文手中。

历史给王叔文的时间太短了，庞大的度支和盐铁系统让他一时无从下手，只能与同盟者一起紧急磋商，他们在跟时间赛跑，想尽快将这两大系统纳入自己的势力范围。

正事还没理顺，节外又生枝。

节外生枝的是王叔文的同盟军刘禹锡，他与御史大夫武元衡发生了矛盾。

武元衡，并非泛泛之辈，他的曾祖武载德是武则天的堂弟，祖父武平一擅长写文章，官至考功员外郎、修文馆直学士。不过武元衡并没有从祖上借太多光，他的父亲武就最大的官只当过殿中侍御史，还是靠武元衡显达，武就才被追赠为吏部侍郎。武元衡登上仕途，完全靠的是自己的本事，他进士登第，一路做到监察御史，唐德宗贞元二十年，武元衡被擢升为御史中丞。

一次，唐德宗与武元衡在延英殿对话，武元衡对答如流、反应得体。等武元衡辞别唐德宗李适出殿时，李适一直目送武元衡背影离去，对左右说："元衡真宰相器也！"

李适果然没有看错，在唐德宗孙子唐宪宗元和一朝，武元衡果然官拜宰相。

与王叔文同盟军发生冲突时，武元衡正担任御史大夫。由于王叔文的同盟军在贞元末年多数担任御史，武元衡跟这些御史关系不睦，进而使得武元衡从心底看不上王叔文，两人关系非常紧张。等到武元衡兼任山陵仪仗使时，刘禹锡想在武元衡那里兼任一个判官，没想到遭到了武元衡的强烈反对。身为刘禹锡一派领军人物的王叔文想居中调和，既让刘禹锡出任判官，又顺便把武元衡拉到自己的阵营，为此他派人对武元衡以权、利相诱，没想到遭到了武元衡的拒绝。

王叔文恼了，他不想再在武元衡身上浪费时间，索性一不做二不休，将武元衡从御史大夫的官位上撸了下来，改任闲职——太子左庶子，哪凉快哪待着吧。

武元衡虽然被撸了下来，王叔文一派的麻烦却没有结束，有人替武元衡打抱不平，矛头直指刘禹锡。

侍御史崔群弹劾道：屯田员外郎刘禹锡挟邪乱政，不宜在朝，应该贬出长安。王叔文一听，顿时气恼，真是一波未平一波又起，这个崔群想干什么？

正想着，崔群居然不请自来，自己找上门来。

崔群道："天下的事真的很难说啊！"

王叔文接话："为何这么说？"

崔群接着说道："去年京兆尹、道王李实仗着皇亲身份，气焰很是嚣张，那时阁下逡巡道旁，只是江南一个小吏（王叔文时任苏州司功）。如今阁下处在了去年李实的位置上，焉知道旁没有一个像阁下一样的人？"

崔群话里有话，绵里藏针，扎得王叔文浑身不自在。王叔文的同盟军看不过眼，想把崔群贬出长安，却被宰相韦执谊拦住了，算了吧，崔群一向强直，如果贬出长安，恐怕会舆论哗然。

王叔文叹了口气，想做点事，真的好难，既要面对宦官的反扑，还要面对同僚的抵触，如果能多几个人帮帮我多好呢！

王叔文格外怀念吕温和李景俭，如果这两个人在，或许自己能够更加从容，可惜他们都不在身边。

吕温奉旨出使吐蕃，据说要在吐蕃一待半年；

李景俭正在家中服丧，一时半会也指望不上。

王叔文又叹了口气，谁都指望不上，还是指望自己吧。

王叔文还在勉力而为，他的靠山李诵身体却一天不如一天了。李诵虽然还经常上殿，但仅仅是坐在那里，满朝文武没有一个人能当面向他奏报，时间一长，李诵的身体状况又成了谈论的焦点。顺着李诵的身体状况延伸下去，是否应该早立太子成了更热门的话题。

在立太子的话题上，满朝文武分成了两派，王叔文一派刚刚当权，自然不想在此时册立太子。在皇帝身体状况不佳的情况下，册立太子就是分权的开始，王叔文一派不想把刚到手的权力分割出去。

纵然王叔文不愿此时册立太子，还是有大批想拥立太子的人，这些人也有自己的政治目的。宦官俱文珍、刘光琦、薛盈珍等人以前是唐德宗李适面前的红人，随着李适驾崩，俱文珍等人随之成了前朝的人，只能眼看着王叔文和李忠言这些新贵登上政治舞台。倘若皇帝李诵身体正常，俱文珍这些人只有认命，从此默默退出历史舞台。偏偏李诵糟糕的身体让俱文珍等人看到了希望，俱文珍打起了如意算盘，如果能在拥立太子的节骨眼上出一把力，那不就成了太子的有功之臣？

俱文珍马上行动，奏请李诵同意后，随即召集翰林学士郑絪、卫次公等人入金銮殿，起草册立太子的诏书。

李诵同意了册立太子，但册立谁当太子还是个问题。陪侍李诵左右的牛昭容有自己的想法，广陵郡王李淳与自己没有半点瓜葛，册立他为太子，于自己没有半点好处。牛昭容遂保持沉默，她想用沉默切断李诵与大臣们的联系。

郑絪索性不再请示，直接在纸上写下四个大字——立嫡以长。郑絪将纸呈到李诵面前，李诵微微点了点头，嫡长子、广陵郡王李淳为太子，改名李纯。

册立太子诏书下达之日，别人都在欢庆，王叔文感慨万千，木已成舟，他不能再对太子说三道四，只能借诗词以抒怀——出师未捷身先死，长使英雄泪满襟。诗词诵完，王叔文潸然泪下，别人像看怪物一样看着他，前言不搭后语，他在做什么呢？真可笑！

知我者，谓我心忧；不知我者，谓我何求！

危机已经向王叔文袭来，册立太子一事就是前兆。以往，王叔文一派能够直通皇帝，现在俱文珍等人也能直通皇帝，王叔文已经没有太大的优势了，而且他将要面对的是两股势力，前朝的俱文珍一派，新册立的太子一派，两派还有合成一派的趋势，王叔文只能且战且进，前面的路上是什么，他的心里并没有底。

册立太子一事，王叔文败下阵来，只能重整旗鼓，从别的方面再扳回来，他要用气势证明自己在朝中的能量。

王叔文锐意改革之时，朝中有五位宰相，分别是贾耽、杜佑、高郢、郑珣瑜、韦执谊，此时宰相的临时工性质非常浓，很少有能连续数年担任宰相的人，像贞观年间房玄龄、杜如晦那种自担任宰相起一直到病逝的人少之又少，即便有宰相死于任上，实际上担任宰相的时间也不长。此时间的宰相，更像是走马灯宰相。

如今这几位宰相对王叔文也是各有各的看法，贾耽因为看不惯王叔文专权，索性称病不出，屡次上书请求退休，再也不想与王叔文共事。

其余几个宰相对于王叔文至少面和，但微妙的平衡还是因为王叔文的一个举动被打破了。

一天，宰相们正在中书省用餐，王叔文到了门口，他想和宰相韦执谊谈点事情。王叔文示意门卫进去通报，门卫告诉他，按照惯例，宰相们正在用餐，谁也不能进去打扰。

王叔文火冒三丈，惯例，什么陈芝麻烂谷子的惯例，让你通报就去通报，少废话！

门卫不敢得罪王叔文，硬着头皮进去向宰相们通报。韦执谊顿时脸就红了，围着桌子转了几圈，心里斗争不断，让王叔文进来不符合惯例，不让他进来自己又得罪不起。韦执谊终于下定了决心，起身出去将王叔文迎了进来，其他几位宰相心中暗自嘀咕，唉，规矩就这样被破坏了！

韦执谊将王叔文领进内阁，两人在内阁中窃窃私语，杜佑、高郢、郑珣瑜停下了筷子，等着韦执谊回来入席。等了一会，有人来报：王叔文要了一份饭，已经跟韦相在内阁中开吃了！

杜佑、高郢互相看了一眼，心中明知不合规矩，也不敢表露，郑珣瑜则长叹一声："我怎么还能坐这个位置呢?"随即起身，纵马而去，再也不到中书省报到。

王叔文用自己的气势压服了很多人，与此同时也为自己埋下了很多雷，像他这种平地起风雷坐着直升机当官的人，关键在根基过硬。他的后面如果一直站着一个身强力壮的强硬皇帝，那么王叔文可以大有作为，而王叔文的后面站着的是一个严重中风的皇帝，他对王叔文的支持力度取决于他的身体状况。一旦李诵的身体状况再次下滑，等待王叔文的又会是什么呢？

暗潮已经开始涌动，无论王叔文是否愿意看到。

宰相韦执谊与王叔文是同盟军，但他的岳父并不是。韦执谊的岳父叫杜黄裳，在唐德宗李适时代屡次遭到裴延龄的打压，连续十余年不得升迁。李诵登基后，杜黄裳升任太常卿，按道理这个职位是王叔文一派给的，杜黄裳应该感激王叔文才是，杜黄裳没有，他的脚站到了另外一边。

杜黄裳向韦执谊建议——率领群臣请太子监国！韦执谊听后大惊："丈人刚刚得了一官，怎么就开口议论起禁中的事了！"

杜黄裳也不含糊："黄裳受三朝之恩，岂是一个官就能收买的！"

翁婿二人不欢而散，太子一派与王叔文一派的矛盾也渐渐浮出水面，两派的矛盾在于太子是否应该监国，如果太子监国，自然有自己一套人马，如果保持现状，王叔文还有施展空间，双方就此进入角力阶段。

为了试探太子的态度并且让太子对王叔文一派有好感，王叔文与韦执谊商议，擢升给事中陆淳为太子侍读。为了避讳，陆淳特意改名为陆质，改名的他带着重任接近太子李纯。

陆质在侍读之余，有意将话头引到朝政上，陆质刚开头，太子李纯便发怒道："陛下让先生为寡人讲解经义而已，先生扯别的事情干什么！"

陆质大惊失色，连连道歉，惶恐而出。

发火的李纯已经二十七岁了，他已经是心思缜密能够独立思考的成年人了，朝中的暗流涌动他心知肚明，只是不动声色、静观其变而已。

王叔文明显感觉到自己已经危机四伏，宦官随时可能反扑，同僚抵触不断，自己由苏州司功身份骤然提升，显然打破了朝中原有的平衡。改革就要触动一些人的利益，这些人自然要成为自己改革过程中的阻力，必须顶住这些阻力，改革才能成功，不然之前所有的努力都将化为乌有。

为今之计，还是尽快将兵权抓到手中。财权固然重要，但最重要的还是兵权，只有手握兵权，才能为自己的改革保驾护航。

冰冻三尺非一日之寒，要想从宦官手中直接夺过神策军的兵权显然不现实，必须走一条曲线救国的道路，迂回包抄将神策军兵权抢到自己手中。

公元805年五月，皇帝李诵颁布一项任命：右金吾卫大将军范希朝为左、右神策京西诸城镇行营节度使，这道任命意味着驻扎京西的神策军以后将听从范希朝的命令，这是王叔文向宦官夺权的开始。

起初，俱文珍等宦官并没有读懂这项任命的深意，他们还当是一般的任命，等到驻扎京西的神策军将领纷纷写信声称日后将听命于范希朝时，俱文珍才恍然大悟，王叔文这是要夺权啊，老将范希朝只是一个幌子，真正掌握兵权的将是王叔文的同党、度支郎中韩泰！

想夺兵权？

没那么容易！

俱文珍随即发出指示：京西神策军将领不准与范希朝见面，更不要交给他一兵一卒！这个指示意味着俱文珍授意神策军将领们拒绝向范希朝交权。

老将范希朝本就是赶鸭子上架，等他赶到奉天一看，没有一个将领前来报到，范希朝顿时明白了，两派这是杠上了，自己还夹在中间做什么呢？

掉头，打马，回家，养老！

王叔文抢夺兵权的行动刚开了头，就收了尾，这次行动王叔文孤注一掷，没想到遭遇宦官们的抵抗，无疾而终。这次孤注一掷的效果是显著的，没打着草，还惊了蛇，原本王叔文一派与宦官一派还保持着微妙平衡，现在平衡打破了。

不久，王叔文得到了新的任命，他被擢升为户部侍郎，度支、盐铁副使照旧，然而翰林学士的头衔却被注销了。

诏书拿在手中，王叔文大惊失色，这么快宦官就向自己动手了，自己每天要去翰林院处理国家大事，没了翰林学士的头衔，如何进得了翰林院？

这些不全乎的东西，手段好毒啊！

王叔文连忙找王伾磋商，经过王伾的紧急协调，王叔文得到了一个安慰性的补偿：每隔三五日可以进翰林院处理事务，但翰林学士头衔依然取消。

形势已经急转直下，王叔文的心情糟透了。

这时有倒霉蛋撞到了王叔文的枪口上，王叔文将怒火一股脑地发泄到了他的身上。

倒霉蛋叫羊士谔，原是宣歙道巡官，他得罪王叔文主要是因为大嘴巴。羊士谔因公出差到长安，正赶上王叔文大展拳脚大肆揽权，羊士谔天生大嘴巴，便在公开场合指责王叔文专权，很快就有好事人将羊士谔的话传到了王叔文耳中。

王叔文正在烦躁时，遇上羊士谔这种大嘴巴，气火攻心，非要将羊士谔置于死地。

斩之！韦执谊不同意！

杖杀之！韦执谊不同意！

贬！韦执谊总算同意了！

倒霉蛋羊士谔被贬为汀州宁化尉，再让你大嘴巴，到汀州去大嘴巴吧！

伴随着羊士谔被贬，韦执谊与王叔文的革命友谊也出现了裂痕，在处理羊士谔的问题上，韦执谊总与王叔文唱反调，这让王叔文非常不爽："推荐你出任宰相，不是让你跟我唱反调的！"

韦王二人矛盾渐起，往来两人门下的人都为之提心吊胆，就怕两人有一天会彻底撕破脸。

旁人的担心终究成为现实，在处理剑南支度副使刘辟的问题上，两人矛盾再次升级。

剑南支度副使刘辟是西川节度使韦皋的副手，他到长安求到了王叔文的门下，把韦皋的意思传递给了王叔文：您如果能将剑南三川都划给我，我必以死相报；如果不给，我也会有行动！

韦皋的话软硬兼施，若你王叔文帮我，我必誓死相报，如果你不帮我，我会让你好看！

韦皋在西川二十余年，山高皇帝远，已然有西川王的感觉，与王叔文说起话来，自然底气十足，他的强硬与寻常官员的小心翼翼大相径庭。

王叔文又一次动了怒，欺人太甚，居然敢威胁我！

一怒之下，王叔文又想斩了刘辟，这一次又被韦执谊拦住了！

王叔文暂时按下怒火，准备过两天算账，没想到刘辟听说羊士谔被贬往汀州后脚底抹油溜回了西川，王叔文又一次动了肝火，都是你韦执谊屡次坏事！

王韦二人的矛盾日益加深，两人看待对方的眼光也与以往不同了。以前，在王叔文眼里，韦执谊是自己的同盟军、志同道合的战友，现在则是一个忘恩负义的小人；以前，在韦执谊眼中，王叔文是一个有着远大理想、胸怀天下的文士，现在则成了一个睚眦必报、心胸狭窄的斗鸡。

眼光不同了，友谊变淡了，误解加深了，仇恨变浓了，随着时间的推移，两人的政治见解分歧也越来越大，韦执谊经常跟王叔文唱反调。

王叔文出离愤怒，韦执谊还在试图修补，屡屡托人带话："我不敢负约，目前所作所为都是为了曲线帮助您成事！"

王叔文心中冷笑，骗鬼去吧！

王叔文的处境越来越难，同盟军越来越少，敌人越来越多，先前给王叔文带话的剑南西川节度使韦皋开始发力，他同时给皇帝李诵和太子李纯上了一道表、一道笺，核心意思只有一个——请皇太子监国！

在给李诵的表中，韦皋这样写道：陛下哀毁成疾，重劳万机，故久而未安，请权令皇太子亲监庶政，俟皇躬痊愈，复归春宫。臣位兼将相，今之所陈，乃其职分。

在给太子李纯的笺中写道：圣上远法高宗，亮阴不言，委政臣下，而所付非人。王叔文、王伾、李忠言之徒，辄当重任，赏罚纵情，堕纪紊纲。散府库之积以赂权门。树置心腹，遍于贵位；潜结左右，忧在萧墙。窃恐倾太宗盛业，危殿下家邦，愿殿下即日奏闻，斥逐群小，使政出人主，则四方获安。

韦皋果然言出必行，既然王叔文没有帮自己谋到三川之地，自己就站到王叔文的对立面，向太子表忠心，将宝押在太子身上。

不久，荆南节度使裴均、河东节度使严绶也跟着上表，核心意思也是请皇太子监国。

三大节度使几乎同时请皇太子监国，这就不是巧合了，而是有人在幕后操纵。满朝上下，能同时调动三大节度使的，恐怕只有以俱文珍为首的宦官集团，而三大节度使权衡利弊之后清楚地发现，如果押宝在王叔文一派，背后只有病秧子皇帝，随时可能树倒猢狲散，如果押宝在宦官一派，同时还能抱住太子李纯的大腿，押宝哪派的收益大，已经很明显了。

王叔文陷入四面楚歌的境地，他不知道自己如何渡过这个难关，论谋略自己不输于任何人，但论官场争斗，自己实在是才疏学浅，以前自己真是低估了这个错综复杂的官场。

就在王叔文冥思苦想准备继续与宦官集团抗争时，家中传来不好的消息——老夫人病重，恐怕时间不多了。

闻听老母病危，王叔文方寸已乱，焦头烂额之下居然想出了一个高招——摇尾乞怜！

王叔文在翰林院摆了一桌酒菜，请来了一些翰林学士以及俱文珍、刘光琦、李忠言等几个宦官，书生意气的王叔文想用这桌酒菜唱一出戏。

王叔文一脸诚恳地端起酒杯，向着在座的宦官说道："叔文母亲病重，因为身担国事，一直没有回去侍奉母亲汤药。如今叔文将告假回去侍奉母亲，叔文自问，一向兢兢业业，不避危难，都是为了报答朝廷重用之恩。一旦叔文离去，恐怕各种诽谤就会不请自来，到时各位能否帮叔文说几句公道话？"

与虎谋皮，公鸡请黄鼠狼当保卫科科长！

王叔文昏头了，病急乱投医居然投到了宦官门下！

俱文珍冷冷地看着王叔文，心中连连冷笑，你王叔文也有今天！

俱文珍接过王叔文话头，一句接着一句地反驳，驳得王叔文哑口无言。今天王叔文有求于人，早已没了往日底气，明知俱文珍故意刁难，还是得笑脸相迎，一个劲劝酒。

各怀心思的酒宴几巡过后便不欢而散，王叔文看着一桌子的残羹冷炙，难掩心中悲凉。

几天后，王叔文母亲去世，王叔文不能再上班了，只能按照惯例回家服丧。

坏消息一个接一个传来，宦官步步紧逼，曾经的同盟军韦执谊也越来越不听话，王叔文在朝中的话语权逐步丧失。

王叔文愤怒到了极点，他要拿回属于自己的东西，虽然自己居丧，但是只要皇帝批准，就可以夺情起复，象征性地在家服一小段时间丧就可以复出，不必等到三年以后。

按照王叔文的计划，起复之日，先斩了韦执谊这个背信弃义的小人，然后将那些抵触自己的人一律诛杀，让你们跟我唱反调。

起复尚遥遥无期，计划已不胫而走，曾经阻挠过王叔文的人个个惊慌失措，他们的脑海中都闪过一个念头：绝不能让王叔文回来！

满朝上下，可能只有一个人希望王叔文回来，这个人就是王伾。

王伾与王叔文一直并肩作战，王叔文靠王伾进宫帮自己争取待遇，王伾则需要王叔文给自己出谋划策，不然自己就会进退失据，他写得一手好书法，却始终无法应对朝中的复杂局面。

王伾想要王叔文回来，但他并没有好办法，只能每天去央求宦官以及杜佑，请他们奏报皇帝李诵，任命王叔文当宰相并且统领禁军。

显然，这是异想天开。

王伾没能如愿，退而求其次，恳请宦官让王叔文出任威远军使并且担任宰相，这个要求依然没有被批准。

王伾已经意识到大事不妙，他不知道自己能否过得了这一关。

当天，王伾枯坐翰林院，先后上了三道奏疏，然而都是石沉大海。王伾知道，完了，自己与皇帝李诵之间的联系被切断了，以后自己的话再也不能上达天听了。

王伾歪躺在榻上，脑海中一直无法平静，到了夜里，他突然大叫一声：“我中风了！”

第二天，王伾乘车回到家中，再也不去翰林院上班，他的中风基本宣告了王伾王叔文一派倒台，事情发展到这个地步，他们已经无能为力了，等待他们的是任人宰割了！

公元 805 年七月二十八日，皇帝李诵下诏：鉴于自己长期患病不能康复，国政全部委托给太子李纯。

这道诏书究竟是否出于李诵本意，后人只能揣测，多数人认定这纸诏书并非他的本意，但他羸弱的身体注定他将退出历史舞台，一个连自己身体都控制不了的皇帝，如何能控制一个王朝呢？

六天之后，也就是八月四日，李诵再次下诏，太子李纯继位，自己改称太上皇。

从太子到皇帝，再到太上皇，别人几十年才能走完的路，李诵不到一年就走完了，这不是幸运，而是彻头彻尾的悲剧，不怪别的，只能怪自己的身体不争气，不争气到连自己的生命权都不再掌握在自己手中。

在此期间，后宫究竟发生了什么，宫外的人无从知晓，即使身在宫内的人，也只有少数几个人知道真相。中国的历史就是这样，后宫就是一个黑匣子，多少秘密永远掩盖在历史的云烟之中。

与李诵、李纯生活在同一个时代的刘禹锡曾经写道：当时太上皇身体有病，宰相大臣都不能得到召对。而宫掖事秘，建桓立顺，功归贵臣。刘禹锡如此写，显然在李诵与李纯的皇位更迭中存在很多隐秘之事，外人是无从知晓的。

如果推测没错的话，此时的皇帝李诵早已被以俱文珍为首的宦官控制在手中，所谓的两次下诏都不过是假冒他的名义，李诵连自己的生命都说了不算，就更别说朝政了。

一天后，太上皇李诵迁往兴庆宫，同时下诏改年号为永贞。

想想李诵这个皇帝真够窝囊，当了二十多年太子，四十四岁才轮到自己登基，没想到只当了半年的皇帝，就被自己的儿子给轰了下来。这还不算，当了半年皇帝居然连自己的年号都没有，公元 805 年八月五日之前算贞元二十一年，这是他爹唐德宗的年号，公元 805 年八月五日之后算永贞元年，名义上是他的年号，实际上是他儿子唐宪宗的年号，而他，一无所有，连个属于自己的年号都没有！

与他同病相怜的是明光宗朱常洛，他比李诵还惨，身为万历皇帝的长子，他在位仅仅二十八天，老爹万历的年号还没来得及改，他就跟随老爹驾鹤而去。在他身后，他的儿子将年号改为泰昌，说是他的年号，实际还是他儿子的年号。

同是天涯沦落人，相逢何必曾相识！

公元805年八月九日，李纯在宣政殿登基，是为唐朝历史上的唐宪宗。

两个月后，曾经一度威胁李诵太子之位的舒王李谊辞世，是正常死亡还是非正常死亡，史无明载，只是这个结果是李纯愿意看到的。

公元806年正月初二，皇帝李纯将年号改为元和，属于李纯的元和中兴正式拉开了帷幕。

而在拉开帷幕的同时，李纯还需要做一点善后工作，他那体弱多病的太上皇父亲还在宫中呢，他还需要把戏做足。

正月初一这天，李纯率群臣为太上皇李诵奉上尊号，正月十八日，李纯下诏宣称太上皇“旧恙愆和”。

“旧恙愆和”的意思是旧病还没有痊愈，此举是向全天下宣告太上皇病危，在历朝历代都极为罕见。一般皇帝身体状况是帝国的最高机密，不到万不得已不会向外昭告，李纯此举，是为下一步作铺垫。

一天后，李诵于兴庆宫病逝，走完了自己来去匆匆的人生。

在父亲李诵从皇帝变成太上皇，再从太上皇到驾崩，李纯从始至终是心知肚明的，他究竟有没有暗中授意或者默许宦官逼迫父亲，无从知晓，我们只知道，在这一过程中他快速掌握帝国权柄，迎来了属于自己的舞台。

这是一个在唐朝历史上与唐太宗李世民、唐玄宗李隆基并驾齐驱的皇帝，他的功业可以与两位先祖比肩，历史总是有惊人的相似，相似到彼此就是对方的模仿秀。

由李世民发端，唐朝历史先后上演数次“子逼父退位”的好戏，李世民将父亲李渊逼成了太上皇，李隆基将父亲李旦逼成了太上皇，而李纯的父亲李诵也当过太上皇，他有没有逼迫呢？

孟子云：行一不义，杀一不辜，而得天下，皆不为也。

这是孟子的标准，而不是帝王的标准。在帝王的眼中，一将功成万骨枯，为了达到目的，什么都可以用来牺牲，包括夫妻之情，包括父子之情。

我早说过，在皇家，亲情是唯一用钱买不到的奢侈品！

第十一章　沉舟侧畔

刘禹锡其人

没有年号的李诵就这样退出了历史舞台，而当初跟随他的王叔文、王伾、刘禹锡、柳宗元等人得为失败买单。

最先倒霉的是王叔文和王伾，王叔文被贬为渝州户曹（户籍官），一年后被赐死，王伾被贬为开州司马，不久在开州憋屈地死去，他俩所主导的永贞革新彻底以失败告终。

王叔文曾经的同党、后来的仇敌韦执谊则被贬为崖州司马，崖州在如今的海南省琼山市，在那里韦执谊度过了人生最后的七年，四十六岁时病逝于任上。

刘禹锡和柳宗元呢？

他们一生的悲剧刚刚拉开序幕。

在历史的宏大叙事中，且容我用一点篇幅写一写大历史中的小人物刘禹锡和柳宗元。

在王叔文和王伾被贬的同时，刘禹锡和柳宗元也遭到了贬黜，刘禹锡被贬为连州刺史（今广东连州），柳宗元被贬为邵州刺史（今湖南邵阳），仅仅在几天前他们还是炙手可热的京官，现在他们就要到蛮荒之地报到了。

在那个“交通基本靠走，沟通基本靠吼”的年代，刘禹锡和柳宗元风尘仆仆地从首都长安赶往自己的贬所，一边赶路，一边感受着人生的巨大落差。

还有比这更差的结局吗？

这个可以有。

就在刘禹锡和柳宗元等人忙于赶路时，新的圣旨又到了，新任皇帝李纯认为把他们贬做刺史太便宜了，还是贬为司马吧！

这样，刘禹锡便由连州刺史贬为朗州（今湖南常德）司马，柳宗元由邵州刺史贬为永州（今湖南永州）司马，与他们一起被贬的官员同样被降到了司马一级。

除此之外，皇帝李纯在诏书上还有特别规定：以后即使皇帝大赦天下，八司马永不在大赦的范围之内，永远不准往内地调动。

一句话，死在外边，别回来了！

至此，唐朝历史上赫赫有名的“二王八司马”事件脉络彻底清晰，二王就是王叔文、王伾，八司马就是以刘禹锡和柳宗元为首的八个州司马。

这群原本充满理想的人，现在成了最失落的人，原本他们梦想一步登天，而现实是一步登空。两者只是一字之差，背后的境遇却是天差地别。

世间的事就是这样，祸福永远相依。如果杜甫不是遭遇那么多苦难，或许也就无法成为诗圣；如果白居易不是遭遇挫折，或许也无法写就《长恨歌》和《琵琶行》；现在刘禹锡和柳宗元也遭遇了人生的落差，这次巨大的落差会给他们带来什么呢？

人生的落差来了，诗人的诗情喷薄而出。

在朗州，刘禹锡不断地写诗，用诗表达自己的情怀：

秋词

自古逢秋悲寂寥，我言秋日胜春朝。
晴空一鹤排云上，便引诗情到碧霄。

不是想看我落魄吗？抱歉，你看不到。

在此期间，刘禹锡还有一首与蚊子战斗的诗，很有意思。

聚蚊谣

沉沉夏夜兰堂开，飞蚊伺暗声如雷。
嘈然欻起初骇听，殷殷若自南山来。
喧腾鼓舞喜昏黑，昧者不分听者惑。
露花滴沥月上天，利觜迎人著不得。
我躯七尺尔如芒，我孤尔众能我伤。
天生有时不可遏，为尔设幄潜匡床。
清商一来秋日晓，羞尔微形饲丹鸟。

斗的是蚊子吗？斗的是人！

在刘禹锡与蚊子斗的同时，柳宗元在永州也没有闲着，他写就了可以载进中国文学史的山水游记——《永州八记》，其中《小石潭记》最有名，堪称中国山水游记的巅峰之作。

与蚊子斗，与人斗，寄情于山水，抒怀于笔端，刘禹锡便这样消磨着在朗州的时光，这一消磨就是整整十年。

公元 805 年他三十三岁，十年后，刘禹锡已经四十三岁了。

公元 815 年，随着一同被贬的程异重新得到起用，长安朝中渐渐有了将刘禹锡等人重新起用的声音，于是刘禹锡和柳宗元便满怀期望地从各自的贬所回到了长安。

刘禹锡原本对这次回长安还抱有希望，不过仔细一想，他的心凉了下来，因为与他一直不睦的武元衡还在。当年正是因为与刘禹锡发生矛盾，武元衡遭到王叔文的贬黜。现在乾坤倒转，武元衡已经贵为宰相，而刘禹锡只是一个等待重新分配工作的贬官。

随他去吧，爱咋的咋的。

抱着无所谓的心态，四十三岁的刘禹锡在玄都观游玩了一番，回来便写下《游玄都观咏看花君子诗》：

紫陌红尘拂面来，无人不道看花回。
玄都观里桃千树，尽是刘郎去后栽。

写的是桃，讽的是人，意思是讥讽现在朝中那些忝列大臣的人，其实都是刘禹锡被贬之后才一个个提拔起来的。

言下之意，你们神气什么啊！

写到这里，得说唐朝的政治氛围还是相对宽松的，如果这首诗放在宋朝，估计刘禹锡得脱层皮，如果放在清朝，妈妈咪啊！

《游玄都观》一诗很快在朝中流传了起来，武元衡等人找到了攻击刘禹锡的把柄，索性借着这首诗又将刘禹锡和柳宗元贬出了长安，刘禹锡被贬为播州（今贵州遵义）刺史，柳宗元被贬为柳州（广西柳州）刺史，官职升了半级，然而离长安却越来越远。

这时，刘禹锡沉默了，他知道自己闯祸了，远去播州他可以不在乎，但他家中还有八十多岁的老母呢？

更何况，他是家中的独子，老母只能跟着他生活，现在他被贬到了播州，难道还要八十多岁的老母跟着他去播州？

关键时刻，柳宗元站出来说话了："播州是蛮荒之地，不适合人类居住，刘禹锡的母亲八十多岁了，根本不可能跟着他去，这样他们母子就要生离死别了。还是让我去播州吧，让刘禹锡去柳州！"

什么是朋友，这就是朋友，哪怕只有一个馒头，他还是愿意把这个馒头让给你，把生的希望留给你，把死的危险留给自己。

不像现在，朋友就是用来出卖的，不出事都称兄道弟，一出事就各奔东西，把生的希望留给自己，把死的危险留给朋友！

听了柳宗元的话，刘禹锡无语了，他陷入到了艰难的抉择之中，让柳宗元做出牺牲他于心不忍，但是如果坚持去播州，那就意味着与母亲生离死别，此生恐难再有相见的机会。

这时，御史中丞裴度站出来替刘禹锡向皇帝求了情，好说歹说皇帝总算格外开恩，将刘禹锡改派到连州（今广东连州）出任刺史。刘禹锡和柳宗元在被贬十年后再次踏上了被贬之路。

再出长安，内心有太多不甘，他们不知道还能不能回到长安，如果能，那会是什么时候？

刘禹锡和柳宗元结伴走到了衡阳，再往前就要分道扬镳了，刘禹锡去连州，柳宗元去柳州。

临别之际，两个诗人泪眼蒙眬，互相赠诗留念，柳宗元在离别的船上作《重别梦得》："二十年来万事同，今朝岐路忽西东。皇恩若许归田去，晚岁当为邻舍翁。"

刘禹锡内心同样凄苦，他回应道："弱冠同怀长者忧，临岐回想尽悠悠。耦耕若便遗身老，黄发相看万事休。"

两位大诗人都没有想到，这次分别竟是永别。

这一别，柳宗元再也没能回来，四年后，客死柳州，享年只有四十六岁。

这一别，刘禹锡过上了四海为家的生活，再回长安，已是十三年后。

公元819年，当柳宗元去世的消息传到连州时，刘禹锡泪如雨下，他做梦也没想到衡阳的那场分别竟是最后的永别，如果知道这个结局，他宁愿那次分别时间拖得更久一点。

悲痛之后，刘禹锡开始着手整理柳宗元的文集，此后他用毕生的精力整理了柳宗元的大部分文集，并让这些文集永远地流传了下来。

余秋雨在《文化苦旅》一书中曾经这样写道：今天我们纪念柳宗元不是因为什么，只是因为他那破旧箧箱里那一扎皱巴巴的诗文。这一切，有刘禹锡的一份功劳，如果没有刘禹锡，柳宗元的诗文能否流传下来，还是未知数。

带着对朋友的深切思念，刘禹锡投入自己的工作之中，尽管他只是一个贬官，尽管他的身上背着一个“永不受重用”的黑戳，但这并不影响他的工作热情，他把自己的一腔真情，投入自己任职的每一个地方。同时，他还将柳宗元的遗孤抚养成人，也进士及第，踏上仕途。

在连州，他刚正不阿，重士爱民，重教兴学，连州的开化，由刘禹锡而起。

为了推进教育发展，刘禹锡在连州登台讲学，教泽州人，栽培人才，推动连州文化进入兴盛时期，由此开创了连州重文兴教的传统。

功夫不负有心人，两年后，连州出了史上第一个进士——刘景，连州从此“破天荒”。

此后数百年，连州名人辈出，有唐一代，广东进士 38 名，连州占 12 名；北宋年间，广东出了 127 名进士，其中连州占 48 名。

根据不完全统计，连州历史上共有进士 138 人，登进士第者，既有名列前茅的，又有兄弟同中的，还有公孙三代相继登第的。由此，连州在广东科举场上有“科第甲通省”之美誉！

这一切，其实都跟唐代那位不得志的刺史刘禹锡有关，清朝人杨楚枝对此评曰：连州风物媲美中州，则禹锡振起之力居多。

一个人，一辈子，一句话！

在连州任职五年以后，刘禹锡转任夔州，就此开始了夔州刺史生涯。

在夔州，他的亲民依旧，与此同时，诗的创作也进入了一个高峰。夔州当地有传统的民歌——“竹枝词”，刘禹锡从中得到了启发，于是便效仿屈原创作《九歌》，他创作了《竹枝词九首》。

刘禹锡的《竹枝词》渐入佳境，便有了后世流传最广的那首《竹枝词》：

杨柳青青江水平，闻郎江上唱歌声。
东边日出西边雨，道是无晴却有晴。

别人被贬之后只会唉声叹气，他被贬后却能一方面爱民如子，一方面诗兴大发，贬黜他的人原以为会看到他的笑话，结果看到的都是一段段佳话。

数年后，刘禹锡的夔州刺史任期也满了，这时他又调任和州刺史。

夔州在今天重庆的三峡库区，和州则在今天安徽巢湖市下属的和县，从夔州到和州，最便利的交通工具是坐船。

刘禹锡坐船顺江而下，就在这次上任的途中，他又写出了流传千古的诗篇《西塞山怀古》：

王濬楼船下益州，金陵王气黯然收。
千寻铁锁沉江底，一片降幡出石头。
人世几回伤往事，山形依旧枕寒流。
今逢四海为家日，故垒萧萧芦荻秋。

西塞山位于今天湖北黄石大冶东的长江边，三国时期是东吴的军事要塞。然而当刘禹锡乘船路过此地时，早已朝代更替，物是人非，此情此景，令刘禹锡顿生感慨，所谓山川险要，其实都是虚幻，历史的推动终究还是靠人。

王朝兴替，人事代谢，又有多少是以人的意志为转移呢？

带着对历史的感慨，刘禹锡到了和州，依然继续着他亲民、爱民的作风，与此同时，又留下了流传后世的经典——《陋室铭》：

山不在高，有仙则名，水不在深，有龙则灵。斯是陋室，惟吾德馨。苔痕上阶绿，草色入帘青。谈笑有鸿儒，往来无白丁。可以调素琴，阅金经。无丝竹之乱耳，无案牍之劳形。南阳诸葛庐，西蜀子云亭。孔子云："何陋之有？"

值得一提的是，现在的安徽和县还保有一座"陋室铭公园"，1990年时便投入一百万元进行建设，近年来，更是投入了上千万元进行建设。不过如此一来倒引起了争议，这么大的投资建设，是不是背离了刘禹锡写《陋室铭》的本意呢？

伴随着《陋室铭》，刘禹锡的和州刺史任期也满了，屈指一算，此时距离他元和十年的被贬已经过去了十三年。

这十三年中，他的母亲去世了，他的朋友柳宗元去世了，他的政敌也去世了。

这十三年中，他的足迹到过连州，到过夔州，也到过和州，他的每一步都留下了踏实的足迹，至今还能在当地找到与他有关的历史印迹。

这十三年中，他培养出连州历史上的第一个进士，又写出了《竹枝词》和《陋室铭》。

这十三年中，虽然蹉跎，但也充实。

现在，他等来了重回长安的机会，而他的朋友柳宗元却再也回不去了。

返回长安的途中，刘禹锡路过扬州，在这里他结识了人生中的又一个至交——白居易，在席间写下了“沉舟侧畔千帆过，病树前头万木春”的诗句，就此拉开了与白居易一唱一和的神交生涯。

告别扬州，刘禹锡继续赶路，长安越来越近。

长安，我终于回来了。

一别十三年，刘禹锡从四十三岁走到了五十六岁，而长安城中已是物是人非。

在这十三年中，长安城中居然换了三任皇帝：

公元820年，唐宪宗李纯驾崩，他的儿子唐穆宗李恒继位。

公元824年，唐穆宗李恒驾崩，他的长子唐敬宗李湛继位。

公元826年，唐敬宗李湛被宦官谋杀，唐穆宗的次子唐文宗李昂继位。

随着皇帝走马灯地更替，刘禹锡当年的政敌要么死去，要么老去，要么失势，要么有一搭没一搭地在官场混着。

或许对付政敌的最好办法就是坚强地活着，活得比对方长！

回到长安的刘禹锡得到了朝廷的重新任用，他被委任为礼部主客郎中，负责对藩国的接待工作。

不久，他又去了一次玄都观，这次又有了新的收获：

百亩庭中半是苔，桃花净尽菜花开。
种桃道士归何处，前度刘郎今又来。

桃树没了，种桃的道士也不知道去了哪里，而那个曾经被贬的刘郎却回来了！

在这首诗的正文之外，刘禹锡还写了一个序，详细记录了自己与玄都观的缘分，并在序中写道，再过几年自己还会来，到那时再看玄都观变成什么样了。

一句话，这一生，跟玄都观摽上了！

这就是刘禹锡，一个生命不息战斗不止的诗人，别人遇到挫折后萎靡不振，他反而愈挫愈勇，在被贬的二十三年里从来没有停止战斗。

出任礼部主客郎中之后，刘禹锡的仕途依然起伏不定，一度他还有宰相裴度做后盾，后来裴度罢相，刘禹锡的仕途又跌宕了起来。

在朝廷不如意，刘禹锡索性又走出长安，到地方任职。他的脚步先后到了苏州、汝州、同州，于是在这些地方又留下了与他有关的历史印迹。

在苏州，他与韦应物、白居易一起并称“三杰”，后来苏州人民建造了“三贤堂”纪念他们。

在汝州，至今还流传着刘禹锡为民求雨的传说。

在同州，他爱民亲民也有历史记载。

到公元 836 年，刘禹锡六十四岁了，他终于承认自己老了，不再与别人斗了，而是转身与白居易开“斗”。

这时两人都是闲职，都住在洛阳，于是便拉开了刘白两人唱和往来的幸福时光。

后来有心的白居易还将两人往来的诗编成了诗集，一式两份，一份交给自己的侄子，一份交给了刘禹锡的儿子，算是两人友情的见证。

在白居易看来，刘禹锡就是“诗豪”，“其锋森然，少敢当者”。

至此，唐代的大诗人各就各位，李白是“诗仙”，杜甫是“诗圣”，白居易是“诗魔”，刘禹锡是“诗豪”，还有一个“诗佛”叫王维。

白居易在诗集的序中如是写道：

我以前与元稹唱和颇多，这些诗很多流传很广。我曾经跟元稹开玩笑说，我跟足下二十年来可谓文友诗敌，真是荣幸，同时也是不幸。

吟咏情性，播扬名声，其适遗形，其乐忘老，幸也！

然而江南士女说起才子，多称元、白，正是因为你的缘故，使我不得独步于吴、越间，这就是不幸也！

今天垂老之际又遇梦得，难道不是另外的不幸吗？梦得梦得，文之神妙，莫先于诗。若论妙与神，我怎么能跟他比？

如梦得“雪里高山头白早，海中仙果子生迟”，“沉舟侧畔千帆过，病树前头万木春”之句之类，真谓神妙矣！所以梦得的诗篇，应该有灵物看管，仅仅由两家子弟秘藏怎么能够呢！

谁说文人相轻？文人更有惺惺相惜！

公元842年，诗豪刘禹锡的生命定格在洛阳，享年七十岁。在当年所有参与“永贞革新”的人中，他的寿命最长，他当年的朋友或者敌人，没有一个活过他，他成为笑到最后的人。

在刘禹锡逝后，他被追赠为户部尚书，活着一辈子没能显达，死了倒有了显达的模样。

后来，刘禹锡被葬在河南荥阳，如今在荥阳，还有一个占地280亩的刘禹锡主题公园。

诗人已去，后人记住的是他的诗篇，他的《西塞山怀古》，他的《陋室铭》，他的《竹枝词》，他的《金陵五题》：

朱雀桥边野草花，乌衣巷口夕阳斜。

旧时王谢堂前燕，飞入寻常百姓家。

第十二章　拨乱反正

兵发西川

登基称帝的李纯终于迎来了属于自己的时代，他等这一天已经等了很久了。

还是孩童时，他曾经在祖父德宗的膝上玩耍，祖父故意问他："你是谁家的孩子，为何在朕的膝上玩耍？"

李纯奶声奶气地回答道："我是第三天子！"

德宗李适一想，自己是天子，嫡长子是太子，太子的嫡长子可不就是第三天子吗？由此，李适对李纯刮目相看。

李纯注定不是一个普通人，如果是一个普通人，他会沿着"父慈子孝"的路子走下去，熬到父亲自然死去，然后自己再接过帝国的权柄。李纯更像一个贫困之家的长子，在自己成年后便要迫不及待接过家庭的重担，无论家中的长辈是否愿意。

经过那段可意会不可言传的岁月后，李纯真正掌握了帝国的权柄，眼前的帝国危机四伏，河北藩镇依然保持高度自治，蔡州的吴少诚依然不服从朝廷管教，李纯登基之后，又蹦出了一个新刺头——刘辟。

此刘辟便是给王叔文传话的刘辟，传话时他是西川节度使韦皋的副手，担任西川支度副使。公元 805 年八月十七日，西川节度使韦皋辞世，享年六十岁。

韦皋在西川二十一年，已经成为名副其实的西川王，他留下的西川让刘辟怦然心动，刘辟想在韦皋的基础上继续当西川王，甚至当更大范围的王。

韦皋逝后，刘辟自称候补节度使。按照德宗时代的惯例，自称候补节度使的一般都能递补为正式节度使，这已经是大唐帝国不成文的惯例，虽然法无明文，但实际执行中一直就是这么做。

在刘辟的授意下，西川将领们纷纷给朝廷上疏，要求朝廷给刘辟颁发旌节，正式委任刘辟为西川节度使。

刘辟以为自己照方抓药自然药到病除，没想到，将领们的请求遭到了朝廷的拒绝。朝廷不仅没有给刘辟发放旌节，反而任命了中书侍郎袁滋为新任西川节度使，同时征调刘辟进京出任给事中。

刘辟这时才意识到时代不同了，眼前当家的李纯显然与其祖父不同，其祖父只求得过且过，而李纯刚刚秉国，就要拨乱反正了。

好，让你看看我们西川的厉害！

刘辟马上在辖区内将军队重新做了布置，用意不言自明，西川的气氛顿时紧张起来。

新任西川节度使袁滋眼看抵达西川，早有线报打听到刘辟的动作，袁滋心知不妙，不敢继续前进，停在原地等待皇帝李纯的进一步命令，人家已经磨刀霍霍，自己何苦送上门去当待宰羔羊。

消息传到长安，李纯大怒，好你个袁滋，居然止步不前，徘徊观望，要你何用?

西川节度使别当了，去吉州当刺史吧！

愤怒归愤怒，李纯清楚地知道，一时半会儿他收拾不了刘辟，祖父留下这个积重难返的危局，不是一天两天就能逆转的，一切还得从长计议。

李纯无奈，只能任命刘辟为西川节度副使，代理西川节度使。

这是一个不得已的权宜之计，李纯非常不情愿，但登基伊始，他还没有力量将刘辟一下子踩死，而且朝中形势不明，支持对刘辟用兵的臣子又会有多少呢？

虽然少，还是会有的，右谏议大夫韦丹随后上了一道奏疏："如今陛下放过刘辟不予以处分，如此一来，朝廷能直接指挥的将只剩下两京地区，除此之外，谁不背叛？"

韦丹的奏疏递到了李纯的心里，李纯同样担心刘辟起到坏榜样的作用。如果全国的节度使都向他学习，后果将不堪设想，况且自己刚刚登基，基调很关键，天下百姓都看着呢，是走祖父的老路，还是走一条属于自己的新路呢？

李纯还在思考，刘辟却步步紧逼。

代理西川节度使没有让刘辟满足，他提出了进一步要求——兼领三川，也就是说，他想同时当西川、东川、山南西道节度使。这是当年韦皋向王叔文提出的要求，如今刘辟旧话重提。

李纯被深深激怒了，让刘辟代理西川节度使已经让他如鲠在喉，如今居然更进一步，要求兼领三川，真是人心不足蛇吞象！

李纯立刻驳回刘辟的请求，刘辟也不含糊，一不做二不休，突然出兵包围了东川节度使李康镇守的梓州，而且东川节度使的人选已经选好了，只等城破之日进城宣誓就职。

是可忍，孰不可忍，新科皇帝李纯不想再忍，他要让刘辟知道自己的厉害，也让全天下的节度使明白自己的态度，这是李唐的天下，不是你们这些飞扬跋扈的节度使的天下。

转念一想，李纯又有些没底，祖父德宗多年来已经形成了惯例，节度使死后派出宦官到藩镇观察，看藩镇将领推举谁便任命谁为新任节度使。一直以来，节度使的更迭就是由藩镇将领决定，而不是朝廷决定。

惯例，可怕的惯例！

李纯正犹豫时，新任宰相杜黄裳来了，此杜黄裳正是韦执谊的岳父，之前主张太子李纯监国，李纯掌握帝国权柄之后，投桃报李，将时任太常卿的杜黄裳擢升为门下侍郎，出任宰相。

杜黄裳是坚定的用兵派，他坚定地站到了李纯一边。

“刘辟只不过是一介狂妄书生，取之如拾草芥！臣知道神策军使高崇文有勇有谋，可堪大任，建议陛下让他带兵出征，不要再给他设置监军，刘辟一定会被生擒！”杜黄裳建议道。

李纯看着杜黄裳，知我者，杜黄裳也，满朝大臣都说蜀地偏远不宜用兵，而你坚定地支持我，你的声音我爱听，你就是朕的好声音。

公元806年正月二十三日，李纯下诏，左神策军行营节度使高崇文率领本部五千步兵骑兵组成第一梯队，神策军京西行营兵马使李元奕率领两千步兵骑兵组成第二梯队，会同山南西道节度使严砺一同讨伐刘辟。

诏书一出，舆论哗然，比高崇文级别高、名望大的宿将大有人在，个个都以为自己将挂帅出征，为何偏偏选了这个名气不大的高崇文呢？

杜黄裳有自己的考虑，他了解高崇文。

高崇文虽然只是率兵屯守长武城（今陕西长武县西北），士卒也不过五千，但这五千兵马个个都是精兵；高崇文一直实行一级战备，时刻准备应对外敌入侵。受诏之时是早上六时，两个小时后，全军开拔，军中物资一应俱全，无一漏缺。

正月二十九日，高崇文兵出斜谷，李元奕兵出骆谷，一同向梓州进发。行军路上，高崇文的士兵在饭馆中发火拍桌子折断了一根筷子，高崇文一声令下，斩立决！

好贵的筷子！

战时一律从严，高崇文要用这个倒霉士兵的人头向全军提醒，用兵之时，军令如山，休怪本帅无情。

梓州的战事刘辟先胜一局，他的军队攻克梓州，俘虏了东川节度使李康。胜利的喜悦还没有延续多久，高崇文已经扑了上来，刘辟的部将眼看形势不妙，率兵撤出刚刚占领不久的梓州，梓州又回到了高崇文手中。

秀才造反，十年不成，刘辟这个狂妄书生当初也不知哪根筋搭错了，非要跟朝廷较劲，如今眼看高崇文大兵压境，顿时慌了神，连忙将俘虏的东川节度使李康送回，同时向李纯上疏，为自己辩解开脱。

刘辟太天真了，谋反这条路，要么不走，要么一条道跑到黑，如此首鼠两端，什么事都成不了的。

高崇文冷眼看着被俘虏的东川节度使李康，败军失城，留你何用！

斩！

写历史始终有一种痛，一方面想树立将领的军令如山，一方面心中又有人文关怀，高崇文斩李康这种事不能细想，如果细想，每个人都有生存的权力，没有一个人有权力剥夺别人的生存权，包括高崇文，包括皇帝。

说远了。

西川的战事还在继续，为自己辩解失败的刘辟层层设防，修筑了鹿头关（今四川省德阳市北黄许镇），一连八个营栅，驻军一万多人，矛头指向步步紧逼的高崇文。

营栅是死的，人是活的，士气高涨的高崇文发起进攻，大破刘辟军队，刘辟连忙亡羊补牢，在鹿头关东万胜堆再加一道营栅，继续死扛。

高崇文眼角冷冷扫过，令旗一指，勇将高霞寓攻克万胜堆，鹿头关尽收眼底，高崇文令旗再一挥，兵锋过处，八战八捷。

连胜还在继续，山南西道节度使严砺也有好消息传来，他的部将在绵州石碑谷击破刘辟军一万余人。

原本以为蜀道难于上青天，不料却是旗开得胜势如破竹，时间走到公元806年九月十二日，高崇文与严砺的部将分别在鹿头关和神泉击败刘辟的部队。刘辟已经节节败退，兵败只是时间问题。

这时，一位神秘人物将刘辟失败的时间表又提前了。

提前为刘辟敲响丧钟的是河东节度使严绶的部将阿跌光颜，他率领河东士兵计划与高崇文在行营会师，不料，蜀道艰难，阿跌光颜比预定时间整整晚到了一天。

折断一根筷子都要斩首，何况比预定时间晚到一天。

阿跌光颜不想把自己的脑袋送给高崇文练刀，索性率领所部士兵孤军深入，直扑刘辟军队的心脏地带，这一扑就扑出了奇效，居然误打误撞扑到了刘辟的运粮通道上。阿跌光颜一番拼杀，将刘辟的运粮通道彻底切断，在战争结束之前，刘辟的士兵别想吃粮了。

惊弓之鸟不能再听弓箭之声，连连战败的西川士兵也听不得断粮的消息，粮道被断的消息传开之后，刘辟军队兵败如山倒，绵江沿线、鹿头关等处的守将纷纷率部投降，投降士兵数以万计。

到这时，再多的士兵也无济于事了，刘辟兵败的命运不可避免，高崇文挥军直指成都，所到之处，刘辟部队一触即溃，高崇文几乎没有遇到抵抗。

自知不妙的刘辟集合几十名骑兵准备向西投奔吐蕃，希望在那里找到自己的藏身之所。然而，这也是奢望，高崇文的部将高霞寓追了上来，刘辟纵身跳到江中求死，却又被高霞寓捞了上来，别急着死嘛，回长安再死！

高崇文率军进入成都，军队驻扎在大街小巷，士卒就地休息，市场正常营业，缴获的珠宝堆积如山，却没有一个士兵敢打珠宝的主意。一根筷子尚且砍头，遑论珠宝？

分门别类，各得其所，高崇文将刘辟用囚车押往长安，之后斩了刘辟的两个属下，其余人等一律不问，刘辟叛乱这一篇就算翻过去了。西川境内一切事务，均按韦皋在世时定下的规矩办，几天之内，西川战火全部熄灭，重回安宁。

从正月出征，到九月平定，八个月中，高崇文的军事行动都是由杜黄裳运筹于千里之外的长安，一场战争下来，杜黄裳的谋略与高崇文的行动严丝合缝，令人惊叹。

曾经长期不得升迁的杜黄裳确有过人之处，他虽然推荐了高崇文，也不忘敲打高崇文。为了让高崇文更加用心，杜黄裳一度派人警告高崇文："好好干，不然朝廷就派保义节度使刘澭去接替你！"

保义节度使刘澭是高崇文一向畏惧的人物，杜黄裳就是要用刘澭当激励高崇文的大灰狼。

高崇文得胜的消息传到长安，群臣一起进宫向皇帝李纯道贺，李纯冲着杜黄裳微笑道："这一切都是你的功劳！"

如果与元和一朝日后一系列军事行动相比，高崇文兵发西川只是一场规模较小的战争。但这次西征却拉开了元和一朝平定藩镇叛乱的序幕，讨伐西川的胜利也向全国宣告：当今天子不再对藩镇睁一只眼闭一只眼，而是要拨乱反正，重回正轨。

几乎与平定西川同时，夏绥战区的叛乱也被平定；平定西川之后，镇海节度使李锜的叛乱也被平定，皇帝李纯为自己的执政开了一个好头。

冰冻三尺

时间走到元和元年末，皇帝李纯发布了一道人事任命：内常侍吐突承璀出任左神策军中尉。这是德宗时代宦官掌兵的延续，也是李纯对吐突承璀的格外信任。早在李纯当太子时，吐突承璀就在李纯身边侍奉，办事干练的他给李纯留下了良好的印象，由此有了这道任命。

在这次任命后，吐突承璀走上了历史的前台，整个元和一朝他都是风云人物，元和十五年里，他的戏份很重。

在这之后，有雄才大略却不拘小节的杜黄裳被免去了宰相职务，虽然在对西川用兵上，杜黄裳立下奇功，但他的不拘小节令年轻皇帝李纯很是不爽，于是便远远打发出去，出任河中节度使。几年后，杜黄裳死于任上，享年六十九岁。

杜黄裳走了，接替他的宰相们却是与他一脉相承。曾经受王叔文排挤的户部侍郎武元衡出任门下侍郎，主张对西川用兵的翰林学士李吉甫一同出任宰相，他们与杜黄裳的政治理念基本一致，全都主张对藩镇加强管理，力争全国重回一统。

俗语有云，一朝君子一朝臣，说的是君臣的相互依附，同时也说的是治国理念的相互切合，有什么样的皇帝就有什么样的臣子：德宗李适后期不思进取得过且过，他任用的宰相也多是左右逢源缝缝补补的平庸之辈，李纯立志革除安史之乱以来的弊端，他任用的宰相多数是强硬派。如果说前者是鸽派，那么鹰派皇帝李纯身边便围绕了一群鹰派宰相。

年轻的李纯，上进的李纯，登基虽然只有短短几年，却已经有了贤君模样，他思慕祖先太宗和玄宗，一心想做与他们一样的皇帝，他羡慕两位祖先有贤相辅佐，于是要求自己的宰相们也要披肝沥胆，不断进言。无论是冬天，还是夏天，李纯喜欢和自己的宰相们待在一起，即使有时天气闷热汗流浃背，他依然不以为意，跟天下大事相比，闷热又算得了什么呢？

李纯一直励精图治，因为他知道，冰冻三尺非一日之寒，要想解决河北藩镇以及蔡州的问题，他需要慢慢等待机会，找准下口的时机。

从李纯登基以来，平卢战区和成德战区相继发生节度使更迭，其中平卢战区的更迭更早一些。

元和元年，总部设在郓州（今山东省东平县）的平卢节度使李师古病重，谁来接替他被提上了议事日程。按照惯例，父终子继、兄终弟及，李师古有一个同父异母的弟弟叫李师道，一直以来被李师古排斥在外，生活水准一直不高，有时甚至会陷入贫困。

别人不理解李师古为何如此对待同父异母的弟弟，李师古自有自己的考虑：“我对师道并非没有兄弟之情，只是我十五岁就手握兵权，时常遗憾自己不知道稼穑艰难，况且师道还比我小几岁，我是想让他知道衣食从何而来，因此让他出去管理一些州县。我的苦心恐怕别人不会理解！”

等李师古病重时，李师道正在密州代理刺史，平常喜欢的是绘画和音乐。对于他的爱好，李师古不断摇头，弟弟李师道恐怕不是能担起大任的人。

李师古向自己的判官高沐和李公度询问道："趁我头脑还清醒，我想问你们，我死之后，你们想拥立谁当节度使？"

高沐和李公度不敢马上接话，两人相互对视一眼，没有做声。

李师古接着说道："难道不是李师道吗？人之常情，谁会薄待自己的骨肉而厚待他人呢。不过我提醒你们，拥立节度使不当，不仅会败坏军政大事，而且还会毁灭我的家族。李师道是官宦人家子弟，不会带兵，也不懂政务，只知道跟小人物学一些雕虫小技，怎么能当节度使呢？你们一定要考虑清楚！"

元和元年闰六月一日，李师古辞世，高沐和李公度秘不发丧，派人到密州接回李师道，拥立为平卢节度副使。

以高沐和李公度的阅历，他们未必听不懂李师古的劝告，但兄终弟及已经成为惯例，撇开李师道拥立谁都不合适。虽然李师道未必是合适人选，但眼下看来，除了他，没有更合适的人选，即使李师古说他不合适，也只能死马当活马医了。

相比而言，李师道算幸运的，他接替兄长时，正赶上李纯用兵西川，无暇他顾，而李师古的高参高沐也做足了面子工程，一方面将本地区官员缺额上报朝廷，请朝廷派遣，另一方面将本地区的两税及食盐专卖款项一并上缴朝廷，以此表明对朝廷的顺服。

这些举动都是以前河北藩镇没有过的，自知无力征讨的李纯只能顺水推舟表示同意，李师道就这样当上了平卢节度使。

相比于李师道的幸运，成德（总部设恒州，今河北正定）节度使王士真的儿子王承宗就没那么幸运了。他的老爹死于元和四年，皇帝李纯已经平稳执政了近四年，正想革除河北藩镇节度使父死子继的惯例，王承宗正赶上这个节骨眼。

此时朝中的宰相武元衡还在，李吉甫则暂时失宠，被打发到淮南出任节度使，接替他的是原户部侍郎裴垍。

裴垍，名门之后，武则天垂拱年间宰相裴居道七代孙，二十岁中进士，唐德宗贞元年间，朝廷设立了“举贤良极谏”特科考试，裴垍对策第一，由此特授美原县尉。任期满后，裴垍被擢升为监察御史，后来一路擢升，直至出任宰相。

于元和年间宰相而言，裴垍是个关键的承前启后的人物，对元和中兴出力甚多的李绛以及裴度都是出自他的举荐，而他本人，也是一个具有大视野的人物，元和中兴有他的一份功劳。

当王承宗上奏李纯要求自己接替父亲继任成德节度使时，李纯没有理睬，按照李纯的计划，他准备从朝中选派一个合适人选直接空降成德出任节度使，如果王承宗不从，则立刻发兵攻打。

裴垍并不认可李纯的策略：“平卢李纳当年称王对抗朝廷，罪不可赦，成德王武俊当年攻打叛臣朱滔对国家则是有功。陛下之前允许平卢的李师道继任节度使，如今却不允许王承宗接替，处理事情，没有固定标准，成德方面不会信服的!”

李纯心中也有几多彷徨，革除河北藩镇自行推举节度使的弊病势在必行，但何时才是合适时机呢？如今是合适机会吗？

李纯召来几位翰林学士讨论，李绛率先发言。

李绛，字深之，赵郡赞皇人也。

与武元衡一样，李绛也是考中进士步入仕途，他考的科目是宏词科，高中进士之后被委任为秘书省校书郎，后来李绛一路升迁到拜监察御史。元和二年，李绛以监察御史身份兼任翰林学士。在升迁的道路上，虽然官职不断变化，但李绛对皇帝的匡谏之心始终不变，只要有不合理、不周到的地方，李绛一定会站出来说话。

“河北藩镇不服朝廷管教，人神共愤，但如今贸然拒绝王承宗接替，恐怕也办不到。成德自从王武俊以来，父子相承四十余年，当地人都习以为常了，不认为是违背常理。况且王承宗已经将军政大权握在手中，一旦不允许他接替，恐怕他不会立刻奉诏。再则，范阳、魏博、易定、淄青几个地方与成德情况一样，他们一旦听到朝廷直接委派节度使，内心一定会惶恐不安。而如果朝廷派兵攻打，他们一定会阳奉阴违，如今江淮水灾，国库空缺，军旅之事，不可轻动！”李绛说道。

裴垍和李绛的观点是正确的。朝廷虽然想根治河北藩镇节度使自行更迭的顽疾，但眼下并非最佳时机，况且成德并非孤军奋战，它的身边还有一群兔死狐悲的节度使，表面上他们会服从朝廷指令，但暗地里一定会帮助成德。因为他们知道，一旦朝廷在成德取得成功，下一个可能就轮到自己。

有大局观的人把河北棋局看得很清楚，没有大局观的人看不清河北棋局，他们只看到自己井口那块蔚蓝的天。

左神策军中尉吐突承璀出人意料地活跃起来，他成了坚定的主战派。久在李纯身边，他早已洞悉李纯的心理，河北藩镇就是压在李纯胸口上的石头，压得李纯有些喘不过气来，如果能早点将这些石头搬开，于吐突承璀而言就是大功一件。

主张对成德用兵，吐突承璀公私兼顾，于公是为国分忧，于私则可以借机排挤裴垍，从裴垍手中夺权。一旦河北战事一起，权力自然会集中到自己手中，毕竟自己才是皇帝最放心的人。

李纯正在犹豫不决，宗正少卿李拭掺和了进来，李拭进奏道：“王承宗必须要征讨，吐突承璀是陛下信得过的亲近之臣，让他率领神策军出征，同时统率其他各军，谁敢不服！”

李拭的进奏说到了李纯的心坎里，但李纯却反弹琵琶，将李拭的奏疏出示给几位翰林学士看：“此人是个奸臣，知道朕想起用吐突承璀，所以上了这么一道奏疏。你们都记住了，以后不能让这个人升迁！”

提前量打早了，马屁拍马蹄子上了，李拭拍对了地方，只是李纯反弹琵琶有些出乎意料。

李纯还在犹豫，对成德这一掌拍还是不拍呢，如果拍下去了，会收到预期的效果吗？

以李绛为首的翰林学士们依然坚持自己的观点，他们都不主张此时对成德用兵，成德战区不同于西川和镇海，虽然朝廷在西川和镇海取得胜利，但经验并不能复制。西川和镇海平叛之所以取得胜利，是因为两个战区割据时间都不长，而且周围都是听命于朝廷的战区，加上叛乱不是自下而上，只是节度使一时头脑发热丧心病狂。相比而言，成德割据已经四十多年了，军中士兵父子、兄弟相次在军中效力，早已盘根错节，而且四十年间，王家在成德恩泽遍布，百姓早已习惯接受其统治，再则，成德周围多是与朝廷二心的藩镇，他们都明白一个成语——唇亡齿寒。

总而言之，对成德用兵，需要慎之又慎！

此时，总部设于蔡州的彰义战区出现了新情况，一向不听命于朝廷的节度使吴少诚病重，已经时日无多。从李希烈割据淮西以来，已经几十年过去了，吴少诚病重，或许是收复淮西的一个天赐良机。

李绛随即上疏，建议李纯早做决定，先赦免成德，然后在淮西等待机会，一旦淮西出现战机，立即出兵收复淮西，切莫南北同时开战，届时必定骑虎难下，难以收场。

如果李绛的建议得到执行，或许淮西可以提前几年收回，也就没有后来的雪夜奇袭蔡州了。

朝廷与成德的拉锯还在继续，这是一场注定要破裂的谈判：朝廷一方想的是如何收回权力，动手只是时间问题，成德一方想的是如何保住权力，翻脸也是时间问题。一度，朝廷与成德达成协议，朝廷方面允许王承宗继任成德节度使，王承宗则承诺割让所辖的德州和棣州以表示自己的诚意。

只不过皇帝与成德彼此之间的信任是脆弱的，经不起任何风吹草动，魏博节度使田季安稍加挑唆，王承宗立刻坐不住了，马上收回德州、棣州，成德与朝廷终于撕破脸皮。

李纯也不准备再等，西川和镇海的胜利让他看到了希望，即便成德已经割据多年又如何，王师兵锋所向，你成德抵挡得住吗？

公元809年十月十一日，李纯下诏，剥夺成德王承宗所有爵位，任命左神策中尉吐突承璀为左右神策军，河中、河阳、浙西、宣歙等道行营兵马使、招讨处置等使。

任命一出，议论纷纷，元和元年高崇文兵发西川时，并没有设置宦官监军，也没有让宦官出任统帅。李纯的这个任命，实际就是让吐突承璀出任统帅，有唐以来，这是第一次。

翰林学士白居易坐不住了，他勇敢地站了出来，强烈反对吐突承璀担任大军统帅。

在现代的一些资料中，很多时候把白居易认定为汉族诗人，其实白居易究竟是不是汉族，还需要我们仔细分析。

在《旧唐书·白居易传》中，对于白居易的祖上是这样介绍的：

北齐五兵尚书白建生子名叫白士通，白士通生子叫白志善，白志善生子叫白温，白温生子叫白锽，白锽生子叫白季庚，白季庚便是白居易的父亲。

单从《白居易传》里还看不出白居易到底属于哪个民族，按白居易自己的说法，他们这个白姓的历史可悠久了，一直可以上溯到楚国贵族白公胜和秦国名将白起。按照这个说法，白居易似乎是白起的后人，这么算的话，应该是汉族。

真是这样吗？

事实并非如此。

白居易的真正身份是龟兹人后裔，他的祖上姓白并非因为白起，而是因为龟兹国境内有一座白山，一些龟兹人就因为这座白山而姓了白，后来在汉朝名臣班超的扶持下，一位姓白的龟兹人当上了龟兹国王，从此世世代代龟兹国王都姓白。直到唐朝安史之乱时，龟兹国还是白氏当家，而白居易则与龟兹国王室同宗同源。他的堂弟白敏中认可这一点，白居易认不认可呢？史无明载！

那么当年的龟兹国又在哪里呢？就在今天的新疆阿克苏地区的库车县，“库车”据说是古龟兹语翻译过来的，意思是“龟兹人的城市”。在很多年很多年以前，白居易的祖上曾经在这里生活，后来开始向东迁徙，先迁徙到了山西太原，到白居易曾祖白温时，又迁徙到下邽（今陕西渭南县），不过到白居易父亲白季庚时，他们又迁徙了。当时白季庚任巩县县令，与新郑县令是非常不错的朋友，白季庚见新郑风光秀美，便举家迁徙到了新郑，而白居易便在新郑出生，一直长到了十二岁。

白居易十二岁这一年，河南发生了叛乱，为了躲避战乱，白居易跟随母亲到江南避难。这次避难经历深深印在白居易的心底，从此时起，他见识了唐朝藩镇的割据，而他的体内也对藩镇的不法产生了天然的抗体。

叛乱结束之后，白居易回到家乡，回归正常的家庭生活。

同杜甫年轻时的随意相比，白居易要上进得多，他五六岁时开始学诗，九岁谙识声韵，十五六岁时，知道有进士考试，更加发奋读书，一刻不敢放松，以致口舌成疮，手肘都长出茧，长大后身形也不够强壮，还没老，牙齿就有松动，头发早早出现发白的迹象。

由此可见，白居易是个天才，同时这个天才还是一个勤奋的人。

元和元年，皇帝李纯亲自出题考试，正九品的集贤校理白居易脱颖而出，与他一起进入李纯视野的还有后来写过“曾经沧海难为水”的元稹。白居易与元稹由此也拉开了两人长达一生的漫漫友谊长路。

从考试中脱颖而出的白居易被委任为盩厔县尉，同时兼任集贤校理，在盩厔县尉任上因为不忍向百姓挥鞭追讨欠税，白居易泡起了病号，将自己的主要精力用在创作乐府长诗上，这一创作就是一百多首。

朗朗上口的白居易长诗飘飘悠悠飘进了宫中，在那个皇帝也是半个诗人的唐诗国度，白居易就这样再次进入李纯的视野，李纯将白居易任命为左拾遗、翰林学士。

白居易在奏疏中写道：陛下让吐突承璀统率各军，臣恐四方闻之必轻视朝廷，四夷闻之，必笑中国。诸将不甘受宦官统治，如何能齐心协力？如果陛下念及吐突承璀勤劳，可以让他做高官；如果回报他的忠心，可以赏赐给他财富。恳请陛下不要因为一时疏忽而见笑于万代之后！

白居易写的很在理，他指出了问题的实质，让诸将听命于一个宦官，必定人心不服，人心不服则不能同心协力，如此，胜利又从何而来？

反对的声浪一浪高过一浪，谏官、御史齐齐上疏反对，度支使、盐铁使、御史中丞、京兆尹都加入到反对行列，李纯第一次感受到扑面而来的压力，朕任命一个宦官，何以阻力这么大呢？

无奈之下，李纯折中了一下，免去吐突承璀四道兵马使职务，同时将招讨处置使改名为宣慰使，这就是皇帝的纳谏，避避风头，实际一切照旧。

到这时，大臣们才发现，原来皇帝李纯和其先祖们一样，还是信任宦官要多一些，即便言官们将矛头一致指向宦官，翰林学士李绛也列举历史上的典型案例，还是不能阻挡李纯对宦官的信任。即使有人对他说，你将来恐怕将死于宦官之手，李纯还不会在意，在他看来，宦官就是家奴，捏死一个宦官比捏死一只蚂蚁简单。

问题是，如果大批宦官掌了兵权进而成为武装到牙齿的蚂蚁呢？

这都是后话了！

眼前最重要的还是对成德用兵，先过了这一关再说。

公元809年十月二十七日，顶住重重压力的李纯下诏，吐突承璀率领神策军兵出长安，直指成德，成德四邻战区一律出兵，配合神策军攻打成德。

一场潜藏着太多隐患的战争就这样拉开了帷幕。

第十三章　文武之道

草草收场

公元810年正月，卢龙节度使刘济亲率大军七万，挺进成德境内攻击王承宗。刘济此举一为宣示自己忠君，二为报当年之仇，当年正是成德王武俊攻打卢龙朱滔，虽然早已时过境迁，但两个战区的仇依然在。

刘济率军挺进时，其他各道军队都没有进发，刘济督军向前，攻占成德下辖的饶阳和束鹿。

不久，河东战区将领王荣攻克成德下辖的洄湟镇，讨伐成德初见成效。

这时，统军主帅吐突承璀来到前线行营，他虽没有统帅之名，却有统帅之实。吐突承璀一到前线，果真出现了白居易预料的一幕，参与讨伐王承宗的将领对吐突承璀都不服气，即便吐突承璀是天子近侍，将领们还是阳奉阴违，吐突承璀的主帅威信迟迟不能建立。

蛇无头不行，军无帅则败，几次交锋下来，形势急转直下，讨伐军竟然连战连败，雪上加霜的是，知名骁将、左神策大将军郦定进居然阵亡了！

郦定进成名已久，元和元年征讨西川时，正是他生擒刘辟。如此一员猛将阵亡，极大影响了讨伐军士气，战事自此进入拉锯阶段。

同李绛事前预料的一样，平卢李师道、魏博田季安与成德王承宗本就是同气连枝，他们虽然奉诏出军讨伐，但个个阳奉阴违、心怀鬼胎，各自攻下一个县后，便不再进军，分明是与成德有密约在先。吐突承璀虽然用力，但折损大将，独木难支，而一同出军的昭义节度使卢从史更是首鼠两端，扮演起无间道的角色。

所有的消息汇总到一起，朝中有识之士得出结论，不如早早罢兵，免得迁延时日，反而越陷越深。

翰林学士白居易就此上疏，恳请李纯就此罢兵。李纯心知白居易所言有理，却还是选择硬挺，他不想让自己的不败神话在成德结束，他选择坚持。

昭义节度使卢从史则继续着自己无间道的生涯，正是此人率先提议讨伐王承宗，而讨伐真的开始了，他又当起了无间道。

之所以当初提议讨伐王承宗，卢从史是为了东山再起。因为父亲去世，卢从史回到家中服丧，按照惯例，他在家中度过了三年服丧期，然而服丧期过后，朝廷依然没有起用他的迹象，卢从史琢磨了几个晚上，终于找到了一个捷径——结交吐突承璀。

结交吐突承璀之后，卢从史表达了自己的强烈愿望，愿意率领昭义战区军队，讨伐成德王承宗。

此举果然奏效，经过吐突承璀奏报，卢从史官复原职，在拟定的讨伐王承宗名单上，卢从史的名字位列其中。

很多人言不由衷，卢从史更甚。讨伐开始后，卢从史打起了自己的小算盘，他居然与王承宗暗地里私通，他的士兵还暗藏王承宗的旗号，意欲何为呢？另一方面，卢从史又在背地里提高粮草价格，狠狠地发了一笔战争财，与此同时，卢从史还派人到长安暗示朝廷给自己增加同平章事的头衔，有了这个头衔，他就是宰相班子的一员。

再则，卢从史还频频上疏，指控其他战区与王承宗通敌，奉劝朝廷不要继续进军。

一桩桩，一件件，李纯都给卢从史记着，有朝一日，他一定让这个首鼠两端的家伙付出代价。

正好，卢从史的牙将王翊元进京奏事，宰相裴垍一番游说，将王翊元说动，王翊元一五一十将卢从史的阴谋和盘托出，并为抓捕卢从史出谋划策。

等到王翊元第二次来长安时，给裴垍带来了好消息，他已经在军中找到了同盟，都知兵马使乌重胤将与他一同起事。裴垍大喜，随即奏报李纯：卢从史狡猾骄横，将来一定会叛乱。如今听说他与吐突承璀面对面扎营，居然把吐突承璀视为婴儿，从来没有特别防范。如果不及时把他拿下，恐怕讨伐大军一两年都无法平定成德。

事出突然，李纯一时有些恍惚，沉思良久，终于下定决心，收网！

为了麻痹卢从史，吐突承璀利用其贪婪的性格，偶尔送他几件稀世珍宝，卢从史果然上钩，与吐突承璀称兄道弟，更加不设防。

公元810年四月十五日，吐突承璀与名将李晟之子、行营兵马使李听合谋，请卢从史到本方大营赌博。卢从史不知道陷阱已经为自己挖好，抬脚进入吐突承璀大营，提前埋伏好的壮士从幕布后突然杀出，将卢从史五花大绑扔进马车中，一路疾驰直奔长安。

卢从史左右大惊之后，下意识反抗，吐突承璀连斩十余人后，拿出圣旨宣诏。卢从史大营内士兵闻听有变，穿好铠甲手执武器便要冲出大营，与王翊元同谋的乌重胤早早站在营门前，大声呵斥道："天子有诏，从者赏，违令者斩！"

士兵们一听有诏，个个卸甲回营，谁会跟天子对着干？

精打细算的无间道卢从史就这样被收网，等待他的将是严惩，外加一个新身份——替罪羊。

七月二日，成德王承宗派使者到长安为自己辩护，声称自己受了卢从史的挑拨离间才会误入歧途，如今愿意向朝廷缴纳两税，同时请朝廷委派本地出缺的官员，恳请朝廷给自己改过自新的机会。

与此同时，平卢李师道等人也上表为王承宗喊冤，恳请朝廷为王承宗平反。

李纯看着几案上厚厚的奏表，苦笑一声，仗打到这个份上实在没法打了，这一仗打得窝囊，打得糟心，朝廷在成德没有讨到任何便宜，反而连战连败，面子丢得到处都是。

高调出征，却没打出输赢，李纯只能就坡下驴，宣布为王承宗平反，任命为成德节度使，退还德州和棣州，诸道行营部队即日班师。

从冬天打到夏天，一切又回到了原点，倘若早听李绛、白居易等人建议，不必如此劳民伤财。

李纯连叹数声，草草收场并非自己的本意，但此情此景，不草草收场又能怎样？

暂且放下吧，更待来时！

一场轰轰烈烈的讨伐无疾而终，吐突承璀也结束了自己的使命回到长安。九月十四日李纯任命吐突承璀为左卫上将军，依然担任左神策军中尉。

吐突承璀以为一切将涛声依旧，宰相裴垍却盯上了他，裴垍不想让这个败军之将继续担任如此重要的角色。

裴垍上奏道：吐突承璀首先提议对成德用兵，结果劳民伤财，徒劳无功，陛下即使念及旧情不杀他，难道不应该贬黜他以谢天下吗？

裴垍还算温柔的，还有言官直言，吐突承璀可以斩之以谢天下。

翰林学士李绛也加入了倒吐突承璀的行列："陛下对吐突承璀不加以责罚，他日再有败军之将，陛下将如何处置？如果诛杀，则罪状相同，却与吐突承璀的处罚不一致，肯定不会令人信服；如果轻易释放，那日后谁还肯跟敌人拼杀？唯愿陛下割舍不忍割舍的恩情，行使固定不变的国家法典，以此给将帅们一个警示！"

李纯整整思考了两天，他还是舍不得吐突承璀，让他痛下杀手他做不到，只好稍加贬黜，以示惩罚。

李纯免去吐突承璀左神策军中尉职务，改任军器使。

此番交锋之后，吐突承璀与李绛彻底结下了梁子，有吐突承璀则无李绛，有李绛则无吐突承璀，两者的矛盾始终不可调和。

细算起来，这一次还不是吐突承璀与李绛的第一次结怨，早在元和四年，因为一块圣德碑，两人已经结下了冤仇。

时任左神策军中尉兼领功德使的吐突承璀为了向李纯邀功，大张旗鼓翻修了安国寺，同时奏请李纯要求竖立“圣德碑”，碑的高度和面积与李隆基时竖立的“华岳碑”完全一致。

吐突承璀此举用意很明显，就是要把李纯和李隆基放在同样的高度，为此，他已经先行一步将牌楼造好，万事齐备，只欠一碑。吐突承璀上奏李纯，要求由翰林学士来撰写圣德碑文，他在奏疏中强调道，臣已经准备好一万贯，用于给翰林学士的酬劳。

李纯欣然同意，指定由李绛来撰写。如果李绛欣然从命，不仅可以与吐突承璀一起为皇帝竖立起圣德碑，还有一万贯的润笔费，何乐而不为呢？

看起来你好我好大家好的好事，却生生让李绛给搅黄了。

李绛上奏道：尧、舜、禹、汤从来没有立碑为自己歌功颂德，只有秦始皇嬴政在自己巡视过的地方将一些自高自大的话刻在石头上。不知道陛下是想效仿哪一位？况且赞美牌楼这样的工程，不过是赞美它如何壮观、如何美好、如何值得一游而已，又如何能彰显陛下的神圣品德呢？

奏疏递到了李纯的案头，李纯心中轻动，这个李绛，真能唱反调，不过说的也不无道理。

李纯抬头看了一眼正在一旁侍奉的吐突承璀：“还是把牌楼拆掉吧，立刻去办！”

吐突承璀自然不甘心，他还想缓一缓：“陛下，牌楼很大，几头牛拖不动，还得容些时日，慢慢拆。”

李纯挤出一句话：“多用几头牛自然就拖动了！”

吐突承璀心中连连叫苦，连着感谢了李绛若干辈祖宗，还得赔着笑脸辞别李纯，然后动用了一百多头牛拆掉了自己辛辛苦苦搭建的牌楼。

李绛，你给我等着！

连续两次交锋下来，吐突承璀与李绛的矛盾已经不可调和。

吐突承璀被贬不久，宰相裴垍突然中风，淮南节度使李吉甫复任宰相，有大视野的李绛也受到了李纯的青睐，但想要拜李绛为相，还有一个障碍，那就是吐突承璀。

要想重用李绛，就必须将吐突承璀贬出长安，两人如果共处长安，必定两败俱伤。

正巧，弓箭库使宦官刘希光收受贿赂，准备帮羽林大将军孙寿谋求节度使职务，事情败露，李纯下诏令刘希光自杀。事情并没有由此结束，经过审查，刘希光的案件牵扯到吐突承璀，证据表明，吐突承璀也收受了贿赂。

李纯不再犹豫，借机将吐突承璀贬出长安，到淮南战区出任监军宦官。

贬黜完吐突承璀，李纯问李绛："你对朕贬黜吐突承璀怎么看？"

"天下人都没有想到陛下会如此雷厉风行。"

李纯轻描淡写道："以前念及旧情，不忍处理太重，他说到底只是个家奴，处理他就跟处理一根羽毛一样！"

一个月后，李纯任命户部侍郎李绛担任中书侍郎，出任宰相。

孰轻孰重，李纯始终心里有数，接下来他将重用李绛，因此先让吐突承璀远远走开。

双李博弈

李绛拜相，与他搭档的是中书侍郎李吉甫，这也是一个老熟脸了，在之前的篇幅中曾经有过出场。

李吉甫，字弘宪，赵州赞皇人，父亲李栖筠曾经担任过给事中、工部侍郎、浙西观察使等职。李栖筠喜欢读书，李吉甫继承了父亲的优良传统，并把这个优良传统延续给了自己的儿子李德裕。

由于酷爱读书，李吉甫在地理方面很有造诣，他写的《元和郡县图志》是传承至今的唐代地理巨著，也是我国现存最早的一部地理总志，全书总共54卷，内容翔实而且权威。

起初李吉甫的仕途走得比较平稳，二十岁就以荫补左司御率府仓曹参军，贞元初年当上了太常博士，一路升迁到屯田员外郎、驾部员外郎。

平步青云的李吉甫后来遇上了良相陆贽，陆贽始终看不上李吉甫，甚至怀疑李吉甫结党，索性将李吉甫贬出长安，到明州做长史。山水永相逢，当陆贽被贬为忠州长史时，李吉甫正好是忠州刺史，陆贽的顶头上司。此时的李吉甫完全可以将陆贽踩到脚下，但李吉甫并没有那么做，反而以宰相之礼对待陆贽，一时传为佳话。

皇帝李纯即位后，李吉甫出任考功郎中、知制诰，知制诰一职专门给皇帝撰写诏书，属于天子近臣，很容易得到提升，李吉甫就是在知制诰任上迅速升迁为翰林学士、中书舍人，直至出任中书侍郎、兼任宰相。

人总是会变的，任何人随着地位的变迁都会慢慢发生变化。不断升迁的李吉甫也在升迁的过程中发生了变化，他对自己的权力看得越来越重，因为来之不易，所以倍加珍惜，以至于他已经很难听进去不同声音，任何对他的质疑，他听起来都觉得异常刺耳。

元和三年四月，皇帝李纯亲自主持“选拔贤良公正直言极谏人才”的考试。在这次考试中，伊阙县尉牛僧孺、陆浑县尉皇甫湜、前进士李宗闵脱颖而出，他们在试卷中，对当前时政的缺失进行了毫不留情的抨击。

户部侍郎杨于陵与吏部员外郎韦贯之是这次考试的主考官，通过阅卷，韦贯之将牛僧孺等三人评定为甲等。对于这个评定，皇帝李纯表示认可，进而指示中书省着手提拔三人。

牛僧孺、李宗闵以为从此仕途一片光明，没想到在他们的仕途上出现了一只拦路虎，虎的额头上写着一个“李”字，没错，正是李吉甫。

时任宰相的李吉甫肚量已经大不如前，他不愿意看到别人对自己的行政指指点点，尤其是牛僧孺、李宗闵这些年轻人，说话没轻没重，将朝政批得体无完肤，朝政真的有他们说的那么不堪吗？

李吉甫按捺不住内心的愤怒，他要找碴，一定不能让这些人顺利升迁，一旦他们升迁，等待自己的就是无穷无尽的批评和指责。

鸡蛋总是有缝的，碴要找总是能找到的，李吉甫从皇甫湜身上找到了缺口。

李吉甫向李纯上奏道：翰林学士裴垍和王涯主持考试复试，考生皇甫湜是王涯的外甥，王涯事先不提出也不回避，裴垍也是模棱两可。

李吉甫的奏本很致命，一下顶到了李纯的腰眼上。王涯和皇甫湜的亲戚关系就在那里摆着，如果还坚持原来的结论必然会使得舆论哗然，坊间将会对这次考试指指点点。

裴垍和王涯麻烦了，翰林学士当不成了，主考官韦贯之被贬为巴州刺史，杨于陵被贬为岭南节度使，牛僧孺等人本来官职就小，贬无可贬，他们付出的代价是多年不得升迁。

通过这次打压，李吉甫如愿以偿，却为后来的“牛李党争”埋下了伏笔。“牛李党争”是牛党与李党竞争，相互拆台，互相打压，牛党的领袖是牛僧孺和李宗闵，李党的领袖是李吉甫的儿子李德裕，党争归根结底是因理念不同，而源头却是李吉甫的这次打压，由此引发了后来长达四十年的“牛李党争”。

李吉甫的祸闯大了。

“牛李党争”是日后的事，且按下不表，继续说李吉甫的宦海沉浮。

李吉甫在宰相任上排挤裴垍，后来自己也被弹劾，为了自保，只能走出长安出任淮南节度使。李吉甫走后数年，裴垍出任宰相，在宰相任上干得风生水起。好景不长，裴垍不幸中风，这之后，李吉甫得以翻身，重新出任宰相。

重新为相，李吉甫感觉良好，他要在宰相任上好好施展一下自己的才华，力争青史留名，记住元和年间有一位良相叫李吉甫。

事情总是事与愿违，在李吉甫甩开膀子大干一场时，关于他的小报告源源不断地打给了皇帝李纯，小报告的主题是李吉甫挟私报复、打压异己。

说是小报告，实际也是真实情况的一种反应，重回宰相之位的李吉甫的确有些过头，对于曾经与自己有过积怨的官员毫不含糊，打压在所难免。

李纯眉头一皱，他知道该给李吉甫找个搭档了，这个搭档就是李绛。

李搭档并非真的为了给李吉甫搭班子而来，他的作用是限制李吉甫。这是李纯苦心积虑的一招，也是中国大历史中屡试不爽的奇招，小到一个单位，大到一个国家，搭档互斗几乎成了传统，无他，只是为了保持微妙的平衡。

随着李绛的拜相，李纯的脚上有了两只鞋子，一只叫李绛，一只叫李吉甫，两人的行政能力都是可圈可点，只是在对待皇帝的态度上泾渭分明。

宦海沉浮多年，李吉甫已经变得圆滑很多，他对待李纯的态度是奉迎，因此他这只鞋子主打的牌是宽松，力争让李纯舒适；李绛则不同，多年来他的特色就是直率，李纯着力提拔李绛也是看重他的直率，不然不会为了提拔李绛而将近侍吐突承璀赶到淮南。基于此，李绛这只鞋子主要的作用是挤脚，时刻提醒李纯，帝国还有很多任务没有完成，您还得励精图治。

一只宽松，一只挤脚，两个性格迥异的宰相免不了在皇帝李纯面前争吵。李吉甫主打奉迎牌，李绛主打耿直牌，在李纯一心励精图治的背景下，李绛经常占据上风，与之伴随的则是李吉甫的失落，时间一长，两人就结下了怨恨，矛盾日深。

元和七年三月十八日，李纯登延英殿，召见宰相，这次召见，李吉甫与李绛再一次针锋相对。

李吉甫满怀诚意地建言道：“天下已经太平无事，陛下应该及时行乐了。”

李吉甫的这次建言是否有似曾相识的感觉？相声演员冯巩曾经有过一个段子，说下属批评领导：“太不像话了，太不爱惜自己的身体了。你以为你的身体属于自己吗，不，那是属于国家的！”

听着李吉甫的进言，李绛心中大不以为然，接话道：“汉文帝时刀剑都是木头做的，没有锋刃，家家户户也非常富足，但贾谊还是觉得如同柴草下堆积着火种，不能视为平安无事。如今朝廷法令不能通畅下达的有五十多个州，犬戎接近泾州、陇右，边关经常报警。再加上水灾旱灾经常发生，国库空虚，正是需要陛下宵衣旰食之时，怎么能说是天下已经太平，可以及时行乐呢？”

李绛说完，李纯喜形于色：“卿言正合朕意！”

退朝后，李纯对左右近侍说道：“李吉甫专门想迎合我，而李绛却是个真正的宰相！”

李纯与先祖李世民一脉相承，为了江山社稷，可以委屈自己顺从宰相，他们想成大事，想成为万民景仰的皇帝，因此可以压制自己的欲望，听从宰相们哪怕逆耳的忠言。

几天后，李纯又召来宰相问对：“贞元年间政事荒废，究竟是什么原因导致？”

李吉甫对曰：“德宗皇帝自以为英明神武，不信任宰相转而相信其他人，因此奸臣趁机上下其手作威作福。政事荒废，就是这个原因。”

李纯摇了摇头：“我看未必都是德宗皇帝的过失。朕幼年时曾在德宗皇帝左右，曾经亲眼所见，当政事混沌时，当时的宰相没有一而再再而三地进行规劝，都是惦记自己那点俸禄、苟且偷安之辈，如今怎能将过失都推到德宗皇帝身上。你们要引以为戒，如果朕有什么不当之处，一定要尽力规劝，不要因为朕发怒你们就不规劝了！”

李吉甫似是而非地点了点头，李绛则坚定地点了点头。

同样是点头，关于进谏这件事，李吉甫和李绛是彻头彻尾的对立派。一次，在李纯面前，两人又针锋相对了。

李吉甫如长者一般说道："身为人臣，不应该勉强君王接受自己的意见，只要君王喜悦、人臣平安，岂不是两全其美！"

李绛不悦，接过话头："身为人臣，看到君王有不当之处，就应该直言，当面指出君王过失，哪怕让君王难堪。如果不进言，让君王将来背上恶名，那能叫忠诚吗？"

李纯听罢，点了点头："李绛说的有道理！"

李吉甫看了看李绛，这头犟牛，真不知好歹，给你个棒槌，你还认了针（真）了！

李吉甫不动声色，依然故我，他在中书省，感慨多，行动少，但求平安无事，绝不多事。

对于李吉甫的圆滑，皇帝李纯心知肚明，他把希望寄托在了李绛身上。一旦李绛有段时间不进言，李纯就会当面质问："朕难道在你眼中就那么没有肚量？你真的没有值得进谏的事吗？"

遇到这种情景，李绛不敢多言，只能再接再厉，将进谏进行到底了。

李吉甫和李绛的顶牛依然在继续，这一次顶在了"赏罚"上。

李吉甫进言道："赏与罚，是君王手中的两大权柄，不可偏废。陛下登基以来，惠泽日深，而缺少严刑峻法，以至于文武百官都有所懈怠，陛下应该严加管束，给他们一个警醒！"

李纯没有急着表态，转过头问李绛："你认为呢？"

李绛义正词严说道："王者之政，崇尚德治而不是崇尚刑法，怎能不去学习汉文帝、汉景帝，而去仿效秦始皇父子呢？"

李纯重重点了点头："有道理，很有道理！"

十几天后，司空于頔觐见，他也向李纯建议使用严刑峻法。

又过了几天，李纯对李吉甫以及李绛说道："于頔是个奸臣，他劝朕实行严刑峻法，你们知道他意欲何为吗？”

“不知道！”

李纯接着说道：“他是想让朕失去人心！”

李吉甫顿时大惊失色，这哪是说于頔啊，分明是说自己。

退朝之后，李吉甫整天低着头，不说不笑，连日来的经历让他浮想联翩，李绛已经屡屡在皇帝面前夺得头彩，再这么下去，自己还能在朝中站住脚吗？

不行，必须做出改变！

魏博归来

时间走到元和七年（812 年）八月十二日，魏博节度使田季安去世，时年三十一岁。

魏博战区是安史之乱后妥协的产物，代宗皇帝因为无力将河北藩镇一一讨平，只能安于现状，委任原安禄山、史思明的部将原地留任，出任节度使。安禄山部将田承嗣就成了第一任魏博节度使，战区总部设在魏州，今天的河北大名。

田承嗣死后，侄子田悦接任，后来田承嗣的儿子田绪诛杀田悦自己接任魏博节度使，田绪死后，田绪之子田季安接任魏博节度使，到田季安去世的元和七年，田氏一脉在魏博已经统治了近五十年。

按照父死子继的惯例，田季安死后应该由他的儿子田怀谏继承，但田季安去世时，田怀谏只有十一岁，这个十一岁的娃娃如何能服众呢？

田季安的妻子顾不上那么多，还是召集将领开会，将田怀谏拥立为魏博节度副使，主持魏博军政大事，同时召回老节度使田承嗣的堂侄田兴出任步射都知兵马使，毕竟一笔写不出两个田字。

田兴的父亲叫田庭玠，是田承嗣的堂兄弟。与田承嗣一直致力于打造独立王国不同，田庭玠骨子里有忠君爱国的基因，他不想走与田承嗣一样的路，虽然当着田承嗣给的官，但与田承嗣并不是一条心。

田承嗣之后，侄子田悦继任，看到田悦对朝廷越来越不敬，田庭玠规劝道：你继承伯父的事业，应该遵守朝廷法度，坐享富贵，何苦与恒州、郓州那些人一起当叛臣？安史之乱以来，谋叛国家者很少有能保全宗族的。你若还是桀骜不驯，那就先杀了我，不要让我看到田氏灭族！

这次进言后，田庭玠称病不出，田悦亲自登门道歉，田庭玠拒不开门，几年后，在忧愤中死去。

身为田庭玠的儿子，田兴骨子里依然有忠君爱国的基因，他面对的节度使已经换成了侄子辈的田季安，田兴在田季安的手下做衙内兵马使。

从小富贵的田季安养成了一身公子哥毛病，荒淫，残暴，经常杀戮，看不过眼的田兴每每进行规劝，田季安总是不以为然，反过来怀疑田兴收买人心。

时间长了，田季安对堂叔田兴颇为猜忌，便打发田兴到临清做镇将，进而想找个理由除掉，以绝后患。

父亲早逝的田兴从小孤苦，更知人间冷暖，他很快读出堂侄田季安的杀机，便装起了中风，用燃烧的艾草擦得全身都是，一派中风晚期的症状。年轻的田季安以为田兴真的中风，从此不以为意，田兴借此躲过一劫。

事有凑巧，不久之后，田季安真的中风了，再多的艾草也没有挽回他的性命，只能在三十一岁的年纪撒手而去，留下妻子和十一岁的儿子面对魏博的复杂格局。

消息传到长安，李纯浑身打了一个激灵，收复魏博的时机到了，一个十一岁的娃娃能成什么事，此时不收更待何时？

李纯马上作出部署，任命左龙武卫大将军薛平为义成军节度使，这个任命就是为了将来控制魏博战区。

李纯随即召来宰相们讨论魏博战局，究竟是打呢，打呢，还是打呢？

宰相李吉甫是坚定的用兵派，他详细阐述了不可不用兵的理由，在他看来，魏博非打不可。

李吉甫真的想打吗？

李吉甫在猜测李纯的心理，他猜测李纯想打，他坚定主战，是在投机。

猜测没有错，李纯确实想打，听完李吉甫的阐述，李纯点了点头：“朕也是这个意思！”

接力棒传到了李绛手里，李绛，你的意思呢？

李绛说道：“臣分析黄河南北这些割据的藩镇，最跋扈的藩镇节度使一定是将兵力分散到几个将领手中，而不是集中于一人，这是怕将领权力太大，将来会对自己不利。诸将势均力敌，就不能强过对方，如果想联合起来，也会人心不一，阴谋必然泄露。如果想自己单独发起兵变，兵少力微，也不能成事。加上赏赐丰厚，刑法严峻，诸将相互猜忌，谁都不敢率先发难，跋扈的节度使借此获得安宁。然而，我考虑过，如果有一个严明主帅，能够让诸将听命，这样大体能保证自己平安无事。如今田怀谏只是一个乳臭未干的娃娃，不能自己掌握大权，军事大权必然会归到某人之手，诸将厚薄不均，必然会有怨气，而他们相互都不隶属，以前分而统之的分兵之策，就是今日祸乱的源头。田氏即便不被屠戮，也会沦为囚徒，何须朝廷发兵？至于在变乱中新崛起的主帅，本来只是部将，邻近战区最不愿意看到这些，因为这可能导致连锁反应。新任主帅如果不依靠朝廷，可能就会被邻近战区消灭。因此臣认为，对于魏博不必用兵，可以等待它自行归顺。希望陛下按兵不动，只需培养军威，同时下令各战区挑选精兵以及战马作好战备，等待进一步命令。陛下的这些举动要让魏博知道，不出数月，必然会有新人出头。届时，朝廷要迅速反应，把握机会，不要怜惜爵禄，一定要重赏魏博新任主帅。黄河南北各藩镇听说后，会害怕属下照猫画虎，一定会向朝廷表示恭顺，以为自己避祸。此所谓不战而屈人之兵也！”

李绛说完，李纯连连点头：“好极，妙极！”

李吉甫又败了一阵，皇帝的心怎么说变就变呢！

过了几天，延英殿上，关于对魏博用兵旧话重提，李吉甫依然主张用兵，一切军备都已经准备齐全，此时不用兵，更待何时？

李纯将头转向李绛，你的意思呢？

“兵不可轻动。前年讨伐恒州，朝廷从各地征调二十万兵马，左右神策军从京城开赴前线，天下为之骚动，前后花费七百万贯，一无所获，徒让天下人耻笑。如今疮痍未复，人人都害怕打仗，如果陛下强行下令出征，臣担心不但会徒劳无功，反而可能会催生其他事变。况且对魏博不需用兵，形势已经很明白了，希望陛下不要再怀疑。”李绛说道。

李纯兴奋地一挺身子，拍着几案道：“好，不对魏博用兵就这么定了！”

李绛追了一句：“陛下虽然这么说，恐怕退朝之后，会有人继续迷惑圣听！”

李纯沉下脸厉声道：“朕意已决，谁能蛊惑！”

李绛立刻叩头祝贺道：“此乃社稷之福！”

李吉甫站在原地，呆呆地看着李纯与李绛一唱一和，投机又投错了，自己太多余了！

事实正如李绛所预料的那样，田怀谏年龄太小了，无法处理军政事务，大权全部落到家奴蒋士则手中。蒋士则大权在握，便以自身爱憎将战区的将领随意调换，一下子就犯了众怒。

朝廷的任命迟迟未下，魏博将士寝食难安。

这天清晨，步射都知兵马使田兴前往总部，数千名士兵突然大声喧哗起来，围着田兴跪拜，要求田兴出任魏博候补节度使。田兴大惊失色，栽倒在地，士兵们依然不肯散去。

过了许久，田兴知道自己推辞不掉了，便对众人说道：“你们肯听我的话吗？”

众人道：“唯命是从！”

田兴大声说道：“好，那我就跟大家约定，不准冒犯副大使田怀谏，同时要遵守朝廷法令，向朝廷申报军民户口，请朝廷任命官吏。你们同意我这么做，我就答应出任候补节度使！”

众人道：“诺！”

这一幕是否有些眼熟？是不是有点类似于赵匡胤的黄袍加身？

历史就是一出出戏，演得多了，难免就会撞衫撞脸撞剧情，少数是巧合，多数是复制。

得到众人拥立的田兴随即斩杀蒋士则等十余人，然后将田怀谏一家迁出节度使官邸。从田怀谏的曾祖田承嗣割据魏博，至今五十年，田承嗣一脉在魏博的统治在田怀谏走出官邸那一刻宣告结束。

元和七年十月十日，魏博监军宦官将魏博发生的一切上奏李纯。李纯接报，连忙召集宰相应对，李纯冲着李绛说道：“你判断魏博的形势丝毫都不差啊！”

对于魏博已经发生的一切，朝廷该如何应对呢？李吉甫主张依照惯例，派宦官到魏博宣慰，以观其变。

李绛连连摇头：“不可，如今田兴已经向朝廷奉上土地和户口，正在等待朝廷的任命，不趁这个时机对他推心置腹，加以笼络，非要等到宣慰宦官抵达魏博，带回将领为田兴请求颁发旌节的奏表，然后再任命，那么恩德出于下，而不是出于上，将士为重，朝廷为轻。整个过程中田兴会认为将士出力更多，朝廷只不过是一个图章，其对朝廷的感恩戴德之心跟今天就下任命是没法相提并论的。机会一失，悔之晚矣！”

李绛的提议遭到了李吉甫的反对，在是否用兵的问题上，李吉甫输了一阵，这一阵他要扳回来。李吉甫向来与枢密使、宦官梁守谦交往，梁守谦在关键节骨眼上站出来帮李吉甫说话：“按照惯例，都是派宦官前往抚慰，如果唯独魏博没有，恐怕会产生隔阂！”

李纯想了一下，觉得也有道理，不妨让宦官张忠顺到魏博走一趟，等他回来看看情况再说。

八天后，李绛的奏疏又到了：“朝廷的威严是树立还是丧失，在此一举，时机稍纵即逝，怎能白白放弃？其间利害关系，臣已经说得很明白了，陛下不要再迟疑了。臣推算张忠顺的回程应该刚过陕州，臣恳请明天一早就下诏书，正式任命田兴为魏博节度使，一切还来得及。”

李纯认真地看了看李绛，几天来他一直在心中盘算这件事，他也在想何时下达对田兴的任命诏书，既然李绛一再坚持，想必有其道理。

好，那就任命田兴为魏博候补节度使，待日后转正。

李绛依然不依不饶：“田兴对朝廷恭顺如此，除非有非常大的恩德，否则不会让他对朝廷有非同寻常的感恩之情。”

李纯点了点头，有道理。

十月十九日，李纯下诏，任命田兴为魏博节度使，一步到位，前所未有。

宣慰宦官张忠顺还没有回到长安，给田兴的任命已经传到了魏博，得知内情的田兴激动得热泪盈眶，这步棋走对了，朝廷待自己真是不薄。

事情走到这一步，魏博归附朝廷已经基本完成，但李绛还觉得不足，他要给魏博下一剂猛药，不仅让田兴对朝廷归心，更要让魏博军民一起归心。

李绛进而上奏道：“魏博五十年来没有接受朝廷的教化，今天却举六州之地归附，这一下剜去了河北平原的心脏，倾覆了叛乱的巢穴。如果没有超出他们想象的重赏，就不足以抚慰士卒们一直躁动的心，也不足以让附近的战区士卒眼红。臣恳请从宫库拨出一百五十万贯赏赐魏博将士。”

李绛果然耿直，敢打宫库的主意。宫库可是天子私财，而李绛就是要让天子用私财赏赐魏博将士，而且一开口就是一百五十万贯。

左右宦官有些不情愿，这个李绛，狮子大开口，开到皇帝身上了，一百五十万贯太多了，如果以后还有类似情况，皇帝怎么给得起啊？

李纯将宦官的意思传达给李绛，李绛接言道：“田兴不贪图割地自雄的利益，不顾四邻战区的反对，一心向朝廷效忠，陛下怎能怜惜小钱而破坏大政方针，不去收回六州人心呢？钱花光了还会再来，时机一旦错过了就再也追不回来了。假使朝廷征调十五万兵马征讨六州，一年为期攻克，其花费何止一百五十万贯！”

大视野，大格局，李绛用他独到的眼光将利害关系呈现到李纯面前，何去何从，自己选。

李纯喜形于色：“朕穿粗布衣服，吃简单饭食，聚敛财富，正是为了平定四方。不然，朕要那么多钱放宫库里做什么呢？”

十一月六日，李纯下诏，知制诰裴度前往魏博宣慰，一百五十万贯赏赐魏博将士，六州百姓免除赋税一年。

硕大的红包发到魏博，魏博上下欢声如雷。成德战区和平卢战区的使节正好在魏博逗留，面面相觑，相对苦笑：“哎，反抗朝廷有何好处呢！”

魏博之行，裴度当起了道德讲师，连续几天与田兴面对面交流，为他讲解君臣大义。这位几年后在收复蔡州行动中起到关键作用的官员此刻将能量一股脑地发作到田兴身上，让田兴本来忐忑的心变得更加坚定，终田兴一生，他都是不打折的忠臣。

田兴以优厚礼仪接待裴度，请裴度走遍了魏博所部的所有州县，在各州县宣布朝廷命令，同时上奏朝廷，请求任命一位节度副使，另外还有九十个官位出缺，请朝廷一并派遣。

执行朝廷法令，上缴朝廷赋税，田承嗣以来所有超过节度使级别的房屋一概避开不住，田兴用自己的行动向朝廷表明自己的态度。曾经割据自雄的魏博，在田兴的带领下重回朝廷怀抱。

其间，平卢、成德等节度使纷纷派人游说，田兴不为所动，既然已经认定了这条路，向前走，莫回头！

第十四章 用兵淮西

新旧更迭

成功收回魏博，宰相李绛厥功至伟，他的大视野和大格局让李纯刮目相看，李纯相信自己没有看错，李绛确实有宰相之才。

收回魏博之后，李绛屡有进奏，从开荒屯垦，到边防军布防，李绛的每次进言都能递进李纯的心坎里。李纯打心眼里喜欢这个耿直的宰相，但与此同时，李纯对李绛性格的缺陷也颇为头疼。

李绛的优点是耿直，缺点是太耿直，尽管李纯励精图治，但李绛的话还是会经常刺痛李纯。古往今来，很多皇帝都标榜自己虚怀若谷，可以从容面对臣子的每一次进谏，但事实证明，如此标榜，一般都是广告，皇帝也是人，也是有七情六欲的人，在追求成功的道路上他可以选择隐忍，但如果让他长期保持隐忍，难度有些大。

渐渐地，李纯不再没有原则地欣赏李绛，李绛的直率让李纯越来越不舒服，而在宫中，厌恶李绛的宦官越来越多。就是这个李绛，不断有不利于宦官的进言，不仅断宦官的财路，还在无形中挤压宦官的生存空间。

李纯越来越想念吐突承璀，这个家伙在淮南还好吗？

当年为了重用李绛，李纯将吐突承璀赶到了淮南，如今李绛渐渐失去信任，是时候作出调整了。

李绛虽然耿直，但他并不傻，他早已看出，随着魏博的收回，皇帝李纯已经没有以往那般励精图治，也不再是以往那般虚怀若谷了。李绛对这一切心知肚明，自己该安静走开了。

李绛开始写辞职信，辞职的理由是有足疾，脚并没有病，病在心里。

君臣都是聪明人，李纯一眼看出了李绛的用意，连续几道辞职信写过之后，李纯接受了李绛的辞职。

元和九年二月二十五日，免去李绛宰相职务，调任礼部尚书。

一天后，吐突承璀回到长安，出任弓箭库使、左神策军中尉，转了一圈，人家又回来了。

此时，朝中的宰相班子成员有三人，分别是李吉甫、武元衡、张弘靖。

武元衡，之前有过出场，担任过宰相，元和二年，李纯考虑西川需要重臣镇守，便把武元衡派到西川出任西川节度使，挂宰相衔，元和八年，李纯将武元衡召回，充实到宰相班子里。

张弘靖，之前有过出场的张延赏之子，元和九年六月由河中节度使调任刑部尚书，出任宰相。

三位宰相都是李纯精挑细选，个顶个都是鹰派，他们团结在李纯的周围，矛头一致指向不服管教的藩镇节度使。

元和九年闰八月十二日，彰义（淮西）节度使吴少阳病死，其子吴元济秘不发丧，以老爹生病为由，自己代理彰义战区军政。

彰义战区与朝廷的貌合神离要上溯到德宗李适的建中年间。建中二年，蔡州刺史、御史大夫、淮南节度留后李希烈奉命率兵征讨山南东道节度使梁崇义。梁崇义剿灭后，李希烈的心思也动了，一年后与朱滔、田悦、王武俊、李纳一起称王，自称建兴王、天下都元帅。

德宗皇帝对李希烈原本还抱有幻想，在奸相卢杞的建议下派出老臣颜真卿前往蔡州抚慰，最终李希烈还是与朝廷撕破脸，杀害老臣颜真卿，在对抗朝廷的道路上越走越远。

贞元二年，李希烈因进食牛肉得病，手下将领陈仙奇指使医生在药中下毒，结束了李希烈波澜壮阔的一生。

之后，陈仙奇死于李希烈部将吴少诚之手，吴少诚经营多年后死去，权柄落入部将、堂弟吴少阳之手。

吴少阳在世时，暗中聚集一批亡命之徒，蓄养骡马，时常劫掠寿州境内的茶山，所得收入用于自己的军备。其子吴元济时任蔡州刺史，在得知老爹去世的消息后吴元济一边封锁消息，一边上疏朝廷，声称老爹有病，要求自己代理彰义节度使。

看着吴元济的奏章，李纯想起了一段往事。

元和元年时，李纯便想直取淮西，可惜时机并不充分，加上西川刘辟叛乱，李纯只能暂时按下收取淮西的心，将主要精力用在西川。

之后，淮南节度使李吉甫进言：吴少阳上下离心，朝廷或有机可乘，恳请陛下批准我将淮南总部迁往寿州，加强准备。

李吉甫进言时，西川战事已经平息，朝廷将重兵投入到成德，攻打不服管教的王承宗，这次机会又错过了。

李纯叹息一声，机会就这样一次一次从指边溜走，这一次还要错过吗？

决不能！

深知李纯心思的李吉甫开始行动，之前在收复魏博的过程中他被李绛甩在身后，事事都被李绛抢了先，如今李绛去职，该是自己大展拳脚的时候了。

李吉甫第一步并没有将矛头指向淮西，而是指向河阳。

在李吉甫看来，魏博已经归附，田兴也改名田弘正，以前驻守河阳的部队主要是为了对付魏博，现在在河阳驻军已经没有必要了，不如将兵马调往汝州，用于保卫东都洛阳。

元和九年闰八月十七日，李纯听从李吉甫的建议，任命河阳节度使乌重胤为汝州刺史，兼河阳怀汝节度使，总部迁往汝州。

一天后，李纯下诏，加授田弘正中央官衔：检校右仆射，赏赐魏博将士军费二十万贯。面对加官和赏赐，田弘正感慨道："没有什么比调走河阳驻军更让我开心！"

以前提防你，现在信任你，这就是差距。

在这之后，李纯继续布局，任命洺州刺史李光颜（阿跌光颜因战功被赐李姓）为陈州刺史，兼任忠武都知兵马使，以泗州刺史令狐通为寿州防御使，以山南东道节度使袁滋为荆南节度使，以荆南节度使严绶为山南东道节度使。

所有这些布局，都是为了用兵淮西铺垫。

朝廷不断布局，蔡州城内同样暗流涌动，蔡州该往何处去呢？

吴元济的选择是维持现状，继续割据。

与其父吴少阳相比，吴元济更加心狠手辣。吴少阳的判官苏兆、杨元卿以及大将侯惟清都曾经劝说吴少阳放弃与朝廷对抗，只身前往长安请罪，以此换得家族长久富贵。吴少阳犹豫许久，没有答应，却也没有因此为难三人。

到了吴元济掌权，他不想再忍了，对于这三人，他早就恨得牙根发痒，居然出那样的馊主意，分明是吃里扒外。

吴元济迅速诛杀苏兆，囚禁侯惟清，杨元卿因为到长安奏事，逃过一劫。

杨元卿在长安也没有闲着，他将淮西的虚实以及如何制服吴元济的策略向李吉甫和盘托出，请求朝廷迅速下令讨伐吴元济。此时吴元济依然秘不发丧，杨元卿便建议李吉甫，凡是从蔡州出发到长安奏事的，一律就地扣押。

吴少阳已经死了四十多天，朝廷依然没有按照惯例为之辍朝一天以示哀悼，与此同时却在不断调动彰义邻近战区的兵马。

吴元济明白，这一次朝廷要动真格的了，杨元卿在长安一定没起好作用。

心狠手辣的吴元济下令杀死杨元卿的妻子以及四个儿子，用他们的血涂抹靶场的墙壁。

彰义的战局一触即发。

曾经常年在淮南经营的宰相李吉甫又一次高举主战牌，他进言道："淮西不比河北那些藩镇，它的周围并无支援，朝廷以往用数十万兵马防范它，军费都无法支持了。如果今天还不收回淮西，以后就更难了！"

宰相张弘靖同样主张讨伐，不过他主张先礼后兵，先为吴少阳辍朝一天以示哀悼，同时追赠官职，然后派出使臣前往淮西慰问，待其反状明显，再发兵征讨。

李纯听从了两人建议，派遣工部员外郎李君何前往淮西吊唁。

三十一岁的吴元济，愣头青吴元济，愣到连面子工程都不会做，他非但没有派人迎接朝廷使臣，反而派兵四处出击，攻陷舞阳，屠杀全城，焚烧叶县，剽掠鲁山、襄城，潼关以东震骇不已，吊唁使臣李君何不得其门而入，只能折回长安。

倒霉孩子，没得救了，只欠一打！

暗战连连

吴元济不可救药地向深渊滑去，李纯也不准备再伸手挽救。在他心里，淮西是朝廷心腹之地，必须尽早收回，既然吴元济如此疯狂，不如就让他在疯狂中灭亡。

就在李纯准备对淮西吴元济动手之际，宰相李吉甫走到了人生的终点，元和九年十月三日，李吉甫逝世，享年五十六岁。

对于李吉甫，评价有些难，只能说他是元和年间一位非常重要的宰相，元和中兴的功劳簿上，应该有属于他的一笔。

在李吉甫之后，征讨淮西事务全都交给了宰相武元衡，大任在肩的武元衡没有想到，自己会因此遭受杀身之祸。

元和九年十月十九日，李纯下诏擢升忠武节度副使李光颜为忠武节度使，山南东道节度使严绶为申光蔡三州招抚使，统领各战区部队讨伐吴元济，尚书左丞吕元膺为洛阳留守，这三个人在接下来的战争中都将扮演各自的角色。

元和十年正月二十七日，李纯下诏免除吴元济所有官爵，命宣武等十六个战区一起出兵讨伐吴元济。

十六个战区听起来很多，但真正发挥作用的能有几个呢？

率先发挥作用的是山南东道节度使严绶，不过他的作用是负作用。

严绶率领本部兵马出击，小胜淮西兵，令人没想到的是，严绶居然被这场不起眼的小胜冲昏了头脑，居然不再防备，淮西兵趁夜反扑，严绶陷入被动之中。

二月二日，严绶兵败于磁丘，向后连退五十余里，退入唐州自保。与此同时，寿州团练使令狐通也被淮西兵击败，只得退回州城据守，州境上营寨的守军尽被淮西兵屠杀。几天后，令狐通为这次兵败付出了代价，被贬为昭州司户，昭州位于今天广西平乐县。

十六个战区，各战区有各战区的情况，不是每个战区都像严绶那样发挥的只是负能量，得到火线提拔的忠武节度使李光颜贡献的则是正能量，他的部队不断有好消息传来，三月在临颍击败淮西兵，四月又在南顿击败淮西兵。

然而，仅仅一个李光颜是不够的，十六战区出兵，没有具有绝对权威的统帅，力无法往一处使，十六个拳头无法形成合力。尽管吴元济手中只有三个州，但十六战区兵马一时间还是无法打败他，战争从正月一直打到了五月，战局依然胶着。

远在长安的李纯放心不下，派出御史中丞裴度前往淮西前线慰问，顺便考察作战情形。

一番考察下来，裴度有喜有忧，喜的是忠武节度使勇敢忠义，可堪大任，忧的是其余将领与李光颜相去甚远，不过总体形势对朝廷有利，这场战争朝廷一定会赢。

得到裴度的奏报，李纯牢牢记住了李光颜这个名字。几年前，念及李光颜的战功，李纯将李光颜收入皇家族谱，如今李光颜知恩图报，果真送给李纯一个又一个惊喜。

五月二十六日，李光颜上奏，本部兵马在时曲击败淮西兵。

当时淮西兵一大早逼近了李光颜大营列阵，李光颜无法组织兵马冲出，生生被困在本方大营之中。李光颜急中生智，下令拆毁军门两侧栅栏，骑兵从新开辟的通道冲出迎战。李光颜亲率数名骑兵冲入敌阵，反复冲杀，淮西兵都记住了李光颜。

李光颜依旧没有在意，这时淮西兵的箭集中向李光颜射来，嗖嗖嗖，瞬间，李光颜浑身中箭，放眼望去，李光颜成了一只大刺猬。

阵阵疼痛向李光颜袭来，他不以为然，他知道自己铠甲的威力，即便身中多箭，都不会形成致命伤，顶多是皮外伤，没事，死不了。

李光颜的儿子拼命拦住李光颜的马头，想让父亲暂避锋芒，李光颜挥刀作势要砍，骂走儿子，拨马再次杀入敌阵。

主帅不惜一死，士兵唯有追随，在李光颜的带领下，士兵争先恐后，这一仗打得淮西兵丢盔卸甲，数千人阵亡。

李纯由此将李光颜记得更牢，也在心中对裴度刮目相看，很好，裴中丞有识人眼光！

淮西的战局往深入发展，一条看不见的战线也在悄悄延伸，领导这条战线的人叫李师道。

在朝廷征调十六战区兵马进攻淮西时，吴元济向成德王承宗、平卢李师道发出了求救信。本着兔死狐悲的原则，王承宗和李师道开始给皇帝李纯上表，要求赦免吴元济。

李纯不予理睬，继续用兵。

与成德王承宗相比，李师道心中的伤更深，因为李纯征调了各战区兵马出兵讨伐吴元济，唯独没有征调李师道的平卢战区，原因不言自明，皇帝压根儿不信任你。

李师道索性不请自来，派大将率两千兵马直向寿春，对外号称支援朝廷讨伐吴元济，实则准备给吴元济当援军。

同吴元济一样，年轻气盛的李师道在自取灭亡的道路上越走越远。

李师道平时豢养了一批刺客，这批刺客有几十人，平时都是高薪供养，轻易不用，只到关键时刻使用。

刺客们眼看淮南变局，跃跃欲试，游说李师道道："战时最急需的莫过于粮草，如今河阴仓囤积了大量来自江淮地区的粮食，不如让我们秘密前往，一把火烧了。然后在东都洛阳招募数百名恶少，抢劫都市，焚烧宫殿，那样朝廷就无暇讨伐蔡州，他们得先救心腹之地。此乃救援蔡州的奇招！"

自此之后，全国各地到处发生抢劫案件。

四月十日夜，数十名盗匪进攻河阴转运院，杀伤十数人，纵火烧毁钱三十余万串、帛三十余万匹、谷二万余斛。

全国上下为之震动，人心惶惶，文武百官纷纷请求停止讨伐吴元济，李纯则坚定地摇了摇头，不行！

李纯的坚决让李师道连连叫苦，皇帝怎么就铁了心要拿淮西开刀呢，该如何让他罢兵呢？

李师道豢养的刺客又出了一个主意：天子之所以一再坚持对蔡州用兵，主要是宰相武元衡谋划的，不如我们将武元衡刺杀。武元衡一死，其他宰相就不敢再谋划对蔡州用兵，只会争相规劝皇帝罢兵！

馊主意，要多馊有多馊的主意。

就是这样的馊主意，没脑子的李师道居然也同意了。

几乎与李师道下决心刺杀武元衡同时，成德节度使王承宗也有所行动，他派出牙将尹少卿前往长安奏事，寻机帮吴元济化解危机。

王承宗也是所托非人，牙将尹少卿实在不是一个合格的说客。到了中书省，尹少卿态度傲慢，出言不逊，没一会儿就把武元衡惹得大发雷霆，盛怒之下，武元衡将尹少卿轰了出来。

消息传到成德，王承宗觉得很没面子，随即上疏大肆诋毁武元衡。

武元衡注定是大唐历史上的一位悲剧宰相，他忠心耿耿一心为公，而就在他为大唐王朝呕心沥血的同时，成德和平卢两大藩镇节度使同时盯上了他，成德在明，平卢在暗，两大节度使目标出奇一致——刺杀武元衡。

元和十年（815年）六月三日，天还没有亮，宰相武元衡出门上朝，他没有想到，这一次出门与家人就是永别。

此时此刻，两拨杀手已经杀气腾腾，平卢来的杀手已经近在咫尺，成德来的杀手还在赶来的路上，无论如何，对于武元衡来说，已经在劫难逃。

武元衡刚走出所居住的靖安坊东门，平卢来的刺客从黑影中冲出，一边冲，一边向武元衡发射冷箭。突如其来的变故让武元衡的随从惊慌失措，瞬间一哄而散，只剩下武元衡一人一马。

刺客上前，抓住武元衡所骑马匹的缰绳连跑十余步，见时候已到，手起刀落将武元衡砍落马下，割下首级留着回平卢报功。

整个暗杀过程写起来很短，实际更短，一代有为宰相武元衡就这样喋血上朝途中。

暗杀并没有就此结束，刺客们转向通化坊，在那里他们截住了御史中丞裴度。在预先拟定的暗杀名单中，武元衡名列第一，裴度名列第二，暗杀的理由只有一个，因为他们都主战！

刺客再次举起刀，手起刀落，一刀砍到了裴度的头上，裴度滚落路边的水沟之中。

刺客正欲上前补刀，裴度的随从王义大吼一声，从背后抱住一名刺客，同时大声喊道："有刺客，有刺客！"

做贼心虚，做刺客心也虚。

刺客回手一刀砍断王义的胳膊，不敢再看裴度状况，三步并作两步，消失在黑暗之中。

王义用手堵住汩汩流血的伤口，挣扎着走到裴度身旁。裴度强挺着站了起来，摸了摸脸上的血，还好，幸亏今天戴的毡帽厚，刺客刚才砍那一刀的力道被毡帽化解了不少，不然裴度也凶多吉少。

武元衡被暗杀的消息很快在长安传开，京城哗然，李纯连忙下诏，以后宰相出入，由金吾卫骑士带刀护送，不得有误。

恐怖气氛凝聚不散，文武百官不到天亮不敢出门，以至于李纯已经上殿很久了，文武百官中还有不少人缺席，大家都被刺客吓破了胆。

恐怖还在延续，刺客分别给金吾卫、京兆府、万年长安两县写了恐吓信：别急着抓我，谁张罗着抓我，我就杀谁！

恐吓信果然起到了效果，本来有义务捉贼的官员一个个态度暧昧起来，谁也不肯出头。

兵部侍郎许孟容坐不住了，他不忍心看着自己的同僚就这样不明不白地惨死，愤而上书道：自古未有宰相横尸街头而抓不到刺客的先例，我朝却发生了，这是朝廷的耻辱。

许孟容又到中书省，流泪呼吁道：请奏请皇上起用御史中丞裴度为相，彻底搜捕盗匪，找出幕后真凶！

许孟容的呼吁有了反馈，六月八日，李纯下诏，长安内外每一个地方都要搜查，抓到刺客者赏钱五万贯，授予五品官，胆敢窝藏刺客者，全族诛杀。

长安内外的大搜捕轰轰烈烈地开始了，搜查前所未有的细致，甚至连高级官员家里的夹墙和阁楼都一一搜查，挖地三尺，也要把刺客找出来。

大搜捕中，成德战区驻长安办事处的士卒张晏成了重点怀疑对象，以张晏为首的几个人经常为非作歹，行为不端，会不会是他们干的？

事有凑巧，神策军将军王士则向李纯举报：成德节度使王承宗涉嫌指使张晏等人刺杀武元衡。

王士则不是别人，正是王承宗的叔叔。当年因为不想和王承宗一起继续在成德割据，王士则带着家人来到长安向李纯表忠心，李纯感动之余便把王士则安排到神策军当将军。

王士则的举报非常致命，李纯立刻下令将张晏等人羁押，责令京兆尹裴武会同监察御史陈中师一起审理，一定要挖出背后黑手。

李纯还不解气，一股脑地将王承宗前后三次的奏表拿给文武百官过目，要求百官一起给王承宗定罪。

嫌疑人张晏的供状摆到了李纯的案头，张晏等人对刺杀武元衡一事供认不讳，可以结案了，就是王承宗指使张晏干的！

所有人都对这个结果长出一口气，宰相张弘靖却皱起了眉头，他怀疑张晏等人的供状可能是屈打成招，如果真是屈打成招，那结果就不成立了。

张弘靖几次上奏，李纯都置之不理。在李纯心中，他已经认定王承宗指使人暗杀了武元衡，没错，就是他！

六月二十八日，李纯下诏，斩张晏等五人，诛杀张晏党羽十四人，宰相武元衡遭刺杀案结案！

四年后，魏博节度使田弘正在平卢的账簿上发现，刺客王士元因刺杀武元衡成功领到重赏！

顺着王士元的话题延伸一下，当田弘正将王士元等人押解到长安审讯后，王士元等人对受害者武元衡的穿着描述却无法统一。

王士元解释道："当时，成德与平卢都派出了杀手，我们去晚了。听说成德已经得手，但我们没有声张，回到平卢还是向李师道邀功！"

王士元最终伏法，究竟是哪一拨刺客刺杀了武元衡已经不重要了，我们只需知道，平卢和成德都派出了杀手，最终武元衡死于杀手的刀下。

武元衡就这样白死了吗？

不知不觉，裴度已经在床上躺了二十多天。这二十多天中，李纯派出带刀侍卫进驻裴度家中担任警卫，慰问裴度的宦官更是一个接着一个。在武元衡遇刺之后，裴度就成了讨伐淮西的最关键人物。

然而，不是所有人都愿意看到裴度得到重用，有官员建议李纯：不如将裴度罢官，以安抚成德和平卢两大战区！

李纯抬头看了官员一眼，人家都到我眼皮底下刺杀我的宰相了，你居然还劝我罢免裴度用以安抚他们？

李纯怒气冲冲地吼道：“如果将裴度罢官，就是让叛贼的阴谋得逞，朝廷纲纪就无法恢复。朕用裴度一人，就足以击破两个毛贼！”

六月二十五日，李纯下诏，裴度出任中书侍郎兼任宰相，元和年间最得力的宰相裴度正式走上前台。

裴度上了拜相后的第一道奏疏：淮西是朝廷的心腹大患，必须除掉。况且朝廷已经发兵征讨，黄河南北那些跋扈的藩镇正在观望，以此战胜负来决定他们未来的走势，因此对淮西用兵绝不能半途而废。

李纯阅罢，赞同地点了点头，好，淮西用兵以后就全权委托给你裴度了。

拜相之后的裴度知道肩上担子有多重，不讨平淮西，他的宰相位子是坐不稳的，跟天下百姓也交代不过去。

裴度转念一想，即便自己浑身是铁，又能打几根钉，如此危乱之际，还是需要群策群力，如果多几个幕僚，自己会更加从容。

裴度回想到德宗年间，由于德宗李适猜忌，朝中百官私下有往来的，都会遭到金吾卫的暗中监视，宰相根本不敢在自己家中见客，那真是一个互不信任的年代。

当今皇帝会不同吗？

裴度上奏道：如今盗贼未平，宰相应招揽四方贤才一同谋划，恳请陛下允许臣在私第会客。

李纯果然与众不同，准奏！

得到批准的裴度马不停蹄开始为国操劳，他必须与时间赛跑，不仅要尽快扑灭淮西战火，还要腾出手对付成德和平卢。

七月五日，皇帝李纯将矛头直指成德节度使王承宗。在诏书上，李纯历数王承宗的罪责，下令禁止他朝贡，这意味着李纯已经将自己与王承宗的矛盾由内部矛盾转化成敌我矛盾，兵戎相见只是时间问题。

成德的王承宗或许会感到心中委屈，平卢的愣头青李师道却是十分不服，尽管朝廷并没有针对平卢，但李师道的布局却是步步针对朝廷，在反抗朝廷的道路上，李师道已经越陷越深，不能自拔。

东都洛阳城内，有一处府邸，是李师道在洛阳设立的平卢驻洛阳办事处。办事处每天人来人往，鱼龙混杂，洛阳的官吏每天看着平卢来的人进进出出，却不敢详加盘问，一方面他们都怕河北那些跋扈的节度使，另一方面，洛阳有些官吏背地里拿了李师道的钱，索性睁一只眼闭一只眼。

淮西战事日紧，淮西兵除了应对十六战区军队的进攻，还把兵锋直指洛阳，洛阳防御的军队便移至伊阙（今洛阳南之龙门），由此造成一个后果，洛阳空虚。

愣头青李师道在刺客的建议下开始打洛阳的主意，他在平卢驻洛阳办事处的院内潜伏了几百名精锐士兵，这些人要在洛阳中心开花，先焚烧宫殿，然后在闹市开抢。所有的这一切都是为了制造恐怖气氛，逼迫朝廷从淮西退兵。

日期一天天临近，办事处院内飘出牛肉的香味，这是李师道在犒赏士兵，吃过这顿大餐后，明天就让洛阳翻个底朝天。

第二天一早，平卢数百名士兵即将出发，这时一名士兵突然变卦，他不想跟眼前这些亡命之徒去干那些招致满门抄斩的祸事，一溜烟跑到了东都留守府向东都留守吕元膺报了警。

吕元膺定了定神，真是怕什么来什么，赶紧，征调驻扎伊阙的守军还来得及。

伊阙守军得令回援，一下子将平卢驻洛阳办事处包围得水泄不通，数百名平卢士兵趁乱突围而出，洛阳守军不敢紧追，只是跟在后面象征性追，眼看着平卢士兵出了长夏门，跑进了山中。

按照一般规律，平卢士兵将就此扬长而去。

不料，几名平卢士兵惹是生非，生生断了大家的逃生之路。

洛阳郊区西邻虢州，南邻邓州，附近都是高山深林，百姓无法耕种庄稼，只能以射猎为生，因此这里的百姓被称为“猎户”。猎户在恶劣的自然环境下长大，个个骁勇，一般人不敢招惹他们，偏偏平卢士兵不知好歹。

在发动洛阳叛乱失败几天后，几名平卢士兵在山中遇到了一个猎户，猎户打了一头鹿，正准备拿到集市上出售，平卢士兵眼睛直勾勾盯着鹿，他们打起了鹿的主意。几个士兵不由分说，将鹿抢了下来，今晚有鹿肉可吃了。

被抢的猎户从来没吃过这种亏，回家招呼同伴复仇。同伴中有人联想到一张悬赏令，那是几天前洛阳留守吕元膺命人张贴的，如果推算没错的话，抢鹿的人应该就是被悬赏缉拿的平卢士兵。

猎户们报官的报官，带路的带路，没多长时间，数百名平卢士兵被一一擒获。

吕元膺一一审问，竟然有意外收获，这些平卢士兵居然还有一个头领，头领名叫圆净，是中岳寺的和尚。

是不是有点反特片的味道？反特片里头领也是此类，不是和尚，就是老道。

圆净是一个半路出家的和尚，他原本是史思明的部将，勇猛过人，史思明失败后他隐藏了起来，但心中的杀机始终没有熄灭。等到李师道接任平卢节度使后，圆净又看到了自己的用武之地，他向李师道建议，在伊阙和陆浑之间大量购买田地，招待猎户居住，给他们提供衣食，让他们对李师道感恩戴德，以备不时之需。

在李师道的支持下，圆净拿着上千万的活动经费，在洛阳兴建了佛光寺用作掩护，私下里聚集党羽图谋不轨。按照圆净的计划，党羽在洛阳城中举事，他在山中举火为号，率领两个县的猎户进城助战，届时让洛阳血流成河。

计划最终还是失败了，吕元膺派出的士兵将圆净在佛光寺当场擒获。此时的圆净已经八十余岁了，吕元膺的士兵看着老而不死的圆净，气不打一处来，老家伙，老了老了，还穷折腾，先敲断你的腿再说！

士兵举锤砸向圆净的小腿，砸了几下，圆净的小腿依然没有断。

圆净烦了，夺过锤子：“你们这些鼠辈，连人的小腿都敲不断，还有脸自称好汉！”

圆净坐下，将自己的小腿放平，拿着锤子给士兵示范：“看见没有，得这样砸！”

手起锤落，圆净生生将自己的小腿砸断了！

临上刑场前，圆净叹息：“哎，那些鼠辈误了我的大事，没能让洛阳血流成河！”

不疯魔，不成活，圆净心中的杀机让他一辈子活在走火入魔的世界中，究竟是怎样的人生遭遇让他心中充满了那么多的恨呢？

圆净伏法后，党羽数千人随之伏法，其中竟然有东都留守府、洛阳防御府的两名将军以及八名驿卒，他们都拿了李师道的钱成了李师道的内应！

这个世界太疯狂了，耗子给猫当伴娘了！

处理完圆净，东都留守吕元膺沉思良久，形势太可怕了，平卢李师道居然用心险恶到如此程度。根据日前审讯圆净同党得知，正是李师道派出杀手刺杀了武元衡，而且还图谋火烧洛阳。

吕元膺上奏道：“近日跋扈不臣的节度使，能宽容的都能宽容。至于平卢李师道，图谋血洗洛阳，焚烧宫殿，大逆不道，不可不诛！”

长安宫中，李纯面色凝重，连日来发生的一切他已经看明白了，平卢李师道是跟自己叫板最起劲的，这个李师道真是不想活了。

依照李纯的脾气，他现在就想捏死李师道，可转念一想，已经发兵征讨吴元济，又公开弃绝王承宗，如果再与李师道翻脸，多点开花，确实有些应接不暇。

也罢，一笔一笔都给他攒着，不是不报，时候不到！

李纯按下对李师道的怒火，又将目光投到了淮西战场，淮西战场真是让他操碎了心。

让李纯最头疼的是山南东道节度使严绶，在河东节度使任上，严绶派出的部将李光颜等人都能为朝廷立功，李纯由此对严绶高看一眼，这才把他从河东节度使调任山南东道节度使，同时督导各路军马讨伐吴元济。

几年下来，李纯悲哀地发现，严绶确实没有过人之处。此人最大的能耐就是滥赏，到任山南东道节度使后，一天之内就把军库里的财物滥赏得一干二净。这些财物是严绶的前任几年积攒的结果，他一天就花光了。

除了花钱，严绶还交结宦官为自己在朝中说话，虽然拥有八个州总数一万余人的部队，却只是驻扎在州境上，近一年来没有传过一次捷报！

无能，太无能！

在裴度的建议下，李纯走马换将，委任宣武军节度使韩弘为讨淮各军总指挥，正式取代严绶。同时将严绶主政的山南东道战区一分为二，分为山南东道战区和唐随邓战区，户部侍郎李逊为山南东道节度使，右羽林大将军高霞寓为唐随邓节度使，高霞寓主攻军事，李逊主攻后勤供应。

布局不可谓不用心良苦，可惜还是所托非人。

宣武军节度使韩弘本是一个弄威专权之人，走马上任的他想的不是如何尽快平叛，而是如何倚贼以自重，至于淮西战事还是不要太快结束，拖得越久，自己在皇帝心中的分量就越重。

韩弘一方面想着拖延战局，一方面想着巩固自己的位置。他知道，在讨伐淮西诸将中，李光颜是最得力的一个，这个人自己需要倚重，还是要先搞好关系。

韩弘挖空心思在大梁（今河南开封）城中海选出一名绝色美女，命人教美女歌舞丝竹，同时提升穿衣品位，仅佩戴的珠玉金翠就价值几百万，这么下血本就是为了一个人——李光颜，韩弘要用这个美女跟李光颜拉一拉关系。

到了约定交人日期，李光颜在军中犒赏了全体将士，大梁来的美女一亮相，绝代芳华，满座皆惊。

李光颜站起来冲使者施了一个礼：“韩相公怜悯光颜孤身在外，赐给我这个美女，大恩大德，光颜不胜感激。然而，跟随我的数万将士，哪一个不是背井离乡，孤身在外，以血肉之身面对敌人白刃，光颜何忍自己独享声色追求个人享乐呢?”

说到动情处，李光颜泪流满面，满座将士跟着他一起流泪。

李光颜整理了一下心情，拿出厚重礼物赠送使者，让他与美女一起返回，嘱咐道：“替我多谢韩相公美意，光颜以身报国，绝无二心，誓与叛贼不共戴天!”

一个美女，两个男人，李光颜借这个美女收服了数万将士的心，韩弘则在李光颜面前自讨了没趣，也罢，道不同不相为谋。

韩弘被李光颜的一番表白扎了一下，看来自己不能在淮西干耗，还得有所作为。

元和十年十一月五日，韩弘上疏，请求李纯下诏，各讨伐淮西部队同时向吴元济发起进攻。

进攻令下达，李光颜和乌重胤都有捷报传来，其他讨伐部队也陆续有捷报传来。

捷报接二连三，看来形势一片大好，但为什么只有三个州的淮西却迟迟不能回归朝廷怀抱呢?

莫非捷报里有水分?

第十五章　雪夜收蔡州

泡沫破灭

淮西的战斗还在继续，北方的成德战场战火又起。

无法按捺心中怒火的李纯下令，振武战区会同义武战区联合出军，讨伐成德节度使王承宗，而此前魏博节度使田弘正连续上疏十次，在李纯的允许下已经率军向成德逼近。

与此同时，横海、卢龙、义武三战区因为不堪成德王承宗不断出兵骚扰，也在上疏要求讨伐王承宗，王承宗成了过街老鼠。

李纯决心要打，宰相张弘靖却不同意："朝廷在南北两地同时开战，恐怕人力财力都无法支撑，应该先全力讨伐淮西，然后再讨伐成德。"

一心要打的李纯已经听不进不同意见，他一定要打，而且一刻不想等。

无奈之下的张弘靖请求辞职，元和十一年正月三日，张弘靖不再担任宰相，改任河东节度使。

因为反对李纯全面开战而卸任，张弘靖不是第一个，同僚韦贯之不久也步了张弘靖后尘。

韦贯之出任宰相时间不长，他与张弘靖的思路一致，反对李纯对成德和淮西同时用兵。

韦贯之警告道：当年德宗皇帝先讨伐魏博，后讨伐平卢，引起淮西、卢龙、恒冀都应和，最终招致朱泚之乱。这一切都因为德宗皇帝不能多忍几年愤怒，渴望天下太平的心情太过急切导致！

警告没有起到效果，七个月后，韦贯之付出了代价，卸任宰相，改任吏部侍郎。

为了维护朝廷权威，李纯已经做了他能做的一切，可惜委任的人选实在不给力，淮西战场上虽不断有捷报传来，但元和十一年六月的一次惨败，让李纯目瞪口呆。

传来兵败消息的是唐随邓节度使高霞寓，元和十一年六月二日，高霞寓在铁城（今河南遂平西南）大败，几乎全军覆没，高霞寓仅仅逃出一命。

战败消息传来，李纯大惊失色，不是一直都是高奏凯歌吗？怎么高霞寓居然遭遇此等惨败？

李纯并不知道，一直以来他接收到的战报都是有水分的。征讨淮西的诸位将领，如果获胜就虚张声势，夸大战功，如果失利，则避过不提，就当这仗压根儿没有打过。高霞寓本来还想遮掩，一想已经成了光杆司令了，拿什么遮掩呢？

眼看遮掩不过去，高霞寓这才上疏，实话实说自己打了败仗了，而且是很大的败仗。

对于淮西用兵，朝中本就有不同意见，这次高霞寓战败，更给了反战派口实。反战派官员旧话重提，希望朝廷中止对淮西用兵。

李纯坚持道："胜负乃兵家常事，今天只是讨论用兵方略。如果觉得将帅有不合格的立马换将，给养不足的立刻补给养，怎么能因为高霞寓一名将领的失利就开始讨论退兵呢？"

说完，李纯看看裴度，裴度随即附和，在对淮西用兵上，二人是坚定的主战派，即使国库打空了，淮西也一定要拿下。

李纯内心暗自叹一口气，这个高霞寓啊，原本指望他开花结果，没想到开了这么个花，结了这么个果，不撤职不足以平民愤！

李纯准备将高霞寓撤职，高霞寓为自己辩解道："主要是山南东道节度使李逊后勤供应出了问题！"

那就两人一块贬吧，高霞寓贬为归州（湖北秭归）刺史，李逊贬为恩王李连的辅佐官，既然你们丧师辱国，那就一边待着去吧。

李纯走马换将，委任河南尹郑权为山南东道节度使，荆南节度使袁滋为彰义节度使，申光蔡、唐随邓观察使，总部设在唐州。

从这个布局看，李纯将宝押在了袁滋身上，指望着袁滋能给自己带来惊喜。

袁滋能给李纯带来惊喜吗？

等几个月再看。

安静下来，李纯再度审视自己在淮西的布局。从开始用兵到现在，已经两年过去了，聚集在淮西边境的讨伐军人数接近九万，然而时至今日，依然没有取得根本性胜利，如此下去，国库真的要打空了。

思来想去，李纯想出了宦官监军的老法子，用宦官代替自己到前方督阵，或许会比现在有效果。

元和十一年十一月二十日，李纯命知枢密、宦官梁守谦前往淮西慰问军队，慰问完也就不走了，留下来就地监军。梁守谦并非空手而来，他携带了五百份空着姓名和职衔的委任状，这些委任状用来赏赐将来在淮西战场立功的勇士。

九天后，李纯又给淮西前线的诸位将领发了大红包，加授李光颜等检校中央官职，以示慰问，同时在诏书里，李纯也放出狠话，立功有赏，无功必罚！

所有的一切都是为了促使众将在淮西战场有所作为，结果如何呢？

李纯很快得到了一个惊喜：唐随邓节度使派人向吴元济请求从新兴栅撤围！

李纯简直有点不敢相信自己的眼睛，自己委任的节度使居然向叛军卑躬屈膝，被敌军围困了不想着如何突围反扑，居然去恳求对方撤围！

猫给老鼠送礼了，错位了吧！

李纯仔细看了奏报，自从袁滋到唐州上任以后，竟然主动撤掉了侦察兵，不让唐军进入吴元济的辖区内，这架势是要与吴元济长期和平共处下去。

接下来是否得发个联合声明，再颁布个和平共处五项原则呢？

李纯连连叫苦，从严绶开始，自己不断换将，用高霞寓换严绶，又用袁滋换高霞寓，一蟹不如一蟹，都提不起来。

满朝文武中，难道就没有一个股肱之臣？

李愬出马

李纯回想祖父德宗一朝，文有李泌、陆贽，武有李晟、浑瑊、马燧、李怀光等人，武将个顶个是名将，怎么到了自己，哪个都提不起来呢？

对了，李晟不是有十五个儿子吗？

他的儿子们是否能为朕所用呢？

李愬就这样进入李纯的视野。

李愬，名将李晟十五子之一，借父亲的光步入仕途，第一个官职是太常寺协律郎，后来升迁到卫尉少卿。

李愬最早天下知名并非因为能力，而是因为至孝。

由于生母早逝，李愬由李晟的另外一个夫人晋国夫人王氏带大，等到晋国夫人过世时，李晟考虑到李愬并非王氏亲生，只是让李愬穿缌服以尽孝道。李愬却不同意，号哭不止，李晟不好再说，便让李愬改穿缞服，这样李愬就是以亲生儿子的身份向亡母王氏尽最后的孝道。

李晟病逝后，李愬与弟弟李宪在父亲墓旁搭了草房住下来，一住就是三年。三年中，德宗皇帝不忍，下诏让李愬回家居住，李愬在家住了一晚，第二天又赤着脚回到父亲墓旁的草房。德宗皇帝心知李愬主意已定，便默许李愬在草房内住满了三年。

三年期满，李愬出任太子右庶子，后来辗转升迁到太子詹事、宫苑闲厩使。

如果生活中没有意外，李愬一生恐怕就会如此按部就班走下去，没有峰回路转，也没有跌宕起伏。

李愬四十三岁这年，正是元和十一年，这一年朝廷在淮西用兵接连失利，李纯手上已经无人可用，这才想到李愬这位名将之后。

元和十一年十二月二十三日，李纯下诏，太子詹事李愬出任唐随邓节度使。这是李纯无奈之下的走马换将，也是死马当活马医了，希望李愬这位名将之后能给自己带来惊喜。

起用李愬，李纯心里并没有底。虽然李愬本人擅长骑射，也是名将之后，但李愬的个人履历表上，从来没有带兵打仗的经历，让这样一个文官到淮西前线带兵，他能行吗?

试试看吧!

元和十二年正月，李愬抵达唐州，一看大营的气氛，李愬已经明白了八九分。

去年一年，先是高霞寓战败，接着袁滋又在新兴栅被围，接连的失利已经消磨了唐军的士气，指望现在这支部队打仗是不现实的，当务之急是先安抚人心。

大营中有闻讯前来迎接李愬的士兵，李愬一边走一边解释道："天子知道我懦弱，能够忍受羞辱，因此派我来安抚你们。至于行军打仗，那不是我的事!"

士气低落的士兵最怕提打仗，一听李愬是前来安抚的，心情顿时舒展很多，至于打仗，日后再说!

李愬在大营中没有闲着，看望伤员，慰问病号，丝毫没有节度使的架子。时间不长，大家都喜欢上了这位没有架子的节度使。

有人提醒李愬："你这样的话，日后如何能做到令行禁止？"

李愬回应道："我并非不知道这个道理。之前，袁滋想以恩惠感化叛军，叛军由此小看他，这会儿听说我来了，一定会加强戒备。所以我故意展示我军令不整的一面，他们必定以为我懦弱可欺，进而会放松警惕，那时我的机会就来了！"

的确如李愬所料，淮西叛军自从连败高霞寓和袁滋之后，心气变得越来越高，听说李愬原本只是太子詹事，心里已经低看李愬一眼，又听说李愬平易近人、和颜悦色，更打心眼里看不起李愬。行军打仗的都是杀人不眨眼的狠角色，如此文弱一书生能成什么事呢？

就在淮西叛军被李愬伪装所迷惑时，李愬已经在心中有了一个大胆设想：奇袭蔡州！

李愬整理了两年来淮西战场的战报，他发现，讨伐淮西叛军的将领在淮西战场取得的都是零星小胜，从来没有根本性的大胜，而且讨伐部队分属各个战区，虽然有将领在名义上督导，却根本无法形成合力。如果继续发展下去，再过几年，淮西战场的战火也不会熄灭，蔡州也不会被攻克。

最有效的、最致命的还是奇袭蔡州，生擒吴元济。

名将之后，乃父遗风。

李愬给李纯上了奏疏，请求增兵。李纯下诏，命昭义、河中、鄜坊三战区各拨两千步兵骑兵到李愬帐下听命。

元和十二年二月七日，矢志奇袭蔡州的李愬有了一个意外之喜。

这天，李愬派人照常巡逻，没想到这次巡逻中，唐军与吴元济的搜索纠察官丁士良遭遇，唐军小分队发动攻击，将丁士良五花大绑带回大营。

丁士良被俘，一下捅了马蜂窝。过去几年，身为吴元济骁将的他经常进入唐军辖区劫掠，吃过他亏的士兵不在少数，眼看丁士良落入本方阵营，将士们纷纷要求，将丁士良刳心，以解心头之恨。

新官上任，李愬不想扫大家的兴，命人带上丁士良，做最后审问。

李愬面色凝重，言语犀利，丁士良死到临头，却面不改色，对答如流。

李愬一瞬间改变了主意，此人绝非泛泛之辈，不能一杀了之。

后来的事实证明，李愬这一瞬间改变主意是正确的。如果一念之差杀了丁士良，恐怕就没有后来的雪夜入蔡州了。

李愬叹了一声："真丈夫也!"

松绑!

丁士良本已抱定必死之心，没想到李愬居然给自己松了绑，顿时也变了主意。

丁士良对李愬说道："我本非淮西人，贞元年间我是安州人，与淮西吴氏作战被俘，本来必死无疑，吴氏却释放了我，并委以重用，吴氏让我活命，我因此为吴氏父子效力。昨天我被李公属下擒获，也是必死无疑。今天李公放我一条生路，我当以死相报。"

惊喜，天大的惊喜!

大喜过望的李愬忙叫人归还丁士良的衣服和器械，并委任丁士良为搜索官。

好，奇袭蔡州有眉目了!

几天后，丁士良开始发挥作用，他要帮李愬拿下文城栅。

文城栅位于高霞寓兵败之地——铁城，由吴元济帐下猛将吴秀琳率领三千兵马驻守。吴秀琳是吴元济的左臂，勇猛异常，唐军将士与之对阵，从来不敢接近。

李愬上任以来就想拔下文城栅，但唐军低落的士气，让李愬不敢轻易言战。

丁士良分析道："吴秀琳主要靠一个叫陈光洽的人出谋划策，如果陈光洽被擒获，吴秀琳自然会举城投降。至于陈光洽，他好勇轻佻，喜欢出营挑战，我一定为李公先把这人生擒!"

二月十八日，丁士良说到做到，打马回营之后将俘虏往地上一摔，众人一看，果然是陈光洽!

事情的发展果然如丁士良所料，无计可施的吴秀琳等不来援军，也无人出谋划策，只能写信向李愬投降。

三月二十八日，李愬派遣唐州刺史李进诚率领八千将士前往文城栅受降。文城栅城下，李进诚受到了吴秀琳的热烈欢迎，雨点般密集的弓箭和石头向李进诚和八千将士身上招呼。

李进诚派人回报：叛军假装投降，不可信用！

李愬回应道："这是等我亲自前往呢！"

李愬打马来到城下，自报姓名，吴秀琳果然命令士兵放下武器向李愬投降。吴秀琳自己跪倒李愬马下，表示屈服，李愬下马，轻拍吴秀琳后背，以示安抚。

安抚完吴秀琳，李愬又将吴秀琳部将李宪叫到面前，早听说此人有勇有谋，留到帐下必然能派上用场。李愬说道："以后你改名吧，就叫李忠义！"

机会总是垂青有准备的头脑，一心想收复淮西的李愬接二连三遭遇好运气，先是收获了丁士良，接下来收获了吴秀琳，而吴秀琳也有见面礼送给李愬。

吴秀琳的见面礼叫李祐，淮西骑兵将领，有谋略，据守在兴桥栅。

吴秀琳对李愬说道："李公想奇袭蔡州，非得李祐不可，我吴秀琳有心助公，可我没有李祐那能力。"

李愬将李祐记在了心里，叫过手下，给李祐挖了一个坑：你率领三百骑兵埋伏在树林中，另外派人在前面摇动旗帜，做出要焚烧麦田的样子。李祐向来瞧不起朝廷的部队，一定会前来驱赶，到时你们发动埋伏，一定可以把他擒获。

手下依计前往，果然将李祐手到擒来。

李祐的到来再一次捅了马蜂窝，此前死在李祐手下的唐军将士不在少数，如今李祐成了阶下囚，自然要杀之而后快。

别人不知道李祐的价值，李愬心知肚明。

李愬顶住众人压力，当众为李祐松绑，以宾客之礼相待。

为了奇袭蔡州，李愬经常找李祐商谈，一谈就是大半夜，至于两人谈了些什么，旁人无从知晓。

李愬待李祐越来越好，军中士兵的反应也越来越大：一方面，李祐与很多士兵有血海深仇；另一方面，这样一个叛军将领长期身处唐军大营，会不会是一个无间道呢？

不利于李愬的流言越来越多，有人说，李祐是吴元济的内应，消息来源很可怕，是被俘的淮西间谍亲口承认的。

从小在父亲身边长大，李愬知道流言杀人，一旦这些流言传到皇帝的耳朵里，自己将如何自救呢？

深夜，李愬拉着李祐的手，流泪说道："难道上天不想让我讨平吴元济这个叛贼！你我二人相知如此之深，却堵不住众人之口！"

李愬思虑再三，准备唱一出戏，只有这出戏唱好了，才能打好李祐这张牌。

第二天一早，李愬对众人说："既然诸位都认为李祐可疑，那我就送到长安，让皇上处死他！"

众人长出了一口气，这还差不多。

李愬催促士卒押送囚车上路，他的心中开始打鼓。

在送李祐去长安前，李愬提前写好一道奏疏，最后写道：若杀祐，则无以成功。

李纯看罢，欣然同意与李愬合演这出双簧。李祐到长安走了一圈又回来了，这样一来李祐彻底安全了，皇帝都不喊杀，谁又能继续喊杀？

李愬理直气壮地将李祐委任为六院兵马使，属下三千卫队统统交给李祐统管。

奇袭蔡州还差点啥呢？

裴度出征

李愬的奇袭计划还在不断修正，朝廷中关于淮西用兵的争论又起。

屈指算来，从元和十年正月出兵，朝廷已经在淮西用兵近三年，淮西依然没能平定，而军需给养供应已经成了困扰朝廷的难题，牛马已经不够用了，民间甚至开始用驴拉犁耕田，仗还能打下去吗？

此前，由于在成德用兵没有成效，李纯已经叫停了成德战事，眼下淮西也成骑虎难下之势，该何去何从呢？

李纯召来宰相们应对，新上任的宰相李逢吉认为，淮西用兵已久，政府财力枯竭，不如就此收兵，容日后再说。

李纯看看裴度，裴度一直无言。

“裴爱卿，你说说看！”

“臣裴度愿前往前线督战！”裴度斩钉截铁地说道。

元和十二年七月二十八日，李纯再次召来裴度问道：“卿真能为朕到前线去督战？”

裴度回应道：“臣发誓与吴元济不共戴天。臣近来翻看吴元济的奏表，字里行间可以发现，他已经到了山穷水尽的地步，但讨伐军将领人心不齐，并没有全力讨伐他，所以吴元济到现在还没有投降。如果臣到前线督战，诸将怕臣抢功，一定会争前恐后进军破贼！”

李纯欣慰地点了点头，天赐裴度，天赐裴度。

一天后，李纯下诏，委任裴度为门下侍郎、同平章事兼彰义节度使、淮西宣慰招讨处置使。裴度接诏，提出一个小小建议，鉴于宣武军节度使韩弘已经是淮西前线总指挥，自己就不便再称招讨使了，改称宣慰处置使即可。

这是裴度的变通之处，此举是给韩弘留一个面子，实际上裴度还是前线总指挥，换汤不换药。

裴度即将出发，在李纯面前慷慨陈词道：“臣若贼灭，则朝天有期；贼在，则归阙无日。”

一句话，贼不灭，我不归！

元和十二年八月二十七日，裴度抵达自己的统帅部所在地郾城。

一个月后，李愬率先给了裴度一个惊喜。

九月二十八日，李愬兵指吴房（今河南遂平），手下诸位将领面露难色："今天按照卦书推算是往亡日，诸事不利！"

李愬对曰："我们兵少，不能与他们硬拼，所以得出其不意。他们以为今天是往亡日，不会对我们加以防备，我们正好趁这个时候发动攻击！"

胆大心细，逆向思维，凡成名将者，必有其过人之处。

李愬挥兵向吴房发起攻击，攻克外城，斩首千余人，剩下的淮西士兵退守子城，坚守不出。

李愬不慌不忙，假装撤退，等待淮西士兵出城追击。

淮西将领孙献忠果然上当，率领五百骑兵从后面追了上来。五百骑兵来势汹汹，李愬帐下士兵心里发紧，惊慌之余，竟然想四散逃命。

李愬依然不慌不忙，下马，坐在凳子上："敢退者斩！"

后退是死，前进未必死，唐军士兵纷纷选择了后者，向孙献忠发起攻击，恶战之后，孙献忠战死，淮西兵退守子城。

众人劝李愬趁胜攻击子城，一定能够攻克。

李愬摇摇头："这不是我的计划，撤！"

回到大营，六院兵马使李祐来到李愬身边建议道：淮西的精兵要么部署在洄曲（河南漯河南洪河弯曲处），要么部署在周围边境上，守卫蔡州的士兵都是老弱病残，我们可以乘虚直抵蔡州。等到淮西众将得知消息时，吴元济已经被生擒了！

李愬一拍几案，好，这正是我想要的！

十月八日，李愬派人到郾城将奇袭计划向裴度汇报。裴度听罢，激动万分："好，好，用兵就得出奇制胜，李愬这个计划精彩绝伦！"

奇袭蔡州进入倒计时！

奇袭蔡州

十月十五日，李愬下令，马步都虞候、随州刺史史旻等留下镇守文城栅，李祐、李忠义率兵三千为前驱，李愬自己与监军宦官率兵三千为中军，李进诚率三千人殿后。

一声令下，全军开拔，目的地在哪？

不知道，往东走就行！

向东行六十里，天色已晚，李愬大军抵达张柴村，唐军一拥而上，诛杀镇守此处的淮西士兵，占领营寨，暂作休息。

李愬命义成战区士兵五百人留下镇守，任务是阻挡朗山方向来的援兵；丁士良率五百人连夜行动，切断洄曲向外联系的桥梁。

布置妥当，趁着夜色，李愬引兵出寨，又要开拔。

诸将再次请示，目的地何处？

李愬一字一句说道："入蔡州取吴元济！"

话音刚落，诸将大惊失色，监军宦官更是号啕大哭："果然中了李祐奸计！"

夜色越来越重，黑得像墨，风大雪急，旌旗撕裂，寒风中不断有人马倒地，行军路上倒毙的人马可以成为指引方向的路标。

自张柴村以东的道路，朝廷军队从来没有走过，夜半临深渊可谓危险，而在风雪交加之夜行走在从没走过的敌人防区，凶险无以复加。

不仅宦官绝望，除了李愬、李祐等少数几个人，人人都感到了绝望。环顾四周，已无退路，只能硬着头皮跟着李愬进军，此时如果退却，必然会遭到李愬斩立决。

半夜时分，雪更大了，李愬大军在雪中跋涉了七十里，蔡州城已在眼前。自吴少诚抗命以来，朝廷军队已经有三十余年没有到过蔡州城下。蔡州守军压根儿没有想到李愬会突袭蔡州，更没有想到李愬会在如此恶劣的雪夜前来。

李愬看着蔡州城，为了你，朝廷已经打了近三年的仗，今天该做个了结了。

蔡州城外，有一处鹅鸭池，李愬使了个眼色，命人驱赶池里的鹅鸭，鹅鸭奔跑的叫声将行军声掩盖了起来。十月十六日凌晨三时许，李愬兵临蔡州城下，蔡州城还在酣睡，无人知道李愬压城。

李祐、李忠义熟门熟路，用斧头在城墙上砍出穴坎，两人率先登城，身后一众勇士跟随。

守门士卒还在酣睡，就在酣睡中去了“异度空间”，李祐、李忠义只留下巡街打更人，让他们照常打更，一切如故。

外城攻破，里城攻破，到公鸡打鸣时，下了一夜的雪终于停了，李愬率军进入吴元济在城外的府邸。

当下属来报官军已至时，吴元济刚从睡梦中醒来，闻言笑道：“什么官军！估计是那些俘虏囚徒闹事罢了，明天将他们一起处死！”

没一会儿，下属再报：不是俘虏和囚犯作乱，城真的已经陷落！

吴元济依然不肯相信：“这肯定是驻扎洄曲的士兵回来找我要过冬的衣服而已！”

吴元济穿好衣服，在院中听了一会儿，外边正在传李愬军中的号令：“常侍传语！”

李愬在朝廷的官职是散骑常侍，因此有了这样的号令。

院外声音混杂，“常侍传语”传过之后，应者有近万人，而且都不是蔡州本地口音。

吴元济这才意识到危险真的已经来了：“什么常侍，能到蔡州？”吴元济率领左右登上牙城，作最后挣扎。

吴元济一边垂死挣扎，一边期盼援军。他所倚重的大将董重质率领一万余精兵在洄曲驻扎，离蔡州并不远，如果董重质率军回援，只有九千人的李愬将面临险境，一旦与董重质陷入缠斗，淮西士兵纷纷回援蔡州，后果将不堪设想。

董重质来了，一人一马，身后并没有一万精兵。

董重质不为回援而来，而是专程回来向李愬投降。之前他接到儿子送去的信，李愬已经攻入蔡州，到董重质家进行了家访，而且留下了厚礼。

在淮西经营多年，董重质心如明镜，如果李愬不奇袭蔡州，淮西还能坚持数年，如今李愬突袭成功，淮西人心已散，即便自己率军回援，其他地方的士兵恐怕不会如约而至。再说，全家老小都已落入李愬手中，真要拿一家老小的性命开玩笑吗？

董重质下定决心，不再作无谓反抗，只身一人回蔡州向李愬投降。

牙城上的吴元济还在垂死挣扎，留给他的时间越来越少。

李愬命李进诚开始攻城，李进诚攻破外门，突入吴元济的军械库，取出武器和铠甲。

一天后，李进诚继续攻城，放火焚烧牙城的南门，蔡州百姓纷纷相助，争相扛着柴火扔到南门外，李进诚的士兵将弓箭射向牙城上，城上箭支林立，宛如一只硕大的刺猬。

中午时分，南门烧坏，吴元济最后的屏障消失了。

走投无路的吴元济在城上宣布投降，李进诚命人取来梯子，将吴元济接下来，等待吴元济的将是一刀两断的结局。

李愬策马进入蔡州城，自吴元济以下，不杀一人，凡吴元济官吏、帐下、厨厩之卒，皆复其职，一切照旧。安排妥当，李愬拨马出城，率军在鞠场扎营，等待宰相裴度入城。

十月二十五日，宰相裴度竖起彰义战区大旗，率领投降的一万余名叛军士兵从郾城南下进入蔡州。彰义战区设立已经有些年头了，以前只是虚设，如今蔡州重回朝廷怀抱，彰义战区总算有名有实了。

蔡州城外，李愬全副武装，身佩弓囊箭袋，跪在路旁迎接。裴度远远一看，心觉不妥，李愬为朝廷立下如此大功，却又行出这般隆重军礼，自己恐怕受之有愧，还是避开为妙。

裴度正想避开，李愬的人来到裴度面前："淮西人一向冥顽不灵，数十年不知上下之分，希望您借这个机会，给他们上一课，让他们知道朝廷的尊贵。"

哦，军礼原来还有这个目的，也罢，那就一起给淮西人上一课。

进入蔡州城，裴度开始以彰义节度使身份办公，给他担任警卫的不是原来的士兵，而是淮西原有的官兵。很多人为裴度捏一把汗，提醒道："淮西图谋不轨的人还有很多，公不得不防！"

裴度呵呵笑道："我是彰义节度使，淮西叛乱的首恶已经被拿下，剩下的都是我的属民，有什么好怀疑的？"

一句话可以坏事，一句话同样也可以成事，裴度用自己无畏无私的胸怀说出这样暖人心的话语，一下子就让淮西百姓的心找到了归属。

真应了三国时马谡的那句话——攻城为下，攻心为上。

有李愬的奇袭，有裴度的安抚，往年铁板一块的蔡州迅速融化，重回久违的朝廷怀抱。

率军回到文城栅的李愬没有闲着，手下诸将心中有太多谜团等着他去化解，为什么朝廷数万大军两年多都没有拿下蔡州，为什么你到任不到一年就马到功成呢？

诸将问道："公起先在朗山失败却不忧，后来在吴房取得胜利却不趁机攻取，冒着大雪行军却不停止，孤军深入蔡州却不惧，最后却取得成功，我们都不明白是为什么，是不是可以告诉我们其中的缘由？"

李愬对曰："朗山失利，叛军就会轻视我们进而不会加强戒备；吴房获胜后没有趁机攻取，是因为如果攻取，他们的残部会逃回蔡州固守，我们将来攻打会有难度，因此留着吴房让他们分散兵力；风雪阴暗夜里行军，叛军告急的烽火无法传递，他们就不知道我们来了；孤军深入，人人都知道必须置于死地而后生，战斗力自然会成倍提升。眼光长远者不会管眼前的一点小事，想成大事者不会贪图近处的一点小利，如果小胜就沾沾自喜，小败就忧虑沮丧，那是自己困扰自己，怎么可能成大事！"

李愬说完，满座皆服。

古往今来，成大事者，必有其缘由。

与诸君共勉！

元和十二年十一月一日，皇帝李纯登兴安门，接受献俘，淮西叛军首恶吴元济被当作畜生一样押到皇家祖庙献祭。仪式过后，长安独柳之下，吴元济接受了一刀两断的结局。

从公元783年李希烈叛唐开始，到元和十二年（817年）结束，近五十年里，传三姓四将，淮西几代叛军首领作的恶都报在了吴元济一个人头上。天作孽，犹可违；自作孽，不可活。倘若吴元济在接替老爹职位时看清形势，或许一生可以平平安安，安享荣华富贵，可惜他被眼前的利益迷惑了。他以为淮西始终是铁板一块，他以为官军永远到不了蔡州城下，他以为自己身后是不可撼动的高山，蓦然回首，才猛然发现，自己所依靠的不过是一座冰山。李愬拿一颗小小火种，便融化了淮西整座冰山。

世间万物瞬息万变，没有什么一成不变，没有什么不可能！

对于李愬的这次奇袭，同时代的诗人刘禹锡留下了三首诗，不妨一起欣赏一下。

平蔡州

一

蔡州城中众心死，妖星夜落照壕水。
汉家飞将下天来，马棰一挥门洞开。
贼徒崩腾望旗拜，有若群蛰惊春雷。
狂童面缚登槛车，太白天矫垂捷书。
相公从容来镇抚，常侍郊迎负文弩。
四人归业闾里闲，小儿跳踉健儿舞。

二

汝南晨鸡喔喔鸣，城头鼓角音和平。
路旁老人忆旧事，相与感激皆涕零。
老人收泣前致辞，官军入城人不知。
忽惊元和十二载，重见天宝承平时。

三

九衢车马浑浑流，使臣来献淮西囚。
四夷闻风失匕箸，天子受贺登高楼。
妖童擢发不足数，血污城西一抔土。

南烽无火楚泽间，夜行不锁穆陵关。
策勋礼毕天下泰，猛士按剑看恒山。

如果说刘禹锡是远距离看这场雪夜奇袭，那么与刘禹锡同时代的韩愈则是近距离甚至零距离观看这场奇袭。李愬夜袭蔡州时，韩愈正担任裴度的行军司马，近距离地接触了蔡州战事。

战后论功行赏，李纯让韩愈撰文立碑，纪念这次伟大的胜利。接到圣谕，韩愈“公退斋戒坐子阁，濡染大笔何淋漓。点窜《尧典》《舜典》字，涂改《清庙》《生民》诗”（李商隐《平淮西碑》）。碑文一千八百字，如行云流水，如大江出峡，汪洋恣肆，一挥而就。文章之华美，所谓“下笔烟飞云动，落纸鸾回凤惊”。勒碑之时，国人视为奇文争相诵之。

然而，令韩愈没有想到的是，由于他在碑文中突出了裴度的功劳，引起了李愬一方的不满，李愬的妻子是唐安公主（唐宪宗姑母）的女儿，可以在皇宫出入。在她的撺掇下，皇帝李纯下令磨去韩愈的碑文，让翰林学士段文昌重新撰写。到了宋代，又有好事者把“颠倒的历史再颠倒过来”，磨去段文，重刻韩文，但是已经不是韩愈的手迹了。

如此一来，《平淮西碑》就成了经典，形成了独特的一碑两文，一篇是韩愈的，一篇是翰林学士段文昌的。

北宋时，唐宋八大家之一的苏轼在被贬途中看到这块碑，于是赋诗一首：

平淮西碑

淮西功业冠吾唐，吏部文章日月光。
千古残碑人脍炙，不知世有段文昌。

什么是历史，这就是历史。

第十六章　鲜克有终

鸵鸟李师道

蔡州烽火渐渐熄灭，平卢的李师道惶惶不可终日。

原本李师道指望与淮西吴元济互为外援，两家合力，各保各的江山。

淮西战火正烈时，李师道对淮西的战事很是牵挂，在本战区招募勇士前往蔡州观察战场形势。牙前虞候刘晏平自告奋勇，穿过汴州和宋州之间的空旷地带，秘密抵达蔡州。被围多年见到外来鸟都惊喜的吴元济大喜过望，隆重地款待了刘晏平，临走时还送了一份厚礼。

回到平卢，李师道屏退左右，刘晏平将蔡州之行见闻和盘托出：吴元济将数万军队投置在荒郊野外，战场形势危急万分，而他却成天与小老婆和奴仆在深宅大院里赌博游戏，从容不迫，一点忧虑都没有。以我观察，他一定会灭亡，用不了太长时间。

李师道心中咯噔了一下，原来是这样，淮西已经撑不了多久了，如果淮西灭亡，下一个是不是该轮到我了呢？

李师道越想越怕，越想脊背越发凉。

怎么办？怎么会这样？

刘晏平你太可恶了，为什么要告诉我这些？你不知道我不想听这样的坏消息吗？你不知道我一向依靠淮西的支援吗？你却残忍地告诉我淮西撑不了几天了！

不久之后，李师道找了个借口，将刘晏平乱棍打死！

谁让你说实话，瞎说啥实话！

仅此一例，可以看出，当年李师道兄长李师古的话是对的。李师道确实不是一个合适的节度使人选，当困难来临时，他的选择不是迎难而上，而是当一只鸵鸟。

鸵鸟将头埋进沙子里，李师道将头埋进平卢的小天地里，堵上耳朵，他的世界就是平安无事，无限美好。

李师道还在自欺欺人，邻近的成德和卢龙却已经开始行动。

一直以来，成德和卢龙都在观望，他们在等待淮西战场的结果，眼看李愬奇袭蔡州成功，成德节度使王承宗和卢龙节度使刘总都意识到，时代真的不一样了，以往朝廷讨伐藩镇往往半途而废，而这次历时近三年，终于将淮西讨平。更让他们不寒而栗的是，名将李晟的儿子李愬竟然采用了掏心战术，绕开漫长的淮西防线，直接在蔡州城开花，想想都可怕。假使有一天，李愬照葫芦画瓢，在成德以及平卢也采用掏心战术，那时恐怕一切都晚了。

成德和卢龙还在犹豫，说客已经自己登门了。

成德王承宗接待的说客叫柏耆，读过书，身份是白丁，他上门游说王承宗是受裴度所托，不过这个任务也是他自己毛遂自荐的。

裴度还驻军淮西时，柏耆向裴度的行军司马韩愈呈送条陈：吴元济已经束手就擒，成德王承宗一定心胆俱裂，我愿意携带宰相裴度的信件，前往成德游说，我相信不需朝廷动兵就能让他对朝廷顺服。

韩愈向裴度作了汇报，裴度欣然同意，这样柏耆就带着裴度的重托踏上了成德的土地。

正如柏耆所料，吴元济在家中被擒，极大地震动了王承宗，经柏耆游说，王承宗决心向朝廷投降，不过考虑到自己以前得罪过皇帝，直接投降恐怕皇帝不接受，还是求助于皇帝面前的红人、魏博节度使田弘正吧。

王承宗作出承诺，愿意送两个儿子到长安当人质，呈献德州、棣州，向朝廷缴纳捐税，请朝廷向成德派遣官吏。所有的一切都表明，成德已经顺服，愿意接受朝廷的直接统治。

承诺呈报到李纯那里，李纯却不想批准，淮西吴元济已经伏法，成德王承宗也该步他后尘吧，就想这么投降，没那么容易。

田弘正的第一次奏报被驳回，第二次、第三次接踵而至。

李纯叹了口气，他可以不给王承宗面子，但不能不给田弘正面子，田弘正可是朝廷树立的典型，他的面子不能不给。

元和十三年四月一日，魏博节度使田弘正派出使节，护送成德节度使王承宗的儿子王知信、王知感以及德州、棣州两州地图和印信前往长安，这意味着曾经桀骜不驯的成德王承宗正式归附朝廷。

与此同时，卢龙战区也没有闲着，大将谭忠正在做节度使刘总的工作，“自元和以来，刘辟、李锜、田季安、卢从史、吴元济，个个兵强马壮，盘踞山河险要，自以为根深蒂固，天下之大对他们都无可奈何。然而转瞬之间，身死家灭，连他们自己都不知道怎么突然就遭遇那样的结局，这其实不是人力所为，而是天诛。当今天子英明神武，深思熟虑，节衣缩食，以供战士，他心里每时每刻都在想着江山一统。如今朝廷大军虎视眈眈，成德已经向朝廷呈献了两州十二个县城，谭忠我为刘公深深忧虑啊”！

刘总沉思片刻：“听到你的分析，我决心已下，我知道该怎么做了！”

自此以后，卢龙不再跋扈，也向朝廷表示了顺服。

剩下的，就是无比刺眼的鸵鸟李师道了。

严格说来，李师道并非没有行动，早在几个月前，他也有过行动。在幕僚的劝说下，李师道上奏李纯，愿意让长子到长安担任皇家侍卫，同时向朝廷呈献沂州、密州、海州三州地图。

李纯接到奏疏，表示同意，淮西战事已经打得国库空虚，能不打仗还是不打仗了，让老百姓休养生息吧。

如果一切到此为止，李师道的余生，可以在平卢当一只幸福的鸵鸟。

可惜，奏章一来一往之后，李师道的家中横生枝节。

妻子魏氏不想让儿子当人质，更不想让丈夫白白呈献三州土地。

魏氏联合蒲氏、袁氏一起劝说李师道："自从祖上以来，我们辛辛苦苦才有了十二个州，为何平白无故向朝廷呈献三个州呢？如今平卢境内士兵有几十万，就算我们不呈献三州，朝廷也不过是发兵攻打。到那时，如果打不过，再呈献三州也不迟！"

俗语有云，女人头发长，见识短，这句话是戴着有色眼镜看待女人，不足为信。不过具体到魏氏、蒲氏、袁氏，确实可以称作头发长见识短，外边的世界变了，外边的时代也变了，皇帝不再是那个得过且过的苟安皇帝李适，而是不达目的誓不罢休的李纯。拿对付李适的方法对付李纯，是为刻舟求剑。

遗憾的是，三个女人见识短，李师道的见识也短，生性懦弱的他一向保持了与妻子、奴才以及孔目官商量大事的传统，至于大将和幕僚从来没有得到他的信任。如此关系到平卢生死存亡的大事，李师道只听了三个女人的意见，便下定决心，之前那一封奏疏不算，人质不送，地图不献，爱咋的咋的！

李师道给李纯上奏道：平卢全体军民不准我呈献人质和土地。

潜台词是，哥，上次我逗你玩呢！

经过这次折腾，李纯被深深激怒了，好，李师道，你给我等着！

元和十三年七月一日，李纯委任李愬为武宁节度使。两天后，李纯下诏，公布李师道所有罪状，命宣武、魏博、义成、武宁、横海五战区同时出兵，讨伐平卢李师道。

鸵鸟李师道生命进入倒计时。

十二月二十九日，魏博、义成两大战区将俘虏的四十七名平卢战俘押解到长安，按照惯例，他们将被处死，以儆效尤。

令四十七名战俘没有想到的是，皇帝竟然将他们全部赦免，不予诛杀，反而交给俘虏他们的战区从优安置。

李纯和颜悦色地说："如果有父母在堂的，愿意回去，从优发给路费，朕想诛杀的只是李师道一人。"

攻心术！

看到李纯这次表态，平卢士兵抵抗之心无形间减弱，反正皇帝想诛杀的只是李师道一人，与我们何干！

无论什么时候，攻心都是上策。

一天后，武宁节度使李愬攻克兖州重镇金乡。

兖州是平卢十二州之一，金乡又是兖州重镇，攻克金乡，兖州危急，而兖州一失，平卢十二州将发生连锁反应，平卢形势已经岌岌可危。

兖州刺史命人飞马向李师道告急，告急文书却被李师道的左右侍从拦截了下来。自从朝廷对平卢用兵以来，李师道天天生活在恐惧之中，前线一旦有失利消息传来，李师道就会愁眉不展卧病在床，时间一长，侍从们只好将不利的消息屏蔽掉，让李师道少一点忧虑。

金乡失守的消息就这样被屏蔽了起来，直到死，李师道都不知道金乡早已失守。

明明是卖白菜的素质，却去学人家卖白粉，倒霉孩子！

形势一天比一天紧张，在这个节骨眼上，李师道与都知兵马使刘悟产生了矛盾，而且矛盾很深。

刘悟按照李师道的指令率领一万余人驻屯阳谷，抵挡四方蜂拥而至的朝廷军队，他性格宽厚仁惠，给士兵很多自由空间，由此军中称呼其为"刘父"。

由于事前没有准备好，刘悟数次被魏博节度使田弘正击败，连败之余，就有人将小报告打到了李师道那里：刘悟不修军法，专收人心，恐有异心，应该早点把他除掉。

李师道心中一动，他早担心刘悟有异心，是否借他连败之际将他除掉呢？

另有人建议道："如今朝廷军队从四方扑来，刘悟并无反状，因为一个人的小报告而杀之，诸将必然心寒，这是自脱爪牙！"

两方意见都有道理，生性优柔寡断的李师道举棋不定，将刘悟留在总部十余天后又打发回了阳谷，临走时赠送厚重金帛以安其心。

十几天下来，刘悟已经察觉到了，李师道已经起了杀心，只是碍于官军已经大兵压境，时间长了，他一定会动手。

刘悟不动声色，暗中戒备，等待李师道的下一次出招。

又有人向李师道打了小报告：刘悟迟早是个祸患，还是尽早除掉。

这一次，李师道下定了决心。

以李师道的兵力和实力，如果征召刘悟到总部，除掉刘悟很简单；偏偏李师道自作聪明，选择了借刀杀人，他想借刘悟的副手张暹之手除掉刘悟，如此看起来，神不知鬼不觉，他可以置身事外。

李师道千算万算，漏算了张暹与刘悟的友情。张暹与刘悟素来友善，让他杀刘悟，开什么国际玩笑？

事情到了这一步，李师道的路已经走到头了，对于总部熟门熟路、又手握一万精兵的刘悟起了杀心，公子哥李师道如何能抵挡得住？

刘悟当即全军动员，连夜率军直扑郓州总部，等李师道察觉时，刘悟已经挥军包围牙城，数百名士兵稍作抵抗后便缴械投降，只留下李师道父子三人躲在床下瑟瑟发抖。

床挡得了一时，挡不了一世，曾经自视甚高的李师道被士兵抓起扔到牙门外的空地上。刘悟没有亲自出面，只是派人给李师道传话：刘悟奉密诏送你去长安朝见天子，然而你还有何颜面见天子呢？

刘悟的意思已经很明确了，李师道，你是死呢死呢还是死呢？

李师道不愧是一个超级鸵鸟，死到临头还在自作多情，哦，听刘悟这意思，是要送我去长安见天子啊，也好，至少暂时死不了。

没脸没皮，天下无敌。

李师道还在自我安慰，他的儿子李弘方抬起头说：“事已至此，还是速死为妙！”

儿子比爹活得明白。

须臾之后，李师道再也当不成鸵鸟了，要当也只能当无头的鸵鸟了。

元和十四年二月二十一日，装着李师道父子三人人头的木匣子被送到长安，曾经不知天高地厚的平卢节度使在小匣子里找到了自己的最后归宿。

从公元763年代宗李豫登基以来，黄河南北三十余州土地被数个节度使割据，到元和十四年这一年，整整过去了五十七年。五十七年中，代宗努力过，德宗努力过，顺宗努力过，到了李纯的元和年间也是几经努力，终于将三十余州土地重新收回朝廷怀抱。

元和中兴达到最顶点。

如果这一刻就是永远，该有多好！

双面李纯

一个人究竟有几张脸？

李纯告诉你，一个人可以有多张脸。

平定淮西之前，李纯呈现出的是一张励精图治有为皇帝的脸；平定淮西之后，这张脸开始变得有些模糊，变得让裴度有些不敢相认，这还是以前那个兢兢业业的皇帝吗？

皇帝还是那个皇帝，只不过心境变了，行为变了，这种反差不仅在李纯身上存在，在很多创业者身上都存在。创业之初，一般都是小心翼翼用心良苦，创业功成则不免放下包袱意满志得。每个人在成功后都会强调自己没有发生变化，实际上变化都是有的，只是程度大小而已，有的人是量变，有的人是质变，有的人依然能坚持当年的自我，有的人已经在成功的光环下意乱情迷中迷失了自我。

李纯属于哪一类？

他属于量变的那种人。

过去李纯节衣缩食，不讲排场，元和十二年之后李纯渐渐奢侈起来，过了十几年的苦日子也该过过好日子了，富有四海的皇帝怎能总过苦日子？

户部侍郎兼判度支皇甫镈和卫尉卿兼盐铁转运使程异看出了李纯的心思，两人不动声色悄悄地向李纯呈献上“羡余”以供李纯消费。所谓“羡余”，就是没花完的经费，官员向皇帝呈献“羡余”是德宗李适时的恶习，顺宗李诵登基之后就革除了这个恶习，李纯登基的前十几年也一直禁止呈献“羡余”，现在则是来者不拒。

连续多次“羡余”呈献下来，李纯对皇甫镈和程异的看法越来越好，元和十三年九月二十三日，李纯下诏，皇甫镈、程异各自以本职兼任宰相。

两个不断贿赂皇帝的家伙居然一步登天当了宰相，一时间舆论哗然，连长安市井小贩都议论纷纷，这样的两个人当宰相，朝廷还能好吗？

生性耿直的裴度再也坐不住了，一直以来，他看不惯皇甫镈和程异向皇帝呈献“羡余”，如今居然登峰造极，将这两个家伙委任为宰相，太过分了。

裴度给李纯上疏，要求李纯收回成命，李纯再也没有往日的心胸和肚量，不仅没有收回成命，反而认为裴度有结党营私之嫌。

忠臣难当！

靠贿赂上位的皇甫镈心知肚明，知道自己无法服众，只能继续奉迎皇帝，只要皇帝对自己满意，自己的位置就会牢靠。

皇甫镈抓耳挠腮，打起了官员俸禄的主意。他居然想到了一个移花接木的好办法，建议李纯压缩官员俸禄，结余部分充作政府办公经费。

这办法还用你想？

李纯居然同意了，下诏要求执行。

小人物给事中崔植关键时刻发挥了作用，愣是将诏书退了回来，同时上奏李纯，强调绝不可以采用此类移花接木之策。

李纯考虑再三，采纳了崔植的建议，全国上下官员长出了一口气，这下总算不用被皇甫镈那个王八蛋降工资了。

一招不见效，皇甫镈并不灰心，他还在等待机会。时间不长，皇甫镈等来了一批旧绸缎，这批旧绸缎是从宫库出来的，已经积压多年，为了清理库存，交给了皇甫镈主政的度支对外销售。

皇甫镈知道机会来了，马上动用国库，将这批旧绸缎全部高价买了下来，然后分发给各支边防军。旧绸缎的年头实在太长了，手一拽就会撕裂，愤怒的边防士兵将旧绸缎集中到一起，一把火烧掉。

消息传到长安，宰相裴度气愤万分，在奏事之余向李纯作了汇报，李纯抬眼看皇甫镈，皇甫镈早有准备，抬起自己脚上穿的靴子："这双靴子也是宫库出来的，臣花了两千文买下的，坚固耐用，脚感还好。裴度的话不可信！"

靴子为证，李纯信以为真，裴度怒气于胸，又不好发作，明知皇甫镈在欺君，但奈何人家是皇帝面前的红人。

自此，皇甫镈更加胆大妄为，上下其手，元和十四年四月，皇甫镈联合同党将裴度排挤出长安，出任河东节度使。

忠臣出走，小人上位，李纯在量变的道路上越走越远。

他开始讲究享受，排场越来越大；

他开始迷信神仙，让方士柳泌炼制丹药；

他开始迷信佛教，让宦官前往法门寺奉迎佛骨舍利；

他所做的一切，让百官觉得他越来越陌生。

因淮西战功升任吏部侍郎的韩愈越来越坐不住了，几天来，他看到百姓为了佛骨舍利频频上演疯狂之举，甚至有人为了看一眼佛骨舍利而倾家荡产，还有人在自己的肩头焚香以示虔诚。

所有这一切都因佛骨舍利而起，必须让皇帝结束目前的疯狂局面。

韩愈向李纯上疏道：佛本夷狄之人，口不言先王之法言，身不服先王之法服，不知君臣之义、父子之恩。假如其身尚在，奉国命来朝京师，陛下容而接之，不过宣政一见，礼宾一设，赐衣一袭，卫而出之于境，不令惑众也。况其身死已久，枯朽之骨，岂宜以入宫禁！

最后韩愈建议道，将这节所谓的“佛骨”扔到火里化为灰烬，然后将灰烬扔到河中。

看完奏疏，李纯大为震怒，自己用诚心迎来的佛骨竟然让韩愈说得一文不值，这个韩愈，太狂妄了。

盛怒之下，李纯准备将韩愈斩首，裴度等人好说歹说总算保住了韩愈一条命，不过死罪可免，活罪难逃，即日贬出长安，到潮州当刺史吧。

从长安到潮州，飞行距离一千四百公里，彼时潮州，瘴疠之地。

也正是因为这次贬黜，韩愈写出了千古名篇《左迁至蓝关示侄孙湘》：

一封朝奏九重天，夕贬潮州路八千。
欲为圣明除弊事，肯将衰朽惜残年。
云横秦岭家何在？雪拥蓝关马不前。
知汝远来应有意，好收吾骨瘴江边。

此时的韩愈并不知道，他的这位侄孙后来被演绎成民间传说八仙过海里的“韩湘子”。如果韩愈能够穿越，跟“韩湘子”要个宝葫芦，然后学《西游记》里的桥段，拍拍宝葫芦，冲皇帝李纯大叫一声：我叫你名字你敢答应吗？

玩笑，玩笑。

时间走到元和十五年正月，皇帝李纯越来越感觉口渴，一天喝再多水，还是有口渴的感觉。

这是怎么了？

当时的李纯并不知道病因，后世的我们通过化学分析可以知道，那些方士炼制的所谓“丹药”，都是含有铅汞等重金属的，长期服用后会出现一个结果——重金属中毒。

李纯的口渴，从症状看，就是重金属中毒。

李纯躺在病床上，心情无比烦躁，本来追求长寿，怎么会越来越口渴，到底是哪里出现了问题？

闭上眼睛，李纯想起了后宫中的一幕幕：

贵妃郭氏是郭子仪的孙女，家族实力太强，一直以来只是封为贵妃，没有晋位皇后，近来有官员指出皇后之位一直空缺，应该让郭氏晋位皇后；

郭氏所出太子李恒一直中规中矩；

吐突承璀一直想拥立澧王李恽当太子。

这后宫啊，一点都不比前朝简单。

先不去想了，容日后再做定夺。

正月二十七夜，中和殿。

晴天霹雳平地起。

欲知后事如何，请看《唐史并不如烟》第七部《帝国斜阳》。